심화 · 고난도 학습도 만점왕으로 해결

만점왕 수학 고난도

5-1

📠 정답과 풀이는 EBS 초등사이트(primary.ebs.co.kr)에서 다운로드 받으실 수 있습니다.

| 교재 내용 문의 | 교재 내용 문의는 EBS 초등사이트 (primary.ebs.co.kr)의 교재 Q&A 서비스를 활용하시기 바랍니다. | 교 재 정오표 공 지 | 발행 이후 발견된 정오 사항을 EBS 초등사이트 정오표 코너에서 알려 드립니다. 교과/교재 ▶ 교재 ▶ 교재 선택 ▶ 정오표 | 교 재 정정 신청 | 공지된 정오 내용 외에 발견된 정오 사항이 있다면 EBS 초등사이트를 통해 알려 주세요. 교과/교재 ▶ 교재 ▶ 교재 선택 ▶ 교재 Q&A |

교육부 X EBS

교육부와 함께 더 완벽해진 EBS초등

수준별 맞춤 학습

"수준별 맞춤 학습"이란?

수준별 콘텐츠 제공을 통한 **개인 맞춤형 교육 환경 실현**을 위해
교육부와 EBS가 함께 제작하는 **학습 콘텐츠 및 서비스**를 뜻합니다.

1 수준별

#기초, 기본, 발전, 단계별

개인 학습 수준에 따른 수준별,
단계별 학습 콘텐츠 제작
EBS 초등을 활용한
개별 맞춤 학습 가능

2 전교과

#음악, 미술, 체육, 실과, 도덕

주요 교과 외 학습 콘텐츠 제작
EBS 초등에서
초등 전교과 학습 가능

3 대규모 신규 제작

#기존 10배

2021년 약 3,700여 편의
'수준별 맞춤 학습' 콘텐츠
제작 예정

4 교재 활용 지원

#PDF 뷰어 서비스

'수준별 맞춤 학습'의 모든 교재
콘텐츠를 대상으로
교재 뷰어 서비스 제공

5 자막/화면해설

#장애 학생 학습권 보장

'수준별 맞춤 학습'의 모든 강좌에
자막 제공
기본 개념 강좌에
화면 해설 제공

6 학습 관리 멘토

#학습 관리 서비스 지원

가정 내 학습 지원을 받기
어려운 학생을 대상으로
학습 관리 멘토를 지원

심화·고난도 학습도 만점왕으로 해결

만점왕 수학 고난도

5-1

구성과 특징

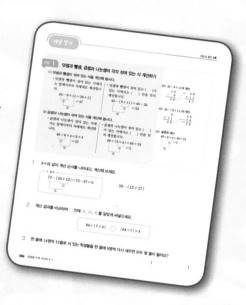

개념 알기

단원의 주요 개념을 공부하는 단계로 다양한
예와 그림을 통해 핵심개념을 익힙니다.

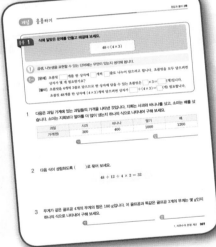

개념응용하기

개념별로 기본원리에 따른 응용 문제를 풀
면서 대표적인 응용 문제 유형을 확실히
이해합니다.

LEVEL 1~2

해당 단원의 심화 문제를 풀면
서 수학적 문제해결력을 높일
수 있습니다.

LEVEL 3~4

해당 단원의 고난도 심화 문제를 풀면서 수학적 문제해결력을 높일 수 있습니다.

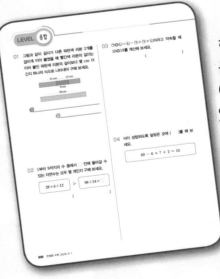

LEVEL 종합

해당 단원의 다양한 수준의 심화 문제를 풀면서 수학 개념을 확실히 이해하여 창의적 사고력을 높일 수 있습니다.

'만점왕 수학 고난도'를 더욱 효과적으로 공부하려면?

'만점왕 수학'으로 기본개념을 익히고 '만점왕 수학 플러스'로 기초적인 응용 문제를 해결하고 난 후, '만점왕 수학 고난도'의 단계별 고난도 문제를 해결함으로써 수학적 문제해결력 및 창의적 사고력을 향상시킬 수 있습니다.

차례

1 자연수의 혼합 계산　　　　5쪽

2 약수와 배수　　　　23쪽

3 규칙과 대응　　　　41쪽

4 약분과 통분　　　　59쪽

5 분수의 덧셈과 뺄셈　　　　77쪽

6 다각형의 둘레와 넓이　　　　95쪽

1 자연수의 혼합 계산

1. 덧셈과 뺄셈, 곱셈과 나눗셈이 각각 섞여 있는 식 계산하기

2. 덧셈, 뺄셈, 곱셈 또는 덧셈, 뺄셈, 나눗셈이 섞여 있는 식 계산하기

3. 덧셈, 뺄셈, 곱셈, 나눗셈과 (   )가 섞여 있는 식 계산하기

개념 알기

개념 1 덧셈과 뺄셈, 곱셈과 나눗셈이 각각 섞여 있는 식 계산하기

(1) 덧셈과 뺄셈이 섞여 있는 식을 계산해 봅시다.

- 덧셈과 뺄셈이 섞여 있는 식에서는 앞에서부터 차례대로 계산합니다.

$$45-9+11=36+11$$
$$①$$
$$②$$
$$=47$$

- 덧셈과 뺄셈이 섞여 있고 ( )가 있는 식에서는 ( ) 안을 먼저 계산합니다.

$$45-(9+11)=45-20$$
$$①$$
$$②$$
$$=25$$

(2) 곱셈과 나눗셈이 섞여 있는 식을 계산해 봅시다.

- 곱셈과 나눗셈이 섞여 있는 식에서는 앞에서부터 차례대로 계산합니다.

$$48÷6×4=8×4$$
$$①$$
$$②$$
$$=32$$

- 곱셈과 나눗셈이 섞여 있고 ( )가 있는 식에서는 ( ) 안을 먼저 계산합니다.

$$48÷(6×4)=48÷24$$
$$①$$
$$②$$
$$=2$$

- $45-9+11$의 계산

$$\begin{array}{r} 4\,5 \\ -\quad 9 \\ \hline 3\,6 \end{array} \rightarrow \begin{array}{r} 3\,6 \\ +\,1\,1 \\ \hline 4\,7 \end{array}$$

- $45-(9+11)$의 계산

$$\begin{array}{r} 9 \\ +\,1\,1 \\ \hline 2\,0 \end{array} \rightarrow \begin{array}{r} 4\,5 \\ -\,2\,0 \\ \hline 2\,5 \end{array}$$

- 잘못된 계산

$$48÷6×4=48÷24$$
$$①$$
$$②$$
$$=2$$

---

1 보기와 같이 계산 순서를 나타내고, 계산해 보세요.

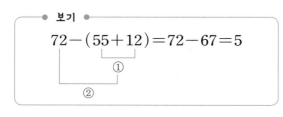

보기
$$72-(55+12)=72-67=5$$
$$①$$
$$②$$

$$59-(13+27)$$

2 계산 결과를 비교하여 ○ 안에 >, =, <를 알맞게 써넣으세요.

$$84÷(7×4) \quad ○ \quad (84÷7)×4$$

3 한 줄에 14명씩 12줄로 서 있는 학생들을 한 줄에 6명씩 다시 세우면 모두 몇 줄이 될까요?

( )

개념 응용하기

응용 1 식에 알맞은 문제를 만들고 해결해 보세요.

$$48 \div (4 \times 3)$$

(!) 곱셈, 나눗셈을 표현할 수 있는 단어에는 무엇이 있는지 생각해 봅니다.

(풀이) [문제] 초콜릿 ☐ 개를 한 상자에 ☐ 개씩 ☐ 줄로 나누어 담으려고 합니다. 초콜릿을 모두 담으려면 상자가 몇 개 필요한가요?

[풀이] 초콜릿을 4개씩 3줄로 담으므로 한 상자에 담을 수 있는 초콜릿은 ☐ ×3= ☐ (개)입니다.

초콜릿 48개를 한 상자에 (4×3)개씩 담으려면 상자가 ☐ ÷(4×3)= ☐ (개) 필요합니다.

1 다음은 과일 가게에 있는 과일들의 가격을 나타낸 것입니다. 지희는 사과와 바나나를 샀고, 소미는 배를 샀습니다. 소미는 지희보다 얼마를 더 많이 냈는지 하나의 식으로 나타내어 구해 보세요.

과일	사과	바나나	딸기	배
가격(원)	300	400	1000	1200

(식) _____ (답) _____

2 다음 식이 성립하도록 ( )로 묶어 보세요.

$$48 \div 12 \div 4 \times 2 = 32$$

3 무게가 같은 골프공 4개의 무게의 합은 180 g입니다. 이 골프공과 똑같은 골프공 3개의 무게는 몇 g인지 하나의 식으로 나타내어 구해 보세요.

(식) _____ (답) _____

개념 2 덧셈, 뺄셈, 곱셈 또는 덧셈, 뺄셈, 나눗셈이 섞여 있는 식 계산하기

(1) 덧셈, 뺄셈, 곱셈이 섞여 있는 식을 계산해 봅시다.

- 덧셈, 뺄셈, 곱셈이 섞여 있는 식에서는 곱셈을 먼저 계산합니다.

$$53+17-8\times3=53+17-24$$
$$=70-24$$
$$=46$$
② ①
③

- 덧셈, 뺄셈, 곱셈이 섞여 있고 ( )가 있는 식에서는 ( ) 안을 먼저 계산합니다.

$$53+(17-8)\times3=53+9\times3$$
$$=53+27$$
$$=80$$
①
②
③

덧셈, 뺄셈, 곱셈이 섞여 있는 식의 계산 순서

$$■+▲\times◆-●$$
①
②
③

(2) 덧셈, 뺄셈, 나눗셈이 섞여 있는 식을 계산해 봅시다.

- 덧셈, 뺄셈, 나눗셈이 섞여 있는 식에서는 나눗셈을 먼저 계산합니다.

$$50+48\div8-2=50+6-2$$
$$=56-2$$
$$=54$$
①
②
③

- 덧셈, 뺄셈, 나눗셈이 섞여 있고 ( )가 있는 식에서는 ( ) 안을 먼저 계산합니다.

$$50+48\div(8-2)=50+48\div6$$
$$=50+8$$
$$=58$$
①
②
③

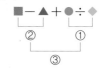

덧셈, 뺄셈, 나눗셈이 섞여 있는 식의 계산 순서

$$■-▲+●\div◆$$
②
①
③

1 보기와 같이 계산 순서를 나타내고, 계산해 보세요.

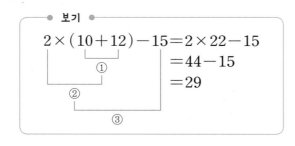

보기

$$2\times(10+12)-15=2\times22-15$$
$$=44-15$$
$$=29$$
①
②
③

$$(39+15)\div6-3$$

2 계산 결과를 비교하여 ○ 안에 >, =, <를 알맞게 써넣으세요.

$$25+(12-4)\div2 \quad \bigcirc \quad 32+(11-9)\times2-21$$

개념 응용하기

응용 2 보기와 같이 두 식을 하나의 식으로 나타내어 보세요.

보기
$5 \times 8 + 2 = 42$, $37 - 29 = 8$
➡ $5 \times (37 - 29) + 2 = 42$

$17 + 26 \times 5 = 147$, $58 - 32 = 26$
➡ _____

(!) 두 식에 같은 수가 있는지 살펴보고 그 수에 식을 넣은 후 먼저 계산해야 하는 덧셈이나 뺄셈이 있는 경우에는 괄호를 사용하여 하나의 식으로 나타냅니다.

풀이 $17 + 26 \times 5 = 147$, $58 - 32 = 26$에서 두 식에 있는 같은 수는 ☐ 입니다.

따라서 $17 + 26 \times 5 = 147$에서 ☐ 대신에 ☐ 을/를 넣습니다.

이때 ☐ 을/를 먼저 계산해야 하므로 ☐ 을/를 사용하여 두 식을 하나의 식으로 나타내면

☐ 입니다.

1 대화를 읽고 상준이와 지원이가 3월 한 달 동안 2중뛰기를 모두 몇 번 했는지 하나의 식으로 나타내어 구해 보세요.

나는 3월 한 달 동안 매일 2중뛰기를 20번씩 했어.

상준

지원

나는 3월 한 달 동안 일주일은 쉬고 나머지 날은 매일 2중뛰기를 10번씩 했어.

식 _____ 답 _____

2 지구에서 잰 무게는 달에서 잰 무게의 약 6배입니다. 상혁이와 진성이가 달에서 몸무게를 잰다면 상혁이와 진성이의 몸무게의 합은 달에서 잰 선생님의 몸무게보다 약 몇 kg 더 무거운지 하나의 식으로 나타내어 구해 보세요.

달에서 잰 선생님의 몸무게	지구에서 잰 상혁이와 진성이의 몸무게
13 kg	상혁: 46 kg, 진성: 38 kg

식 _____ 답 _____

개념 알기

개념 3 덧셈, 뺄셈, 곱셈, 나눗셈과 ( )가 섞여 있는 식 계산하기

(1) 덧셈, 뺄셈, 곱셈, 나눗셈이 섞여 있는 식을 계산해 봅시다.

- 덧셈, 뺄셈, 곱셈, 나눗셈이 섞여 있는 식에서는 곱셈과 나눗셈을 먼저 계산합니다.

$$5 \times 3 - 12 \div 4 + 21 = 15 - 12 \div 4 + 21$$
$$= 15 - 3 + 21$$
$$= 12 + 21$$
$$= 33$$

(2) 덧셈, 뺄셈, 곱셈, 나눗셈, ( )가 섞여 있는 식을 계산해 봅시다.

- 덧셈, 뺄셈, 곱셈, 나눗셈이 섞여 있고 ( )가 있는 식에서는 ( ) 안을 가장 먼저 계산하고 곱셈과 나눗셈, 덧셈과 뺄셈의 순서로 계산합니다.

$$22 + (17 - 8) \times 2 \div 6 = 22 + 9 \times 2 \div 6$$
$$= 22 + 18 \div 6$$
$$= 22 + 3$$
$$= 25$$

▶ 덧셈, 뺄셈, 곱셈, 나눗셈이 섞여 있는 식의 계산 순서

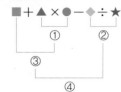

▶ 덧셈, 뺄셈, 곱셈, 나눗셈, ( )가 섞여 있는 식의 계산 순서

$$( ) \Rightarrow \times, \div \Rightarrow +, -$$

---

1 보기와 같이 계산 순서를 나타내고, 계산해 보세요.

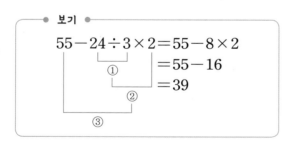

• 보기 •

$$55 - 24 \div 3 \times 2 = 55 - 8 \times 2$$
$$= 55 - 16$$
$$= 39$$

$$(12 + 15) \div 3 - 3 \times 2$$

---

2 계산 결과를 비교하여 ○ 안에 >, =, <를 알맞게 써넣으세요.

$$39 - 36 \div 9 + 3 \times 11 \quad \bigcirc \quad 39 - 36 \div (9 + 3) \times 11$$

개념 응용하기

응용 3 컵케이크 5개를 만드는 데 우유, 달걀, 밀가루가 각각 5인분 필요합니다. 컵케이크 5개를 만들기 위해 20000원으로 필요한 재료를 사고 남은 돈이 얼마인지 하나의 식으로 나타내어 구해 보세요.

우유(5인분) 2400원   달걀(1인분) 900원   밀가루(15인분) 18000원

(!) 컵케이크 5개를 만드는 데 필요한 각 재료의 양은 5인분이므로 5인분의 값을 알아봅니다.

풀이 컵케이크 5개를 만드는 데 필요한 각 재료 5인분의 값을 각각 식으로 나타내면 다음과 같습니다.
우유 5인분: 2400원, 달걀 5인분: $900 \times \boxed{}$, 밀가루 5인분: $18000 \div \boxed{}$

컵케이크 5개를 만드는 데 필요한 재료의 값을 식으로 나타내면 $2400 + 900 \times \boxed{} + 18000 \div \boxed{}$ 입니다.
따라서 20000원으로 필요한 재료를 사고 남은 돈은 20000원에서 산 재료의 값을 빼야 하므로

$\boxed{} - (2400 + 900 \times \boxed{} + 18000 \div \boxed{})$

$= 20000 - (2400 + \boxed{} + \boxed{}) = 20000 - \boxed{} = \boxed{}$ (원)입니다.

1 스케치북은 한 권에 1700원, 연필 한 타는 9600원, 지우개 2개는 900원입니다. 영진이가 스케치북 한 권, 연필 한 자루, 지우개 4개를 사고 10000원을 내면 받아야 하는 거스름돈은 얼마인지 하나의 식으로 나타내어 구해 보세요. (연필 한 타는 12자루입니다.)

식 _____   답 _____

2 온도를 나타내는 단위에는 섭씨(℃)와 화씨(℉)가 있습니다. 화씨온도에서 32를 뺀 수에 5를 곱하고 9로 나누면 섭씨온도가 됩니다. 화씨 95도를 섭씨로 나타내면 몇 도(℃)인지 하나의 식으로 나타내어 구해 보세요.

식 _____   답 _____

3 4일 동안 84대의 휴대 전화를 생산하는 ㉮ 공장과 3일 동안 105대의 휴대 전화를 생산하는 ㉯ 공장이 있습니다. 휴대 전화 500대를 수출하기 위해 ㉮와 ㉯ 공장이 합쳐서 일주일 동안 생산하였다면 몇 대를 더 생산해야 하는지 하나의 식으로 나타내어 구해 보세요.

식 _____   답 _____

01 준우네 반은 남학생이 14명, 여학생이 11명입니다. 준우네 반에서 국어를 좋아하는 학생이 8명이고 나머지 학생들은 국어를 좋아하지 않습니다. 준우네 반에서 국어를 좋아하지 않는 학생은 몇 명인지 하나의 식으로 나타내어 구해 보세요.

식 _____

답 _____

02 재혁이네 집에 있는 과자 틀 1개로는 한 시간에 과자를 8개 구울 수 있습니다. 같은 과자 틀 6개를 이용하여 과자를 144개 구우려면 몇 시간이 걸리는지 하나의 식으로 나타내어 구해 보세요.

식 _____

답 _____

03 다음은 두 식을 하나의 식으로 나타낸 것입니다. 잘못된 부분을 찾아 바르게 고치고, 잘못된 이유를 써 보세요.

$$13+9\times6=67, \quad 40-34=6$$
$$\Rightarrow 13+9\times40-34=67$$

바르게 고치기

이유 _____

_____

04 어느 과일 가게에서 딸기 64개를 한 상자에 16개씩 넣어 한 상자에 7000원씩 받고 모두 팔았습니다. 딸기를 팔고 받은 돈은 모두 얼마인지 구해 보세요.

(   )

05 계산 결과가 가장 큰 식을 들고 있는 친구를 찾아 이름을 써 보세요.

$14 \times 6 - (7 + 8)$
세훈

$53 - 16 \times 8 \div 4$
민혁

$43 + (25 - 13) \div 3$
종화

(   )

06 길이가 72 cm인 리본을 6등분한 것 중의 한 도막과 길이가 54 cm인 리본을 9등분한 것 중의 한 도막을 겹치게 이어 붙였습니다. 겹쳐진 부분의 길이가 3 cm라면 이어 붙인 리본의 전체 길이는 몇 cm인지 구해 보세요.

(   )

07 서진이는 일주일 동안 매일 줄넘기를 80번씩 하고, 현우는 일주일 중 2일은 쉬고 나머지 날은 매일 줄넘기를 70번씩 했습니다. 서진이와 현우가 일주일 동안 줄넘기를 모두 몇 번 했는지 하나의 식으로 나타내어 구해 보세요.

식 _____

답 _____

08 어제는 장미 14송이씩 4묶음과 튤립 27송이를 마당에 심었습니다. 오늘은 백합 150송이를 똑같이 6묶음으로 나눈 것 중에서 2묶음을 심었습니다. 어제 심은 꽃은 오늘 심은 꽃보다 몇 송이 더 많은지 구해 보세요.

(   )

01 식에 알맞은 문제를 만들고 해결해 보세요.

$$54 - 33 + 21$$

문제

풀이

02 경민이는 친구 5명과 함께 공원에서 자전거를 빌려 타기로 하였습니다. 자전거 한 대를 빌리는 데 10분에 1000원이라고 합니다. 자전거 5대를 빌려 1시간 동안 타고 경민이와 친구 5명이 함께 대여료를 똑같이 나누어 낸다면 경민이가 내야 하는 돈은 얼마인지 구해 보세요.

( )

03 그림과 같이 길이가 37 cm인 색 테이프 14장을 4 cm씩 겹치게 이어 붙이려고 합니다. 이어 붙인 색 테이프의 전체 길이는 몇 cm일까요?

37 cm

4 cm

( )

04 ㉮♥㉯＝(㉯－㉮)÷3＋㉮라고 약속할 때 다음을 계산해 보세요.

$$(7 ♥ 16) ♥ 70$$

( )

05 45에서 어떤 수를 빼고 3을 곱해야 할 것을 잘못하여 45에 어떤 수를 더하고 3으로 나누었더니 18이 되었습니다. 바르게 계산하면 얼마인지 구해 보세요.

(   )

06 지민이는 과일 가게에서 8개에 6400원 하는 사과 5개와 6개에 6000원 하는 오렌지 5개를 샀습니다. 지민이가 내야 할 돈은 얼마인지 하나의 식으로 나타내어 구해 보세요.

식 _____

답 _____

07 수 카드 3 , 7 , 9 를 한 번씩만 사용하여 보기의 식을 만들려고 합니다. 계산 결과가 가장 작을 때의 값은 얼마인지 구해 보세요.

● 보기 ●

$$189 \div (\square \times \square) + \square$$

(   )

08 볶음밥 6인분을 만들려고 합니다. 볶음밥 6인분 재료로 양파 6인분, 계란 6인분, 파 6인분이 필요합니다. 15000원으로 필요한 재료를 사고 남은 돈은 얼마인지 하나의 식으로 나타내어 구해 보세요.

양파(6인분)	계란(4인분)	파(8인분)
3720원	1600원	6400원

식 _____

답 _____

01 아이스크림 공장에서는 ㉮ 기계 4대가 7시간 동안 336개의 딸기 맛 아이스크림을 만들고, ㉯ 기계 3대가 11시간 동안 363개의 초콜릿 맛 아이스크림을 만듭니다. 이 공장에서 ㉮ 기계와 ㉯ 기계를 추가로 구매하여 각각 15대가 되었습니다. 한 시간 동안 ㉮ 기계와 ㉯ 기계로 아이스크림을 만든다면 무슨 맛 아이스크림이 몇 개 더 많이 만들어지는지 구해 보세요.

(   ), (   )

02 예서네 반 학생들에게 초콜릿을 나누어 주려고 합니다. 한 사람에게 9개씩 나누어 주면 10개가 모자라고, 8개씩 나누어 주면 13개가 남습니다. 예서네 반 학생은 모두 몇 명인지 구해 보세요.

(   )

03 무게가 같은 인형 6개가 들어 있는 상자의 무게를 재어 보니 320 g이었습니다. 이 상자에 무게가 같은 인형 한 개를 더 넣은 후 상자의 무게를 재어 보니 340 g이었습니다. 빈 상자의 무게는 몇 g인지 구해 보세요.

(   )

04 지수는 매일 200원씩 7일 동안 저금하였고, 현아는 지수가 저금한 돈의 3배보다 1200원 더 많이 저금하였습니다. 예진이는 매일 700원씩 3주 동안 저금하였습니다. 예진이가 저금한 돈은 지수와 현아가 저금한 돈의 합보다 얼마나 더 많은지 구해 보세요.

(   )

05 그림과 같이 면봉을 사용하여 사각형과 삼각형을 규칙대로 만들고 있습니다. 삼각형을 20개 만들려면 면봉이 최소 몇 개 필요한지 하나의 식으로 나타내어 구해 보세요.

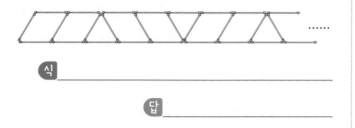

식 _____

답 _____

06 어느 마트에서 아이스크림은 4개에 3640원, 초콜릿은 5개에 3150원에 팔고 있습니다. 아이스크림 3개의 값은 초콜릿 4개의 값보다 얼마나 더 비싼지 하나의 식으로 나타내어 구해 보세요.

식 _____

답 _____

07 그림과 같이 한 변의 길이가 25 cm인 정사각형 모양의 나무판을 똑같이 5개의 직사각형 모양으로 잘랐습니다. 자른 직사각형 모양 한 개의 네 변의 길이의 합은 몇 cm인지 하나의 식으로 나타내어 구해 보세요.

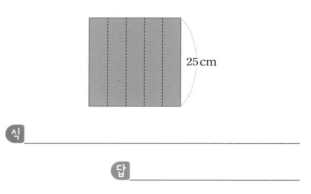

식 _____

답 _____

08 열량이란 체내에서 발생하는 에너지의 양을 말합니다. 간식별 열량을 나타낸 표를 보고 은정이가 점심 때 먹은 간식의 열량은 모두 몇 킬로칼로리인지 하나의 식으로 나타내어 구해 보세요.

간식	열량(킬로칼로리)
주스(1잔)	175
귤(100 g)	40
애플파이(1개)	215

[은정이가 점심 때 먹은 간식]
주스 2잔, 귤 50 g,
애플파이 2개

식 _____

답 _____

01 ♥와 ★의 규칙을 찾아 (4♥3)★15를 계산해 보세요.

3♥4＝5	6♥5＝9
7♥8＝13	10♥9＝17

4★10＝2	6★16＝6
9★15＝2	8★16＝4

(   )

02 □ 안에 들어갈 수 있는 자연수를 모두 더하면 얼마인지 구해 보세요.

$$42÷3×2÷7>□$$

(   )

03 윤서는 과학 시간에 추의 무게에 따라 늘어난 용수철의 길이 사이의 관계를 알아보기 위한 실험을 하였습니다. 실험을 통해서 다음 그림과 같이 용수철에 매단 추의 무게가 일정하게 늘어나면 용수철의 길이도 일정하게 늘어난다는 사실을 알게 되었습니다. 이 용수철에 무게가 같은 추 12개를 매달았을 때 용수철의 길이는 몇 cm가 되는지 하나의 식으로 나타내어 구해 보세요. (단, 용수철은 같은 종류의 용수철을 사용했으며, 추 한 개의 무게는 모두 같습니다.)

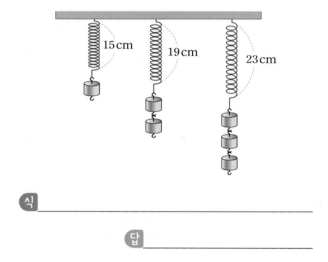

식 _____

답 _____

04 그림과 같이 길이가 36 cm인 색 테이프 11장을 3 cm씩 겹치게 이어 붙였습니다. 이어 붙인 색 테이프 전체의 네 변의 길이의 합은 몇 cm인지 하나의 식으로 나타내어 구해 보세요.

식 _____

답 _____

05 □ 안에 +, ×, ÷를 한 번씩만 써넣어 계산 결과가 자연수가 되는 것 중에서 가장 큰 값을 구해 보세요.

$$27 \square 8 \square 3 \square 7$$

( )

06 혜민이네 가게에서는 18개에 16200원 하는 곰 인형을 사 와서 한 상자에 8개씩 담아 9600원에 팔았습니다. 혜민이네 가게에서 곰 인형을 팔아 얻은 이익이 60000원이라면 판 인형은 모두 몇 상자인지 구해 보세요.

( )

07 □ 안에 들어갈 수 있는 자연수 중에서 가장 큰 수와 가장 작은 수의 합은 얼마인지 구해 보세요.

$$(16+5) \times 8 \div 4 - 6 < \square < 80 - (3+2) \times 8$$

( )

08 태우네 집에서는 매일 아침 요구르트를 1개씩 배달 받습니다. 3월 중에 요구르트 1개의 값이 900원에서 950원으로 올라 3월 한 달 동안 배달 받은 요구르트의 값이 28500원이 나왔습니다. 요구르트의 값이 오른 날짜는 며칠인지 구해 보세요.

( )

09 재석이는 가족과 함께 부산 여행을 가기 위해 서울역에서 15분에 32 km씩 일정한 빠르기로 가는 기차를 타고 부산역에서 내렸습니다. 부산역에서 자전거를 타고 1분에 250 m의 일정한 빠르기로 숙소에 도착하였습니다. 기차를 탄 시간은 자전거를 탄 시간보다 200분 더 걸렸고, 서울역에서 숙소까지는 4시간 10분이 걸렸습니다. 서울역에서 숙소까지 재석이가 이동한 거리는 몇 km 몇 m인지 구해 보세요.

( )

01 그림과 같이 길이가 다른 파란색 리본 2개를 겹치게 이어 붙였을 때 빨간색 리본의 길이는 이어 붙인 파란색 리본의 길이보다 몇 cm 더 긴지 하나의 식으로 나타내어 구해 보세요.

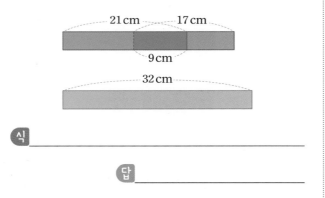

식 _____

답 _____

02 1부터 9까지의 수 중에서 □ 안에 들어갈 수 있는 자연수는 모두 몇 개인지 구해 보세요.

$$28 \times 6 \div 12 \quad > \quad 96 \div 24 \times \square$$

( )

03 ㉠◎㉡＝㉡－㉠＋㉠×㉡이라고 약속할 때 10◎19를 계산해 보세요.

( )

04 식이 성립하도록 알맞은 곳에 ( )를 해 보세요.

$$69 - 6 \times 7 + 2 = 15$$

05 다음은 운동별 10분당 소모되는 열량을 나타
   낸 표입니다. 도영이는 이번 주에 등산 50분,
   달리기 2시간, 수영 1시간 20분을 하였습니다.
   도영이가 이번 주에 2000킬로칼로리만큼 소
   모하는 것을 목표로 할 때 도영이가 더 소모해
   야 되는 열량은 몇 킬로칼로리인지 하나의 식
   으로 나타내어 구해 보세요.

운동	10분당 소모 열량(킬로칼로리)
등산	70
달리기	61
수영	79

   식 _____

       답 _____

06 준호네 빵집에서는 바게트 빵 6개를 만드는 데
   1800원이 든다고 합니다. 준호네 빵집에서는
   이 바게트 빵을 한 봉지에 4개씩 담아 2800원
   에 팔았습니다. 준호네 빵집에서 바게트 빵을
   팔아서 얻은 이익이 80000원이라면 바게트
   빵은 모두 몇 봉지 팔았는지 구해 보세요.

       (_____)

07 요리사 한 명이 3시간에 고기만두를 72개 만들
   수 있다고 합니다. 요리사 6명이 고기만두를
   4시간 동안 만들었습니다. 고기만두가 600개
   필요하다면 고기만두를 몇 개 더 만들어야 하
   는지 하나의 식으로 나타내어 구해 보세요.

   식 _____

       답 _____

08 그림과 같이 타일을 규칙에 따라 배열하려고
   합니다. 열셋째에 놓일 타일은 모두 몇 개인지
   구해 보세요.

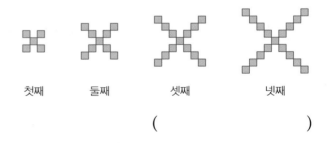

첫째   둘째   셋째   넷째

       (_____)

09 수 카드 3 , 5 , 8 을 한 번씩만 사용하여 다음과 같은 식을 만들려고 합니다. 계산 결과가 가장 클 때와 가장 작을 때의 값을 각각 구해 보세요.

$$120 \div (\square \times \square) + \square$$

가장 클 때 ( )

가장 작을 때 ( )

10 식이 성립하도록 □ 안에 +, −, ×, ÷의 기호를 알맞게 써넣으세요.

$$26 \;\square\; (8 \;\square\; 4) \;\square\; 2 \;\square\; 6 = 58$$

11 네 자연수 ㉮, ㉯, ㉰, ㉱가 다음 조건을 모두 만족할 때 ㉮×㉯−㉰÷(㉱−㉰)의 값을 구해 보세요.

$$㉮ − ㉱ = 3$$
$$10 > ㉮ > ㉱ > ㉯ > ㉰$$
$$㉮ × ㉯ × ㉰ × ㉱ = 168$$

( )

12 우리나라의 고속열차는 KTX로 2004년부터 운행하였습니다. 가장 빠르게 달릴 때 한 시간에 330 km를 가며 구간마다 빠르기가 다릅니다. KTX의 전체 차량의 길이는 250 m이고, 차량 내 좌석 수는 모두 410석 정도입니다. 한 시간에 300 km의 빠르기로 달리고 있는 KTX가 터널에 들어가기 시작한 지 3분 만에 완전히 통과하였다면 이 터널의 길이는 몇 m인지 구해 보세요.

( )

13 어느 어린이 박물관의 입장료는 3500원입니다. 이 박물관에는 단체 할인이 있는데 15명이 넘으면 넘는 인원에게는 한 명당 500원씩 할인해 주고, 30명이 넘으면 넘는 인원에게는 한 명당 800원씩 더 할인해 준다고 합니다. 유정이네 반에서 어린이 박물관으로 체험 학습을 가서 낸 입장료는 115100원이라고 합니다. 어린이 박물관으로 체험 학습을 간 유정이네 반 학생은 모두 몇 명인지 구해 보세요.

( )

2 약수와 배수

1. 약수와 배수를 찾고, 그 관계 알아보기

2. 공약수와 최대공약수를 구하고, 그 관계 알아보기

3. 공배수와 최소공배수를 구하고, 그 관계 알아보기

개념 알기

개념 1 약수와 배수를 찾고, 그 관계 알아보기

(1) 약수와 배수를 찾아봅시다.

① 약수 알아보기

어떤 수를 나누어떨어지게 하는 수를 그 수의 약수라고 합니다.

㈎ 나눗셈식을 이용하여 15의 약수 구하기

$15 \div 1 = 15$ $15 \div 3 = 5$ $15 \div 5 = 3$ $15 \div 15 = 1$

➡ 15의 약수: 1, 3, 5, 15

② 배수 알아보기

어떤 수를 1배, 2배, 3배…… 한 수를 그 수의 배수라고 합니다.

㈎ 곱셈식을 이용하여 6의 배수 구하기

6을 1배 한 수: $6 \times 1 = 6$ 6을 2배 한 수: $6 \times 2 = 12$

6을 3배 한 수: $6 \times 3 = 18$ 6을 4배 한 수: $6 \times 4 = 24$

➡ 6의 배수: 6, 12, 18, 24……

(2) 곱을 이용하여 약수와 배수의 관계를 찾아봅시다.

① 두 수의 곱으로 나타내어 약수와 배수의 관계 알아보기

㈎ $8 = 1 \times 8$ $8 = 2 \times 4$

➡ 8은 1, 2, 4, 8의 배수입니다.

➡ 1, 2, 4, 8은 8의 약수입니다.

② 여러 수의 곱으로 나타내어 약수와 배수의 관계 알아보기

$24 = 1 \times 24,\ 24 = 2 \times 12,\ 24 = 3 \times 8,\ 24 = 4 \times 6,\ 24 = 2 \times 2 \times 2 \times 3$

➡ 24는 1, 2, 3, 4, 6, 8, 12, 24의 배수입니다.

➡ 1, 2, 3, 4, 6, 8, 12, 24는 24의 약수입니다.

▶ **약수 중 가장 작은 수와 큰 수 알아보기**

■의 약수 중에서 가장 작은 수는 1, 가장 큰 수는 ■입니다.

➡ 1은 모든 수의 약수입니다.

▶ **배수 중 가장 작은 수**

■의 배수 중에서 가장 작은 수는 ■입니다.

▶ ■ = ● × ▲

➡ ■는 ●와 ▲의 배수입니다.

➡ ●, ▲는 ■의 약수입니다.

▶ **24의 약수**

$24 = 2 \times 2 \times 2 \times 3$에서

1, 2, 3, 4(2×2), 6(2×3), 8$(2 \times 2 \times 2)$, 12$(2 \times 2 \times 3)$, 24$(2 \times 2 \times 2 \times 3)$는 모두 24를 나누어떨어지게 하므로 24의 약수가 됩니다.

1 약수와 배수의 관계인 수를 모두 찾아 써 보세요.

4, 7, 16, 30, 35

(   )

2 연필 36자루를 5개보다 많은 필통에 남김없이 똑같이 담으려고 합니다. 연필을 나누어 담을 수 있는 방법은 모두 몇 가지인지 구해 보세요.

(   )

개념 응용하기

응용 1 300보다 크고 600보다 작은 자연수 중에서 12의 배수는 모두 몇 개인지 구해 보세요.

(!) 1부터 599까지의 자연수 중 12의 배수의 개수에서 1부터 300까지의 자연수 중 12의 배수의 개수를 뺍니다.

풀이
• 1부터 300까지의 자연수 중 12의 배수의 개수: $300 \div 12 =$ ☐ ➡ ☐ 개

• 1부터 599까지의 자연수 중 12의 배수의 개수: $599 \div 12 =$ ☐ …11 ➡ ☐ 개

따라서 300보다 크고 600보다 작은 자연수 중에서 12의 배수의 개수는

(1부터 599까지의 자연수 중 12의 배수의 개수)−(1부터 300까지의 자연수 중 12의 배수의 개수)

= ☐ − ☐ = ☐ (개)입니다.

---

1 서로 다른 두 수가 약수와 배수의 관계일 때 ☐ 안에 들어갈 수 있는 두 자리 수는 모두 몇 개인지 구해 보세요.

☐, 28

(   )

2 다음 수 카드를 한 번씩만 사용하여 세 자리 수를 만들려고 합니다. 만들 수 있는 세 자리 수 중에서 6의 배수는 모두 몇 개인지 구해 보세요.

| 4 | 5 | 6 |

(   )

3 진서와 여진이는 주사위 놀이를 하고 있습니다. 대화를 읽고 여진이의 주사위 눈의 수를 구해 보세요.

진서: 내가 던져 나온 주사위 눈의 수는 3이야.

여진: 내 주사위 눈의 수는 네가 던져 나온 눈의 수와 약수와 배수의 관계가 아니야.

진서: 또 다른 설명은 없어?

여진: 이 수는 홀수야.

(   )

개념 알기

개념 2 **공약수와 최대공약수를 구하고, 그 관계 알아보기**

(1) 공약수와 최대공약수를 구해 봅시다.

   ① 공약수와 최대공약수 알아보기

      ㉮ 12와 18의 공약수와 최대공약수

        ┌ 12의 약수: 1, 2, 3, 4, 6, 12
        └ 18의 약수: 1, 2, 3, 6, 9, 18

      ➡ 12와 18의 공통된 약수: 1, 2, 3, 6

         12와 18의 공통된 약수 중 가장 큰 수: 6

      ➡ 12와 18의 최대공약수: 6

   ② 공약수와 최대공약수의 관계 알아보기

     두 수의 최대공약수의 약수는 두 수의 공약수와 같습니다.

      ㉮ • 12와 18의 공약수: 1, 2, 3, 6
         • 12와 18의 최대공약수: 6   ─ 같습니다.
         • 12와 18의 최대공약수인 6의 약수: 1, 2, 3, 6

(2) **최대공약수를 구하는 방법**을 알아봅시다.

   [방법 1] 여러 수의 곱으로 나타낸 곱셈식 이용하기

     공통으로 들어 있는 곱셈식을 찾습니다.

$$12 = 2 \times 2 \times 3 \qquad\qquad 18 = 2 \times 3 \times 3$$
$$\quad\;\; \| \qquad\qquad\qquad\qquad\qquad \|$$
$$\quad\;\; 6 \qquad\qquad\qquad\qquad\qquad 6$$

      ➡ 12와 18의 최대공약수: $2 \times 3 = 6$

   [방법 2] 두 수의 공약수를 이용하기

     나눈 공약수의 곱이 두 수의 최대공약수가 됩니다.

     12와 18의 공약수 → 2) 12 18
      6과 9의 공약수 → 3) 6   9
                      2   3

      ➡ 12와 18의 최대공약수: $2 \times 3 = 6$

▶ **공약수와 최대공약수**
두 수의 공통된 약수를 공약수, 공약수 중에서 가장 큰 수를 최대공약수라고 합니다.

▶ **최대공약수를 구해야 하는 상황**
일정한 양을 '최대한', '가장 많이', '가장 큰 수로 나누어준다.'는 의미가 들어 가면 최대공약수를 구합니다.

▶ **약수와 배수의 관계인 두 수의 최대공약수**
두 수가 약수와 배수의 관계이면 두 수 중 작은 수가 최대공약수가 됩니다.

▶ **가장 작은 공약수**
두 수의 공약수 중 가장 작은 공약수는 1입니다.

▶ **공약수를 이용하여 최대공약수를 구하는 방법**
① 1 이외의 공약수로 두 수를 나누고 각각의 몫을 밑에 씁니다.
② 1 이외의 공약수가 없을 때까지 나눕니다.
③ 나눈 수(공약수)를 모두 곱합니다.

---

1 어떤 두 수의 최대공약수가 24일 때 두 수의 공약수를 모두 써 보세요.

                                     (   )

2 두 수의 최대공약수가 나머지와 <u>다른</u> 사람을 찾아 이름을 써 보세요.

    채연 ─ (27, 63)   승호 ─ (18, 45)   나리 ─ (32, 72)

                                       (   )

개념 응용하기

응용 2 어떤 수로 58을 나누면 나머지가 2이고, 75를 나누면 나머지가 5입니다. 어떤 수 중에서 가장 작은 수를 구해 보세요.

(!) ㉮와 ㉯를 어떤 수로 나누었을 때 나머지가 각각 ■, ▲이면 (㉮−■)와 (㉯−▲)는 어떤 수로 나누어떨어집니다.

풀이 어떤 수로 58을 나누면 나머지가 2이므로 58−2= ☐ 은/는 어떤 수로 나누어떨어집니다.

어떤 수로 75를 나누면 나머지가 5이므로 75− ☐ = ☐ 은/는 어떤 수로 나누어떨어집니다.

☐ 와/과 ☐ 의 최대공약수는 ☐ 이므로 어떤 수가 될 수 있는 수는 ☐ 의 약수 중에서 나머지

인 ☐ 보다 큰 수인 ☐ , ☐ 입니다.

따라서 어떤 수 중에서 가장 작은 수는 ☐ 입니다.

1 27과 36의 공약수 중에서 3의 배수를 모두 구해 보세요.

( )

2 현서는 18과 45의 공약수의 합을 구했습니다. 현서가 구한 합과 두 수의 최대공약수의 차는 얼마인지 구해 보세요.

( )

3 야구공 24개와 테니스공 72개를 최대한 많은 바구니에 남김없이 똑같이 나누어 담으려고 합니다. 한 바구니에 담는 야구공과 테니스공의 수의 합을 구해 보세요.

( )

4 현선이는 가로가 120 cm, 세로가 168 cm인 직사각형 모양의 시루떡을 샀습니다. 이 시루떡을 남는 부분 없이 똑같은 크기의 정사각형 모양으로 잘라 친구들에게 나누어 주려고 합니다. 가장 큰 정사각형 모양으로 잘랐을 때 한 변의 길이는 몇 cm인지 구해 보세요.

168 cm

120 cm

( )

개념 알기

개념 3 **공배수와 최소공배수를 구하고, 그 관계 알아보기**

(1) 공배수와 최소공배수를 구해 봅시다.

① 공배수와 최소공배수 알아보기

예 3과 5의 공배수와 최소공배수

┌ 3의 배수: 3, 6, 9, 12, 15, 18, 21, 24, 27, 30, 33……
└ 5의 배수: 5, 10, 15, 20, 25, 30, 35, 40……

➡ 3과 5의 공배수: 15, 30, 45……

➡ 3과 5의 최소공배수: 15

② 공배수와 최소공배수의 관계 알아보기

두 수의 최소공배수의 배수는 두 수의 공배수와 같습니다.

예 • 3과 5의 공배수: 15, 30, 45…… ┐

• 3과 5의 최소공배수: 15 ├ 같습니다.

• 3과 5의 최소공배수인 15의 배수: 15, 30, 45…… ┘

(2) 최소공배수를 구하는 방법을 알아봅시다.

[방법 1] 여러 수의 곱으로 나타낸 곱셈식 이용하기

공통으로 들어 있는 곱셈식을 찾아 공통인 수와 공통이 아닌 수를 모두 곱합니다.

$$18 = 2 \times 3 \times 3 \qquad 27 = 3 \times 3 \times 3$$

➡ 18과 27의 최소공배수: $2 \times 3 \times 3 \times 3 = 54$

[방법 2] 두 수의 공약수를 이용하기

나눈 공약수와 밑에 남은 몫을 곱하면 두 수의 최소공배수가 됩니다.

18과 27의 공약수 → 3) 18 27
6과 9의 공약수 → 3) 6 9
2 3

➡ 18과 27의 최소공배수: $3 \times 3 \times 2 \times 3 = 54$

▶ 공배수와 최소공배수

두 수의 공통된 배수를 공배수, 공배수 중에서 가장 큰 수를 최소공배수라고 합니다.

▶ 약수와 배수의 관계인 두 수의 최소공배수

두 수가 약수와 배수의 관계이면 두 수 중 큰 수가 최소공배수가 됩니다.

▶ 공약수를 이용하여 최소공배수를 구하는 방법

① 1 이외의 공약수로 두 수를 나누고 각각의 몫을 밑에 씁니다.

② 1 이외의 공약수가 없을 때까지 나눕니다.

③ 나눈 수(공약수)와 밑에 남은 몫을 모두 곱합니다.

1 ㉠과 ㉡의 최대공약수를 ㉠◆㉡, 최소공배수를 ㉠▲㉡이라고 약속할 때 (24▲36)◆80을 계산해 보세요.

( )

2 길이가 360 m인 길의 양쪽에 개나리와 벚꽃나무를 심으려고 합니다. 길의 처음부터 심기 시작하여 개나리는 6 m마다, 벚꽃나무는 9 m마다 심는다면 개나리와 벚꽃나무가 같이 심어지는 곳은 몇 군데인지 구해 보세요. (단, 개나리와 벚꽃나무를 같이 심는 경우, 벚꽃나무 아래에 개나리를 심습니다.)

( )

개념 응용하기

응용 3   어떤 두 수의 곱이 1200이고 두 수의 최대공약수가 20이라고 합니다. 두 수의 공배수 중에서 세 번째로 작은 수를 구해 보세요.

(!) 두 수를 ♥, ★이라고 하면 ♥×★=(♥와 ★의 최대공약수)×(♥와 ★의 최소공배수)입니다.

풀이   (두 수의 곱)=(두 수의 [　　　　]) × (두 수의 최소공배수)이므로

1200= [　　] × (두 수의 최소공배수)입니다.

(두 수의 최소공배수)=1200÷ [　　] = [　　]

따라서 두 수의 공배수는 최소공배수인 [　　]의 배수이므로 작은 수부터 차례로 쓰면

[　　] , [　　] , [　　] , [　　] ……입니다.

따라서 두 수의 공배수 중에서 세 번째로 작은 수는 [　　]입니다.

---

1   어떤 수를 4와 7로 각각 나누면 나머지가 모두 3입니다. 어떤 수 중 두 자리 수는 모두 몇 개인지 구해 보세요.

(　　　　　　　　　　)

2   동욱이는 테니스장을 6일마다, 수영장을 8일마다 간다고 합니다. 동욱이가 4월 24일에 테니스장과 수영장에 모두 갔다면 다음번에 처음으로 테니스장과 수영장에 모두 가는 날은 몇 월 며칠인지 구해 보세요.

(　　　　　　　　　　)

3   김포공항에서 출발하는 제주행 비행기를 ㉮ 항공사에서는 30분마다, ㉯ 항공사에서는 40분마다 운행한다고 합니다. 4월 11일 오전 10시에 김포공항에서 ㉮ 항공사의 비행기와 ㉯ 항공사의 비행기가 동시에 출발하였습니다. 4월 11일 오전 10시부터 오후 10시까지 ㉮ 항공사의 비행기와 ㉯ 항공사의 비행기가 동시에 출발하는 횟수는 모두 몇 번인지 구해 보세요.

(　　　　　　　　　　)

01 약수가 1과 자기 자신뿐인 수를 소수라고 합니다. 10보다 작은 소수에는 2, 3, 5, 7이 있습니다. 60부터 80까지의 자연수 중에서 소수를 모두 구해 보세요.

(   )

02 학교에서 체육관으로 가는 셔틀버스가 오전 9시부터 13분 간격으로 출발합니다. 오전 10시까지 셔틀버스는 모두 몇 번 출발하는지 구해 보세요.

(   )

03 혁진이와 선종이는 형제입니다. 다음 대화를 읽고 혁진이와 선종이의 할아버지의 연세는 몇 세인지 구해 보세요.

할아버지는 61세보다 많고 73세보다 적어.

할아버지는 12살인 나와 같은 띠야. 같은 띠는 12년마다 돌아와.

혁진   선종

(   )

04 183과 99를 어떤 수로 나누면 나머지가 모두 3이 됩니다. 어떤 수 중에서 가장 큰 수와 두 번째로 큰 수의 곱을 구해 보세요.

(   )

05 다음 그림과 같이 가로가 105 m, 세로가 75 m인 직사각형 모양의 밭의 테두리를 따라 똑같은 간격으로 나무를 심으려고 합니다. 나무 수를 가장 적게 하고, 네 모퉁이에는 반드시 나무를 심는다면 나무는 모두 몇 그루가 필요한지 구해 보세요.

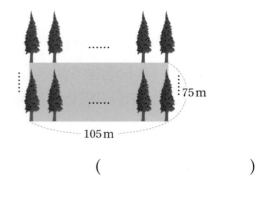

75 m

105 m

(   )

06 두 수 가와 나를 곱셈식으로 나타낸 것입니다. 가와 나의 최소공배수가 420일 때, 나를 구해 보세요. (단, 같은 모양의 기호는 같은 수를 나타내며 1이 아닌 자연수입니다.)

가＝○×○×△×5
나＝○×△×7

(   )

07 장구를 칠 때 채로 치는 오른쪽 편을 채편, 궁채 또는 손바닥으로 치는 왼쪽 편을 북편이라고 합니다. 상현이는 1부터 200까지의 수를 차례대로 말하면서 다음과 같이 장구의 채편과 북편을 칩니다. 장구의 채편과 북편을 동시에 치는 수를 모두 구해 보세요.

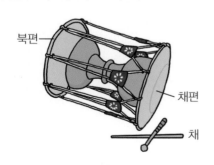

북편

채편

채

• 8의 배수를 말하면서 채편을 칩니다.
• 14의 배수를 말하면서 북편을 칩니다.

(   )

08 가로가 16 cm, 세로가 28 cm인 직사각형 모양의 타일을 겹치지 않게 빈틈없이 이어 붙여 가장 작은 정사각형 모양을 만들려고 합니다. 타일은 모두 몇 개가 필요한지 구해 보세요.

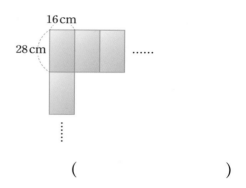

16 cm

28 cm

......

(   )

09 톱니의 수가 15개인 톱니바퀴 ㉮와 톱니의 수가 35개인 톱니바퀴 ㉯가 맞물려 돌아가고 있습니다. 두 톱니바퀴의 톱니가 처음 맞물렸던 곳에서 다시 만나려면 톱니바퀴 ㉮와 ㉯는 최소한 몇 바퀴 돌아야 하는지 구해 보세요.

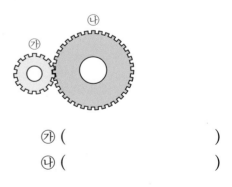

㉯

㉮

㉮ (   )
㉯ (   )

01 1에서 180까지의 자연수 중에서 3의 배수도 아니고 4의 배수도 아닌 수는 모두 몇 개인지 구해 보세요.

( )

02 2 4 와 같이 두 수는 약수 배수 의 관계입니다. 보기에 있는 두 자리 수 ㉮와 ㉯의 차가 가장 클 때 두 수의 차를 구해 보세요.

● 보기 ●
| 23 | ㉮ | | ㉯ | 96 |

( )

03 다음 조건을 만족하는 자연수는 모두 몇 개인지 구해 보세요.

● 조건 ●
- 180보다 크고 500보다 작습니다.
- 16의 배수도 되고 20의 배수도 됩니다.

( )

04 수학 시간 준비물로 가로가 54칸, 세로가 36칸인 모눈종이가 있습니다. 이 모눈종이를 크기가 같은 정사각형 모양으로 남는 부분 없이 잘라서 친구들에게 한 장씩 나누어 주려고 합니다. 자를 수 있는 정사각형 중 세 번째로 큰 정사각형으로 자르면 모두 몇 명의 친구에게 나누어 줄 수 있는지 구해 보세요.

( )

05 막대 사탕 64개, 초콜릿 48개, 젤리 80개를 최대한 많은 친구에게 남김없이 똑같이 나누어 주려고 합니다. 한 학생에게 막대 사탕, 초콜릿, 젤리를 각각 몇 개씩 나누어 줄 수 있는지 구해 보세요.

막대 사탕 ( )
초콜릿 ( )
젤리 ( )

06 태양계의 행성들이 태양을 중심으로 태양의 둘레를 주기적으로 도는 것을 공전이라고 합니다. 다음은 태양계 행성들의 공전주기를 나타낸 표입니다. 태양계의 행성은 8개로 이루어져 있으며 태양에서 멀어질수록 공전주기도 길어집니다. 태양, 목성, 해왕성이 일직선을 이룬 때로부터 다시 같은 순서로 일직선을 이루는 때까지는 몇 년 후인지 구해 보세요.

행성	공전주기
수성	88일
금성	225일
지구	365일
화성	684일
목성	12년
토성	29년
천왕성	84년
해왕성	165년

( )

07 어느 인쇄소에서 국어 문제집은 30분마다, 수학 문제집은 24분마다 한 권씩 인쇄한다고 합니다. 오전 10시에 국어 문제집과 수학 문제집을 동시에 인쇄했다면 다음번에 처음으로 두 문제집을 동시에 인쇄하는 시각을 구해 보세요.

( )

08 재경이와 샛별이가 그림과 같은 규칙에 따라 각각 바둑돌을 150개 놓는다고 합니다. 재경이와 샛별이가 같은 자리에 다른 색 바둑돌을 놓는 경우는 모두 몇 번인지 구해 보세요.

[재경] ●●●○●○●●●○●●●○●●●○……
[샛별] ●●●●○○●●●●○○●●●●……

( )

09 호수의 둘레를 뛰어서 한 바퀴 도는 데 경천이는 40초, 혜승이는 50초, 해인이는 60초 걸립니다. 이 세 사람이 동시에 같은 곳에서 출발하여 같은 방향으로 호수 둘레를 돌 때, 세 사람이 다시 처음으로 출발점에서 만나는 것은 해인이가 몇 바퀴를 돈 후인지 구해 보세요. (단, 세 사람의 빠르기는 일정합니다.)

( )

01 크기가 같은 정사각형 모양의 타일 36개를 겹치지 않게 빈틈없이 모두 늘어놓아 다양한 직사각형 모양을 만들려고 합니다. 만들 수 있는 직사각형 모양은 모두 몇 가지인지 구해 보세요. (단, 돌려서 같은 모양이 되는 것은 한 가지로 봅니다.)

(   )

02 지성이네 집 비밀번호 다섯 자리 수를 써 놓은 쪽지에 콜라를 흘려 일부가 보이지 않습니다. 지성이네 집 비밀번호는 3의 배수이면서 5의 배수인 다섯 자리 수 중에서 가장 큰 수입니다. 지성이네 집 비밀번호를 구해 보세요.

(   )

03 어떤 두 수의 곱은 864이고 두 수의 최소공배수는 72입니다. 이 두 수의 공약수를 모두 구해 보세요.

(   )

04 다음 표는 과자 공장에서 하루 동안 생산한 다양한 맛의 사탕 수를 나타낸 것입니다. 3가지 맛의 사탕을 최대한 많은 상자에 남김없이 똑같이 나누어 담으려고 합니다. 딸기 맛 사탕 한 개가 9 g, 초콜릿 맛 사탕 한 개가 7 g, 바나나 맛 사탕 한 개가 6 g이라면 한 상자에 담는 사탕의 무게는 모두 몇 g인지 구해 보세요.

하루 동안 과자 공장에서 생산한 사탕의 수

맛	딸기 맛	초콜릿 맛	바나나 맛
사탕의 수(개)	126	144	162

(   )

05 어느 공방에서는 빨간색 구슬 41개, 파란색 구슬 66개, 노란색 구슬 75개를 사용하여 색깔별로 같은 개수의 구슬을 엮은 팔찌를 여러 개 만들려고 하는데 빨간색 구슬은 4개가 부족하고, 파란색 구슬은 3개가 남고, 노란색 구슬은 6개가 부족하였습니다. 이 공방에서는 팔찌를 몇 개 만들려고 하였는지 구해 보세요.

( )

06 둘레가 360 m인 원 모양의 연못이 있습니다. 이 연못의 둘레를 따라 장미와 튤립을 심으려고 합니다. 이 연못 둘레의 한 점을 시작점으로 하여 같은 방향으로 장미는 8 m 간격으로 심고, 튤립은 6 m 간격으로 심습니다. 장미와 튤립이 겹쳐질 때는 장미만 심는다고 할 때 장미와 튤립은 각각 몇 송이씩 심게 되는지 구해 보세요.

장미 ( )

튤립 ( )

07 서울에 사는 새롬이가 오전 10시에 집 앞 버스 정류장에서 버스 도착 안내 전광판을 보았더니 다음과 같았습니다. 배차 간격이 '서울01'번 버스는 12분이고, '서울15'번 버스는 9분이라고 할 때, 두 버스가 새롬이네 집 앞 버스 정류장에 오전 10시 이후 세 번째로 동시에 도착하는 시각을 구해 보세요. (단, 두 버스는 각각 배차 간격에 맞게 도착하는 것으로 생각합니다.)

버스 번호	도착 예정
서울01	4분 후 도착
서울15	7분 후 도착

( )

08 준규는 12일마다, 재현이는 8일마다, 현진이는 6일마다 줄넘기를 합니다. 세 사람 모두 오늘 줄넘기를 하였다면 오늘 이후 네 번째로 세 사람이 모두 줄넘기를 하는 날은 며칠 후인지 구해 보세요.

( )

01 다음 조건을 모두 만족하는 네 자리 수는 모두 몇 개인지 구해 보세요.

> **조건**
> • 일의 자리 숫자는 6입니다.
> • 각 자리 숫자는 0이 아닌 서로 다른 수입니다.
> • 3의 배수입니다.
> • 각 자리 숫자 중 짝수는 1개입니다.

(   )

02 어느 마을에 청소부가 1번부터 50번까지 50명 있습니다. 이 마을의 쓰레기통 또한 1번부터 50번까지 50개 있습니다. 1번 청소부는 1의 배수에 해당하는 쓰레기통 덮개를 모두 열고 지나갑니다. 2번 청소부는 2의 배수에 해당하는 쓰레기통 덮개를 모두 닫고 지나갑니다. 3번 청소부는 3의 배수에 해당하는 쓰레기통을 덮개가 열린 것은 닫고, 덮개가 닫힌 것은 열고 지나갑니다. 이러한 방식으로 모든 청소부는 자신의 번호의 배수에 해당하는 쓰레기통 덮개가 열린 것은 닫고, 닫힌 것은 열고 지나갔다고 하였을 때, 1번부터 50번 청소부가 지나간 뒤에 덮게가 열려 있는 쓰레기통은 모두 몇 개인지 구해 보세요.

(   )

03 자연수 ㉮, ㉯, ㉰가 다음 조건을 모두 만족할 때, ㉰는 얼마인지 구해 보세요.

> **조건**
> • ㉮ > ㉯ > ㉰
> • ㉮, ㉯, ㉰의 최대공약수는 12입니다.
> • ㉮, ㉯의 최대공약수는 48입니다.
> • ㉮, ㉯의 최소공배수는 288입니다.
> • ㉯, ㉰의 최소공배수는 672입니다.

(   )

04 두 자연수 ★과 ☆의 공약수의 개수를 ★▲☆ 이라고 약속할 때 ㉠은 얼마인지 구해 보세요. (단, ㉠은 1보다 크고 5보다 작은 자연수입니다.)

> $(26 ▲ 13) + (72 ▲ 32) × (㉠ ▲ 14)$
> $= (240 ▲ 336)$

(   )

05 학교 알뜰시장에서 하루 동안 얻은 수익금이 1000원짜리 지폐 45장, 500원짜리 동전 49개, 100원짜리 동전 94개가 되었습니다. 최대한 많은 사람에게 각각의 지폐와 동전을 똑같이 나누어 주려고 했더니 500원짜리는 5개가 부족했고 100원짜리는 4개가 남았습니다. 한 사람에게 알뜰시장 수익금을 얼마나 나누어 주려고 하였는지 구해 보세요.

( )

06 크리스마스를 맞이하여 주원이는 크리스마스 트리에 빨간색 전구, 초록색 전구와 노란색 전구로 이루어진 전구 줄을 매달았습니다. 빨간색 전구는 4초 동안 켜졌다가 2초 동안 꺼지고, 초록색 전구는 3초 동안 켜졌다가 5초 동안 꺼지고, 노란색 전구는 5초 동안 켜졌다가 5초 동안 꺼집니다. 지금 세 전구가 동시에 켜졌다면 다음번에 처음으로 세 전구가 모두 꺼져 있다가 동시에 켜지는 때는 지금부터 몇 초 후인지 구해 보세요.

( )

07 어느 빵집에서 크림빵은 500원, 도넛은 900원에 팔고 있습니다. 서환이는 크림빵과 도넛을 각각 같은 개수만큼 샀고, 효정이는 크림빵과 도넛을 각각 같은 금액만큼 샀습니다. 그래서 서환이와 효정이는 가지고 있던 돈을 모두 사용했습니다. 서환이가 가지고 있던 돈은 150000원보다 적고, 효정이가 가지고 있던 돈의 2배였다면 서환이가 가지고 있던 돈은 얼마인지 구해 보세요.

( )

08 같은 아파트에 사는 가현, 승현, 지현이는 정기적으로 우유를 배달 받고 있습니다. 가현이네는 8일마다, 승현이네는 5일마다, 지현이네는 6일마다 우유를 배달 받는다고 합니다. 어느 월요일에 세 집 모두 우유를 배달 받았다면 다음번에 처음으로 세 집 모두 우유를 배달 받는 날이 수요일인 날은 며칠 후인지 구해 보세요.

( )

01 □ 안에 두 자리 자연수를 써넣어 계산 결과가 3의 배수가 되게 하려고 합니다. □ 안에 들어갈 수 있는 두 자리 수는 모두 몇 개인지 구해 보세요.

456□

(   )

02 대화를 읽고 석진이의 형이 12년 후에는 몇 살인지 구해 보세요.

석진: 올해 우리 형의 나이는 20살보다 많고 60살보다 적어.
혜수: 또 다른 설명은 없어?
지은: 올해 석진이의 형의 나이는 17의 배수이고 8년 후에는 6의 배수가 돼. 12년 후에 석진이의 형의 나이는 몇 살일까?

(   )

03 민준이는 반 친구들과 나누어 먹기 위해 한 상자에 24개씩 들어 있는 초콜릿 3상자를 가져왔습니다. 30명보다 적은 친구들에게 남김없이 똑같이 나누어 주려고 합니다. 최대한 많은 친구들에게 초콜릿을 나누어 준다면 초콜릿을 몇 명에게 나누어 줄 수 있는지 구해 보세요.

(   )

04 고대 그리스의 수학자인 피타고라스는 보기와 같이 자신을 제외한 약수들의 합이 자기 자신이 되는 수를 '완전수'라고 하였습니다. 또한 자신을 제외한 약수들의 일부만을 더하면 자기 자신이 되는 수를 '반완전수'라고 하였습니다. 25부터 35까지의 자연수 중에서 완전수와 반완전수의 합을 구해 보세요.

● 보기 ●

완전수
예) 6의 약수: 1, 2, 3, 6 ➡ 1＋2＋3＝6
반완전수
예) 12의 약수: 1, 2, 3, 4, 6, 12
　➡ 1＋2＋3＋6＝12
　　또는 2＋4＋6＝12
18의 약수: 1, 2, 3, 6, 9, 18
➡ 3＋6＋9＝18

(   )

05 5장의 수 카드를 한 번씩만 사용하여 다섯 자리 수를 만들려고 합니다. 만든 다섯 자리 수 중에서 6과 5로 나누어떨어지는 가장 작은 수와 가장 큰 수의 합을 구해 보세요.

0   3   5   6   7

(   )

06 1부터 100까지의 자연수를 다음과 같이 연속한 다섯 개의 수의 합으로 나타낼 때, 다섯 개의 수의 합이 15의 배수가 되는 것은 모두 몇 가지인지 구해 보세요.

> $(1+2+3+4+5)$, $(2+3+4+5+6)$,
> $(3+4+5+6+7)$ ……
> $(96+97+98+99+100)$

(   )

07 다음 **조건**을 만족하는 수 ㉮, ㉯, ㉰의 최대공약수를 구해 보세요.

> ● **조건** ●
> • ㉮＋㉯＋㉰＝300
> • ㉮는 ㉯보다 24만큼 큽니다.
> • ㉰는 ㉮보다 36만큼 작습니다.

(   )

08 공책 100권, 연필 66자루, 지우개 74개를 최대한 많은 학생들에게 똑같이 나누어 주려고 했더니 공책은 4권이 남고, 연필은 2자루가 남고, 지우개는 6개가 부족합니다. 한 학생에게 나누어 주려고 했던 공책, 연필, 지우개의 수를 각각 구해 보세요.

공책 (   )

연필 (   )

지우개 (   )

09 가로가 24 cm, 세로가 18 cm인 직사각형 모양의 종이를 모양과 크기가 똑같은 직사각형 모양으로 자르려고 합니다. 잘린 직사각형 모양의 가로와 세로의 길이를 나타내는 수가 모두 2보다 큰 자연수가 되도록 자르는 방법은 모두 몇 가지인지 구해 보세요. (단, 최소 한 번은 잘라야 하며, 잘린 조각을 돌려서 모양과 크기가 같은 것은 한 가지로 봅니다.)

(   )

10 다음 **조건**을 모두 만족하는 수를 구해 보세요.

> ● **조건** ●
> • 400에 가장 가까운 수입니다.
> • 12와 40의 배수입니다.

(   )

11 어떤 수를 28과 35로 각각 나누면 나머지가 모두 3입니다. 세 자리 수인 어떤 수 중에서 다섯 번째로 작은 수를 구해 보세요.

( )

12 유리네 반 친구들은 새해를 맞이하여 도서관에 꾸준히 가기로 약속하였습니다. 유리는 3일마다, 성수는 7일마다, 재훈이는 9일마다 도서관에 갑니다. 1월 1일에 세 사람이 모두 도서관에서 만났다면 세 사람이 1년 동안 동시에 도서관에 가서 만난 날은 모두 며칠인지 구해 보세요. (단, 1년은 365일입니다.)

( )

13 과학 시간에 전구 달린 알림시계를 만들었습니다. 알림시계의 전구는 6초마다 불이 켜지고, 7초마다 알림음이 울립니다. 알림시계가 9시 15분 정각에 불이 켜지면서 알림음이 울렸을 때, 이후 여섯 번째로 동시에 전구가 켜지면서 알림음이 울리는 시각은 몇 시 몇 분 몇 초인지 구해 보세요.

( )

14 장난감 자동차 속을 들여다보았더니 톱니바퀴 3개가 맞물려 돌아가고 있습니다. 톱니바퀴 ㉮의 톱니 수는 64개, 톱니바퀴 ㉯의 톱니 수는 72개, 톱니바퀴 ㉰의 톱니 수는 48개입니다. 세 톱니바퀴가 처음에 맞물렸던 곳에서 다시 만나려면 톱니바퀴 ㉰는 최소한 몇 바퀴 돌아야 하는지 구해 보세요.

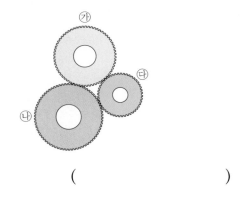

( )

15 지환이네 반 선생님께서 학생들에게 5월 한 달 동안 같은 학급 도서를 읽는 과제를 내주셨습니다. 대화를 읽고 지환이네 반 학급 도서는 몇 쪽인지 구해 보세요. (단, 책의 쪽수는 200쪽을 넘습니다.)

> 지환: 매일 12쪽씩 읽었더니 마지막 날 9쪽이 남았어.
> 한서: 매일 9쪽씩 읽었더니 마지막 날에는 3쪽을 읽게 되었어.
> 현희: 매일 7쪽씩 읽었더니 겨우 한 달 안에 읽게 되었어.

( )

3

규칙과 대응

1. 두 양 사이의 관계 알아보기

2. 대응 관계를 식으로 나타내는 방법 알아보기

3. 생활 속에서 대응 관계를 찾아 식으로 나타내기

개념 1 두 양 사이의 관계 알아보기

(1) 사각형의 수와 원의 수 사이의 대응 관계를 알아봅시다.

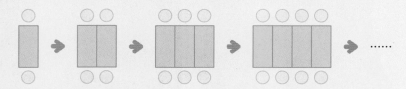

- 사각형의 수가 1개씩 늘어날 때, 원의 수는 2개씩 늘어납니다.
- 원의 수는 사각형의 수의 2배입니다.

▶ **대응 관계**
한 양이 변할 때 다른 양이 그에 따라 일정하게 변하는 관계

▶ 왼쪽 그림에서 사각형의 수와 원의 수 사이의 대응 관계 알아보기
- 사각형의 수는 원의 수의 반과 같습니다.

(2) 노란색 사각형의 수와 초록색 사각형의 수 사이의 대응 관계를 알아봅시다.

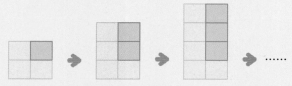

① 모양에서 변하는 부분과 변하지 않는 부분 생각하기
맨 아래의 노란색 사각형 2개는 변하지 않고 위의 왼쪽에 있는 노란색 사각형과 위의 오른쪽에 있는 초록색 사각형의 수가 1개씩 늘어납니다.

② 노란색 사각형의 수와 초록색 사각형의 수 사이의 대응 관계 알아보기

노란색 사각형의 수(개)	3	4	5	⋯⋯
초록색 사각형의 수(개)	1	2	3	⋯⋯

- 노란색 사각형의 수는 3개, 4개, 5개⋯⋯로 1개씩 늘어납니다.
- 초록색 사각형의 수는 1개, 2개, 3개⋯⋯로 1개씩 늘어납니다.
- 노란색 사각형의 수는 초록색 사각형의 수보다 2개 더 많습니다.

▶ 왼쪽 그림에서 노란색 사각형의 수를 (변하는 부분)+(변하지 않는 부분)으로 나타내기

	노란색 사각형의 수(개)
첫째	$(1+2)$ ➡ 3
둘째	$(2+2)$ ➡ 4
셋째	$(3+2)$ ➡ 5

[1~2] 도형의 배열을 보고 물음에 답하세요.

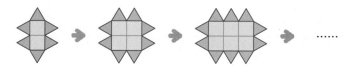

1 사각형이 100개일 때 삼각형은 몇 개가 필요할까요? (   )

2 사각형의 수와 삼각형의 수 사이의 대응 관계를 써 보세요.

사각형의 수에 ☐ 을/를 더하면 삼각형의 수와 같습니다.

개념 응용하기

응용 1 다음은 나비의 수와 나비의 다리의 수 사이의 관계를 나타낸 표입니다. 표를 완성하고, 나비의 수와 나비의 다리의 수 사이의 대응 관계를 써 보세요.

나비의 수(마리)	1	2	3	4	……
다리의 수(개)	6				……

[대응 관계] _____

! 나비가 1마리 늘어날 때마다 나비의 다리의 수는 몇 개씩 늘어나는지 알아봅니다.

풀이 나비 한 마리는 다리가 ☐ 개이므로 나비가 1마리 늘어날 때마다 나비의 다리는 ☐ 개씩 늘어납니다.

즉, 나비가 한 마리일 때 나비의 다리는 6개, 나비가 2마리일 때 나비의 다리는 ☐ 개, 나비가 3마리일 때 나비의 다리는 ☐ 개, 나비가 4마리일 때 나비의 다리는 ☐ 개입니다.

따라서 다음과 같이 표를 완성하고 대응 관계를 쓸 수 있습니다.

나비의 수(마리)	1	2	3	4	……
다리의 수(개)	6				……

[대응 관계] 나비의 다리의 수는 나비의 수의 ☐ 배입니다.

[1~3] 노란색 사각형과 초록색 사각형으로 규칙적인 배열을 만들고 있습니다. 물음에 답하세요.

1 초록색 사각형이 10개일 때 노란색 사각형은 몇 개가 필요할까요?

(   )

2 노란색 사각형이 35개일 때 초록색 사각형은 몇 개가 필요할까요?

(   )

3 노란색 사각형의 수와 초록색 사각형의 수 사이의 대응 관계를 써 보세요.

개념 2 대응 관계를 식으로 나타내는 방법 알아보기

두 양 사이의 대응 관계를 식으로 간단하게 나타낼 때는 각 양을 ○, □, △, ☆ 등과 같은 기호로 표현할 수 있습니다.

⑩ 식탁의 수와 의자의 수 사이의 대응 관계 알아보기

   ......

- 식탁의 수와 의자의 수 사이의 대응 관계를 표를 이용하여 알아보기

식탁의 수(개)	1	2	3	4	......
의자의 수(개)	4	8	12	16	......

- 식탁의 수와 의자의 수 사이의 대응 관계를 식으로 나타내기
  식탁이 1개씩 늘어날 때마다 의자는 4개씩 늘어납니다.
  따라서 식탁의 수를 □, 의자의 수를 △라고 할 때, 두 양 사이의 대응 관계를 식으로 나타내면 □×4=△ 또는 △÷4=□입니다.

> 대응 관계를 기호를 사용하여 식으로 나타내는 방법
> ① 두 양을 어떤 기호(○, □, △, ☆ 등)로 나타낼지 정합니다.
> ② 연산 기호 +, −, ×, ÷ 중에서 두 양 사이의 대응 관계를 나타내기에 알맞은 것을 고릅니다.

[1~2] 어느 목장에 양이 있습니다. 양의 수와 양의 다리의 수 사이의 대응 관계를 알아보려고 합니다. 물음에 답하세요.

1 양의 수와 양의 다리의 수 사이의 대응 관계를 표를 이용하여 알아보세요.

양의 수(마리)	1	2	3	4	5	......	10	......
다리의 수(개)						......		......

2 양의 수를 □, 양의 다리의 수를 ○라고 할 때, 두 양 사이의 대응 관계를 기호를 사용하여 식으로 나타내어 보세요.

(   )

개념 응용하기

응용 2

오른쪽 그림과 같이 성냥개비로 사각형을 만들고 있습니다. 만든 사각형의 수를 ●, 사용한 성냥개비의 수를 ▲라고 할 때, 두 양 사이의 대응 관계를 식으로 나타내고, 사각형을 19개 만들려면 필요한 성냥개비는 모두 몇 개인지 구해 보세요.

(!) 사각형이 하나 늘어날 때마다 성냥개비가 몇 개 더 필요한지 생각해 봅니다.

(풀이) 사각형의 수와 성냥개비의 수 사이의 대응 관계를 표를 이용하여 알아보면 다음과 같습니다.

사각형의 수(개)	1	2	3	4	......
성냥개비의 수(개)	4				......

따라서 사각형의 수가 1개 늘어날 때마다 사용한 성냥개비의 수는 3개씩 늘어납니다.

즉, 사각형의 수에 ☐ 을/를 곱한 후 ☐ 을/를 더하면 성냥개비의 수가 됩니다.

따라서 사각형의 수를 ●, 성냥개비의 수를 ▲라고 할 때, 두 양 사이의 대응 관계를 기호를 사용하여 식으로 나타내면 ● × ☐ + ☐ = ▲ 입니다.

따라서 사각형을 19개 만들려면 필요한 성냥개비는 모두 19 × ☐ + ☐ = ☐ (개)입니다.

1 동아리 활동 시간에는 한 모둠에 6명씩 앉아 있습니다. 대화를 읽고 모둠의 수와 학생의 수 사이의 대응 관계를 <u>잘못</u> 말한 사람의 이름을 써 보세요.

> 한나: 모둠의 수를 ♡, 학생의 수를 ☆이라고 할 때, 두 양 사이의 대응 관계를 ♡ × 6 = ☆로 나타낼 수 있어.
> 원섭: 모둠의 수에 따라 학생의 수는 항상 일정하게 변해.
> 희정: 모둠의 수와 학생의 수 사이의 대응 관계를 나타낸 식 ☐ ÷ 6 = △에서 ☐는 모둠의 수, △는 학생의 수야.

(   )

2 그림과 같이 사진 위쪽에 누름 못을 꽂아서 사진을 벽에 붙이고 있습니다. 사진의 수를 ○, 누름 못의 수를 △라고 할 때, 두 양 사이의 대응 관계를 기호를 사용하여 식으로 나타내어 보세요.

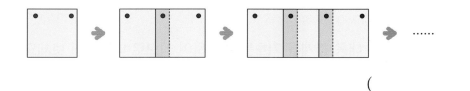

(   )

개념 알기

개념 3 생활 속에서 대응 관계를 찾아 식으로 나타내기

(1) 생활 속에서 대응 관계를 찾아 식으로 나타내어 봅시다.

예  1분에 300 m

서로 대응하는 두 양		대응 관계
딸기의 수	접시의 수	(접시의 수)×5=(딸기의 수)
자전거로 이동한 거리	걸린 시간	(걸린 시간)×300 =(자전거로 이동한 거리)

(2) 대응 관계를 알아맞혀 봅시다.

예 진선이가 말하고 세인이가 답한 수를 보고 두 수 사이의 대응 관계 알아보기

진선이가 말한 수	3	6	9	12
세인이가 답한 수	7	10	13	16

➡ (진선이가 말한 수)+4=(세인이가 답한 수)
또는 (세인이가 답한 수)−4=(진선이가 말한 수)
진선이가 말한 수를 ★, 세인이가 답한 수를 ♥라고 할 때, 두 수 사이의 대응 관계를 식으로 나타내면 ★+4=♥ 또는 ♥−4=★입니다.

▶ 생활 속에서 대응 관계 찾는 방법
• 수가 커지면 ＋, ×를 이용하여 식을 알아봅니다.
• 수가 작아지면 －, ÷를 이용하여 식을 알아봅니다.

▶ 대응 관계를 나타내는 방법
동일한 두 양 사이의 대응 관계를 나타내는 식이라도 기준이 무엇인가에 따라 나타낸 식이 다릅니다.

예 한 상자에 초콜릿이 7개씩 들어 있을 때

   ······

• 초콜릿의 수(■)는 상자의 수(●)의 7배입니다.
  ➡ ●×7=■
• 초콜릿의 수(■)를 7로 나누면 상자의 수(●)가 됩니다.
  ➡ ■÷7=●

[1~3] 어느 과일 가게에서는 귤을 한 상자에 25개씩 담아서 한 상자에 13000원에 팔고 있습니다. 귤 상자의 수를 □, 귤의 수를 △, 귤의 값을 ○라고 할 때, 물음에 답하세요.

1 귤 상자의 수와 귤의 수 사이의 대응 관계를 기호를 사용하여 식으로 나타내어 보세요.

( )

2 귤 상자의 수와 귤의 값 사이의 대응 관계를 기호를 사용하여 식으로 나타내어 보세요.

( )

3 귤의 수와 귤의 값 사이의 대응 관계를 기호를 사용하여 식으로 나타내어 보세요.

( )

개념 응용하기

응용 3

과학 시간에 용수철에 매단 추의 수에 따라 용수철이 늘어난 길이를 재어 보는 실험을 한 후 다음과 같이 표로 정리하였습니다. 추의 수를 ●, 용수철이 늘어난 길이를 ▲라고 할 때, 두 양 사이의 대응 관계를 기호를 사용하여 식으로 나타내고, 추를 21개 매달았을 때 용수철이 늘어난 길이를 구해 보세요.

추의 수(개)	1	2	3	4	5	······
용수철이 늘어난 길이(cm)	7	14	21	28	35	······

(!) 추의 수와 용수철이 늘어난 길이 사이에 어떤 관계가 있는지 연산 기호 $+$, $-$, $\times$, $\div$ 중에서 두 양 사이의 대응 관계를 나타내기에 알맞은 것을 고릅니다.

풀이 용수철이 늘어난 길이는 추의 수의 ☐ 배입니다.

추의 수를 ●, 용수철이 늘어난 길이를 ▲라고 할 때, 두 양 사이의 대응 관계를 기호를 사용하여 식으로 나타내면 ● $\times$ ☐ $=$ ▲ 또는 ▲ $\div$ ☐ $=$ ●입니다.

따라서 추를 21개 매달았을 때 용수철이 늘어난 길이는 21 $\times$ ☐ $=$ ☐ (cm)입니다.

1 민영이와 유정이가 저금통에 저금을 하려고 합니다. 민영이는 가지고 있던 1500원을 저금했고, 유정이도 모아 두었던 2000원을 저금하였습니다. 두 사람은 다음 달부터 10일에 500원씩 저금하기로 했습니다. 다음 표를 완성하고, 민영이가 모은 돈을 ☐, 유정이가 모은 돈을 △라고 할 때, 두 사람이 모은 돈 사이의 대응 관계를 기호를 사용하여 식으로 나타내어 보세요.

	민영이가 모은 돈(원)	유정이가 모은 돈(원)
저금을 시작했을 때	1500	2000
10일 후	2000	2500
20일 후		
30일 후		
⋮	⋮	⋮

( )

2 무게가 같은 과자 4개의 무게가 80 g이고, 이 과자의 20 g당 가격은 120원입니다. 과자의 수를 ☆, 과자의 가격을 ☐라고 할 때, 두 양 사이의 대응 관계를 기호를 사용하여 식으로 나타내어 보세요.

( )

01 나연이는 열두 번째 생일을 맞이하여 친구들과 초코케이크를 나누어 먹으려고 합니다. 다음 그림과 같이 초코케이크를 자를 때, 초코케이크를 8번 자르면 친구 몇 명과 함께 나누어 먹을 수 있는지 구해 보세요. (단, 케이크 조각의 크기는 달라도 한 조각으로 생각하고, 한 명당 한 조각씩 먹습니다.)

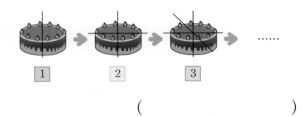

(   )

02 수학 상자에 수가 쓰인 공을 넣었더니 다음과 같이 규칙에 따라 수가 바뀐 공이 나왔습니다. 수학 상자 안에 어떤 수가 쓰인 공을 넣었더니 75가 쓰인 공이 나왔습니다. 어떤 수가 쓰인 공을 넣었는지 구해 보세요.

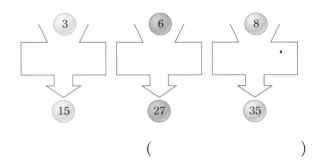

(   )

03 정육각형에 점을 찍어 규칙적인 배열을 만들고 있습니다. 배열 순서를 □, 점의 수를 △라고 할 때, 두 양 사이의 대응 관계를 기호를 사용하여 식으로 나타내어 보세요.

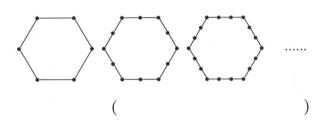

(   )

04 육각형 조각으로 규칙적인 배열을 만들고 있습니다. 배열 순서와 육각형 조각의 수 사이의 대응 관계를 찾아 육각형 조각 54개로 만든 모양은 몇 째인지 구해 보세요.

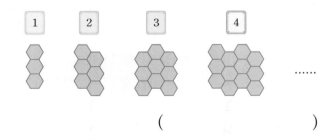

(   )

05 학교 앞 분식집에서 떡볶이를 한 접시에 3500원에 팔고 있습니다. 이 분식점에서는 떡볶이를 한 접시 팔 때마다 떡볶이 값의 $\frac{1}{7}$이 이익이라고 합니다. 하루 동안 떡볶이를 팔아 남은 이익이 32500원이라면 하루에 떡볶이를 몇 접시 팔았는지 구해 보세요.

(   )

06 2015년에 태형이는 6살이었고, 2019년에 아버지의 나이는 태형이의 나이의 4배입니다. 2021년에 아버지의 나이와 어머니의 나이를 더하면 80살입니다. 어머니가 60살이 되는 해에 태형이의 나이는 몇 살인지 구해 보세요.

(   )

07 물탱크에 물이 800 L 들어 있습니다. 물탱크에 연결된 호스를 통해 물이 1분에 7 L씩 빠진다고 합니다. 물이 빠진 시간을 □(분), 물탱크에 남아 있는 물의 양을 ○(L)라고 할 때, 두 양 사이의 대응 관계를 기호를 사용하여 식으로 나타내어 보세요.

(   )

[08~09] 다음 그림은 용수철에 추를 매달았을 때 추의 무게와 용수철의 길이를 나타낸 것입니다. 물음에 답하세요.

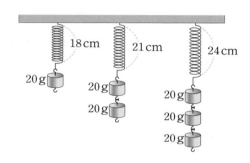

08 100 g의 추를 매달았을 때 용수철의 길이는 몇 cm인지 구해 보세요.

(   )

09 용수철의 길이가 135 cm가 될 때 추의 무게는 몇 g인지 구해 보세요.

(   )

01 준호와 우영이가 대응 관계 알아맞히기 놀이를 하고 있습니다. 다음은 준호가 말한 수와 우영이가 답한 수를 나타낸 표입니다. 표를 완성하고, 준호가 말한 수를 □, 우영이가 답한 수를 ○라고 할 때, 두 수 사이의 대응 관계를 기호를 사용하여 식으로 나타내어 보세요.

준호가 말한 수	우영이가 답한 수
3	12
5	30
8	72
10	110
4	
	90

[대응 관계] _____

02 다음 표에서 ○와 △는 일정한 규칙을 따르고 있습니다. ㉮＋㉯＋㉰의 값을 구해 보세요.

○	1	2	3	㉯	6	8	12
△	144	㉮	48	36	24	18	㉰

( )

03 정사각형의 각 변을 3등분하여 작은 정사각형을 만들고 있습니다. 만들어진 정사각형의 각 변을 계속해서 3등분한다고 하였을 때, 다섯째 그림에서 만들어지는 가장 작은 정사각형은 몇 개인지 구해 보세요.

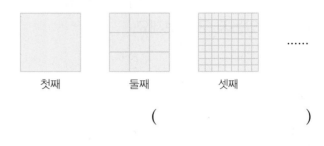

첫째   둘째   셋째

( )

04 그림과 같이 6명씩 앉을 수 있는 직사각형 모양의 식탁을 한 줄로 이어 붙이려고 합니다. 식탁의 수를 □, 앉을 수 있는 사람의 수를 △라고 할 때, 두 양 사이의 대응 관계를 기호를 사용하여 식으로 나타내어 보세요.

( )

05 그림과 같이 크기가 같은 정삼각형을 규칙적으로 배열하고 있습니다. 열째와 열일곱째에 올 모양에서 가장 작은 정삼각형의 수의 차를 구해 보세요.

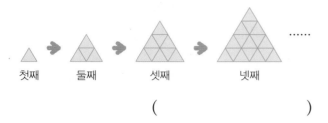

첫째   둘째   셋째   넷째   ......

(   )

06 다음은 5월 20일의 서울과 워싱턴의 시각 사이의 대응 관계를 나타낸 표입니다. 서울에 사는 성윤이가 5월 8일 오전 10시부터 워싱턴에 있는 오빠와 한 시간 동안 통화를 하였습니다. 통화를 마쳤을 때 워싱턴의 시각은 몇 월 며칠 몇 시인지 구해 보세요.

서울의 시각	오후 3시	오후 4시	오후 5시	오후 6시	오후 7시
워싱턴의 시각	오전 1시	오전 2시	오전 3시	오전 4시	오전 5시

(   )

07 그림과 같이 사진을 겹쳐서 누름 못으로 게시판에 붙이려고 합니다. 사진은 한 장에 600원이고 누름 못은 9개씩 들어 있는 한 통을 300원에 살 수 있습니다. 사진을 12장 붙일 때 돈은 적어도 얼마가 필요한지 구해 보세요.

(   )

[08~09] 양초의 심지에 불을 붙이면 불꽃에 의해 빛과 열을 내며 타기 시작합니다. 인원이는 길이가 245 mm인 양초를 오후 3시 50분부터 태우려고 합니다. 물음에 답하세요.

08 다음은 양초를 태우면서 1분 단위로 양초의 길이를 기록한 표입니다. 1분마다 양초의 길이가 일정하게 줄어든다고 할 때 표를 완성해 보세요.

시간(분)	1	2	3	4	5
남은 양초의 길이(mm)	242	239		233	

09 남은 양초의 길이가 14 mm일 때의 시각은 몇 시 몇 분인지 구해 보세요.

(   )

01 선아네 학교 5학년 학생은 모두 186명입니다. 선미네 학교 5학년 학생들이 운동장에서 큰 원을 그리며 강강술래를 하기 위해 1번부터 차례로 똑같은 간격으로 둘러앉았습니다. 선아의 번호는 73번이라고 할 때, 선아의 맞은편에 앉은 학생의 번호는 몇 번인지 구해 보세요.

( )

02 성냥개비로 일정한 규칙에 따라 다음 그림과 같이 정육각형을 만들고 있습니다. 성냥개비 500개로 정육각형을 몇 개까지 만들 수 있는지 구해 보세요.

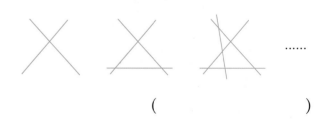

( )

03 희철이는 방과 후 체육 활동에 참여한 21명의 친구들과 악수를 하였습니다. 희철이와 친구들이 서로 한 번씩 악수를 하였다면 악수는 모두 몇 번 하였는지 구해 보세요.

( )

04 한성이는 다음 그림과 같이 정사각형 모양의 색종이를 규칙적으로 겹치지 않게 이어 붙여 모양을 만들고 있습니다. 열두째 모양을 만들 때 필요한 정사각형 모양의 색종이는 몇 장인지 구해 보세요. (단, 정사각형 모양의 색종이의 크기는 모두 같습니다.)

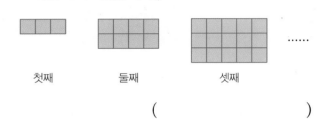

첫째   둘째   셋째

( )

05 다음 그림과 같이 만나는 점의 수가 최대가 되도록 직선을 그었습니다. 직선을 17개 그었을 때 만나는 점은 모두 몇 개인지 구해 보세요.

( )

06 지희는 다음과 같은 규칙에 따라 바둑돌을 놓고 있습니다. 열다섯째에 놓일 검은색 바둑돌의 수를 ▲개, 흰색 바둑돌의 수를 ■개라고 할 때, ■-▲의 값을 구해 보세요.

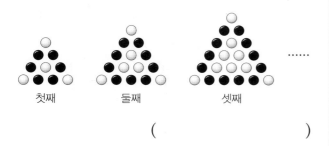

첫째   둘째   셋째

(   )

07 길이가 8 m인 통나무를 쉬지 않고 잘라서 40 cm 길이의 통나무 도막을 최대한 많이 만들려고 합니다. 한 번 자르는 데 일반 톱으로는 2분이 걸리고, 전기톱으로는 17초가 걸린다고 합니다. 통나무 하나를 일반 톱과 전기톱으로 각각 쉬지 않고 자르는 데 걸리는 시간의 차는 몇 분 몇 초인지 구해 보세요. (단, 통나무를 겹쳐서 자르지 않습니다.)

(   )

[08~09] 세진이는 부모님과 함께 서울 여의도 공원에 놀러 갔습니다. 세진이 아버지는 여의도 공원 근처에 주차를 하려고 합니다. 여의도 공원 근처 ㉮ 주차장의 요금표는 다음과 같습니다. ㉮ 주차장은 오전 6시부터 밤 12시까지 운영되고 있습니다. 물음에 답하세요.

일반 주차권	주차 시간	0~30 분	40분	50분	60분	……
	요금	6000원	7000원	8000원	9000원	……
종일권	하루 종일 주차 시 일괄적으로 40000원					
야간권	오후 6시부터 밤 12시까지 주차 시 일괄적으로 25000원					

08 세진이네 가족은 오후 6시 30분에 ㉮ 주차장에 주차를 하고 오후 10시 47분에 주차장에서 나오려고 합니다. ㉮ 주차장에서 어느 주차권을 사용하는 것이 더 유리한지 쓰고, 주차 요금은 얼마인지 구해 보세요. (단, 일반 주차권은 예를 들어 32분 주차했을 경우 10분 단위인 40분 주차로 계산합니다.)

(   ), (   )

09 세진이네 가족이 오전 10시 23분에 ㉮ 주차장에 도착하였다면 몇 시 몇 분을 넘어서까지 주차해야 종일권을 사용하는 것이 더 유리한지 구해 보세요. (단, 일반 주차권은 예를 들어 32분 주차했을 경우 10분 단위인 40분 주차로 계산합니다.)

(   )

01 지찬이와 성현이는 수의 규칙 알아맞히기 놀이를 하고 있습니다. 지찬이가 4라고 말하면 성현이는 36이라고 답하였고, 지찬이가 5라고 말하면 성현이는 44라고 답하였습니다. 지찬이가 7이라고 말하면 성현이는 60이라고 답하였고, 지찬이가 8이라고 말하면 성현이는 68이라고 답하였습니다. 지찬이가 어떤 수를 말해야 성현이가 84라고 답할지 구해 보세요.

( )

02 예찬이네 떡집에서는 무지개떡 7개를 만드는 데 쌀가루를 500 g 사용합니다. 이 무지개떡을 한 상자에 7개씩 담아 포장한다면 쌀가루 4.7 kg으로 무지개떡은 몇 개까지 만들 수 있고, 최대 몇 상자까지 포장할 수 있는지 구해 보세요. (단, 예찬이네 떡집에서는 무지개떡을 7개 단위로만 만듭니다.)

( ), ( )

03 복도 바닥에 보기와 같은 정사각형 모양의 타일을 붙이려고 합니다. 그림과 같이 정사각형 모양의 타일 200개를 겹치지 않게 이어 붙였을 때 크고 작은 정사각형은 모두 몇 개인지 구해 보세요.

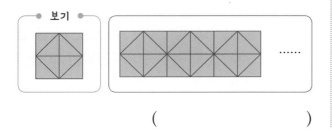

( )

04 원 모양의 철사를 다음 그림과 같이 자르려고 합니다. 철사를 점선을 따라 한 번 자르는 데 7분이 걸리고 한 번 자를 때마다 3분씩 쉰다면 50도막으로 자르는 데 모두 몇 시간 몇 분이 걸리는지 구해 보세요.

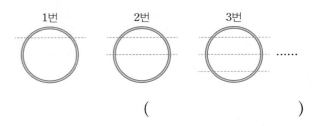

( )

05 다음 그림과 같이 빨간색 정사각형과 파란색 정사각형을 이용하여 규칙적인 모양의 도형을 만들려고 합니다. 만든 도형에 사용된 빨간색 정사각형이 23개일 때 이 도형에 사용된 파란색 정사각형은 몇 개인지 구해 보세요.

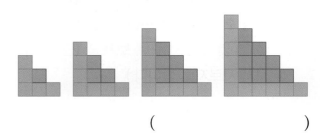

( )

06 시현이는 그림과 같이 면봉을 사용하여 규칙적으로 모양을 만들고 있습니다. 시현이가 면봉을 110개 가지고 있을 때 다음과 같은 규칙으로 만든 모양에서 가장 작은 정삼각형은 모두 몇 개인지 구해 보세요.

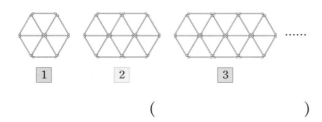

(   )

07 현지는 정사각형 모양의 붙임 종이를 그림과 같이 규칙에 따라 모양을 만들어 순서대로 붙이고 있습니다. 정사각형 모양의 붙임 종이의 수와 600의 차가 가장 적을 때는 몇째 모양인지 구해 보세요.

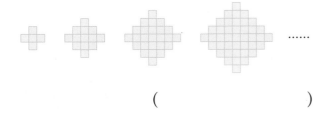

(   )

08 지안이는 동아리 시간에 규칙에 따라 선분을 그으면 곡선을 사용하지 않고 직선을 이용하여 여러 가지 모양을 만드는 '스트링아트'에 대해서 배웠습니다. 다음 그림과 같이 직선 위에 같은 간격의 점을 찍은 후 번호를 나열하고, 같은 번호의 점끼리 연결하였더니 스트링아트 작품이 나왔습니다. 선과 선이 서로 만나서 생긴 빨간 점의 수가 번호가 2번까지 있을 때는 2개, 번호가 3번까지 있을 때는 6개, 번호가 4번까지 있을 때는 12개입니다. 이와 같은 규칙에 따라 번호가 25번까지 있을 때 선과 선이 서로 만나서 생기는 점은 몇 개인지 구해 보세요.

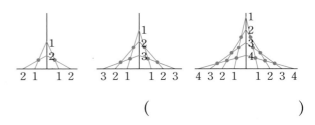

(   )

09 그림과 같이 바둑돌을 규칙에 따라 나열하였습니다. 이 규칙에 따라 바둑돌을 놓았을 때 열다섯째에 놓인 검은색 바둑돌과 흰색 바둑돌의 수의 차를 구해 보세요.

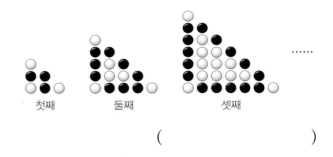

첫째   둘째   셋째

(   )

01 노란색 삼각형과 파란색 삼각형으로 규칙적인 배열을 만들고 있습니다. 물음에 답하세요.

(1) 위의 빈 곳에 알맞은 모양을 그려 보세요.

(2) 노란색 삼각형이 7개일 때 필요한 파란색 삼각형의 수와 노란색 삼각형이 13개일 때 필요한 파란색 삼각형의 수의 합은 몇 개인지 구해 보세요.

(   )

02 나무 막대를 이용하여 다음과 같은 모양으로 탑을 쌓고 있습니다. 탑의 층수를 □, 나무 막대의 수를 △라고 할 때, 두 양 사이의 대응 관계를 기호를 사용하여 식으로 나타내고, 탑을 21층으로 쌓으려면 나무 막대는 모두 몇 개 필요한지 구해 보세요.

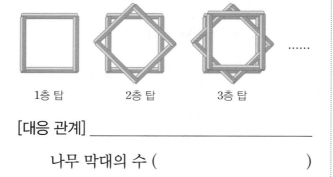

1층 탑   2층 탑   3층 탑

[대응 관계] _____

나무 막대의 수 (   )

03 다음 표를 보고 ○와 △ 사이의 대응 관계를 기호를 사용하여 식으로 나타내어 보세요.

○	3	5	7	9	11	13
△	9	25	49	81	121	169

(   )

04 어느 공장에서는 종이 재단 기계를 이용하여 종이를 잘라 색종이를 생산하려고 합니다. 종이를 반으로 자르고, 나누어진 두 장의 종이를 겹쳐 다시 반으로 자르고, 나누어진 4장의 종이를 겹쳐 다시 반으로 자르는 것을 반복하였습니다. 잘린 종이의 수가 256장이 되려면 종이를 몇 번 잘라야 하는지 구해 보세요.

(   )

05 그림과 같이 직사각형 모양의 6인용 탁자를 규칙에 따라 이어 붙이려고 합니다. 100명이 모두 앉으려면 탁자는 적어도 몇 개 필요한지 구해 보세요.

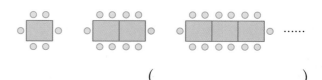

(   )

06 배열 순서에 맞게 수 카드를 놓고, 바둑돌로 규칙적인 배열을 만들고 있습니다. 배열 순서를 □, 바둑돌의 수를 △라고 할 때, 두 양 사이의 대응 관계를 기호를 사용하여 식으로 나타내고, 바둑돌이 55개 놓인 모양은 몇째인지 구해 보세요.

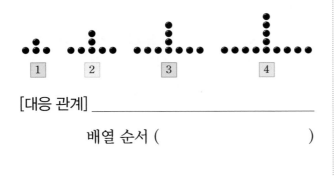

[대응 관계] _____

배열 순서 (   )

07 그림과 같이 사각형과 삼각형이 규칙적인 배열을 만들고 있습니다. 사각형의 수를 □, 삼각형의 수를 ○라고 할 때, 두 양 사이의 대응 관계를 기호를 사용하여 식으로 나타내고, 사각형이 50개일 때 삼각형은 몇 개인지 구해 보세요.

        ......

[대응 관계] _____

삼각형의 수 (   )

08 열량은 우리 몸에서 발생하는 에너지의 양을 말합니다. 사람은 이 열량을 이용하여 일정한 체온을 유지하고 음식의 소화를 비롯한 운동을 할 수 있습니다. 열량의 단위는 kcal(킬로칼로리)를 사용하고 탄수화물, 지방, 단백질을 3대 열량 영양소라고 합니다. 다음은 양념 치킨을 통해 섭취하는 열량과 달리기를 할 때 소모되는 열량을 나타낸 것입니다. 진혁이가 양념 치킨 500 g을 먹고 섭취한 열량을 모두 소모하려면 적어도 몇 시간 몇 분 동안 달리기를 해야 하는지 구해 보세요.

양념 치킨 100 g	286 kcal
달리기 10분	60 kcal

(   )

09 세계 여러 나라들은 서로 다른 모양과 단위의 화폐를 사용합니다. 한 나라의 화폐와 외국 화폐와의 교환 비율을 환율이라고 하는데 환율은 각 나라의 경제 사정과 국제 경제의 흐름에 따라 매일 조금씩 바뀝니다. 다음은 어느 날 각 나라별 환율을 조사하여 나타낸 표입니다. 이날 일본 돈 1500엔은 중국 돈으로 얼마인지 구해 보세요.

대한민국(원)	10	20	30	40	......
일본(엔)	1	2	3	4	......

대한민국(원)	150	300	450	600	......
중국(위안)	1	2	3	4	......

(   )

10 태양의 고도란 지평면과 태양이 이루는 각도를 말합니다. 태양의 고도는 해가 뜬 후 점점 높아져 오후 1시경에 가장 높고, 그 이후가 지나면 다시 낮아집니다. 어느 날 태양의 고도를 재었더니 오전 7시에는 0°, 오전 11시에는 60°였습니다. 태양의 고도가 시간에 따라 일정하게 높아지다가 낮아졌을 때, 오전 9시와 오후 4시의 태양의 고도의 합은 몇 도인지 구해 보세요.

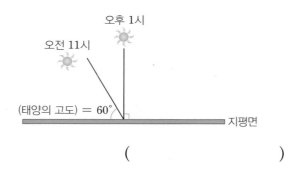

오후 1시
오전 11시
(태양의 고도) = 60°
지평면

(   )

11 어떤 이동 통신 회사의 한 달 통화 요금은 처음 360분까지는 25000원의 기본요금을 받고, 360분을 넘으면서부터는 15초에 25원씩 추가 요금을 받는다고 합니다. 이번 달 은석이의 통화 시간이 9시간 45분일 때, 은석이가 내야 할 통화 요금은 얼마인지 구해 보세요.

(   )

12 현준이는 과학 시간에 물탱크 ㉮와 물탱크 ㉯에서 동시에 똑같은 수도꼭지를 통해 일정한 빠르기로 물을 빼면서 두 물탱크의 물의 높이의 차를 관찰하고 표로 정리하였습니다. 실험을 시작한 지 2시간 후에 물탱크 ㉮와 물탱크 ㉯의 물의 높이는 18 cm로 같아졌습니다. 물탱크 ㉯의 3시간 후의 물의 높이는 몇 cm인지 구해 보세요. (단, 물탱크 ㉮는 물탱크 ㉯보다 좁고 긴 통이고, 실험을 시작할 때 물탱크 ㉮와 물탱크 ㉯의 물의 높이는 다릅니다.)

경과 시간(시간)	1	2	3	4
물탱크 물의 높이 차(cm)	4	0	4	2

(   )

13 화장실 벽을 꾸미기 위해 정사각형 모양의 벽에 정사각형 모양의 빨간색, 주황색, 노란색, 초록색, 파란색, 보라색 타일을 다음과 같이 붙여서 모두 1600개를 붙였습니다. 빨간색, 주황색, 노란색, 초록색, 파란색, 보라색의 순서로 반복하여 계속 붙여 나갈 때, 벽에 붙인 주황색 타일과 파란색 타일의 수의 차를 구해 보세요.

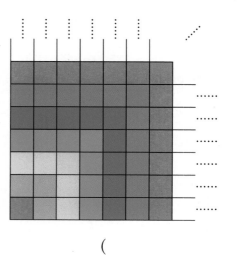

(   )

4

약분과 통분

1. 크기가 같은 분수 알아보기

2. 분수를 간단하게 나타내고, 분모가 같은 분수로 나타내기

3. 분수의 크기, 분수와 소수의 크기 비교하기

개념 알기

개념 1 **크기가 같은 분수 알아보기**

(1) $\frac{1}{3}$, $\frac{2}{6}$, $\frac{3}{9}$의 크기를 비교해 봅시다.

• 그림으로 비교하기

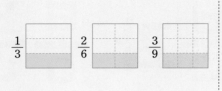

• 수직선으로 비교하기

$\frac{1}{3}$

$\frac{2}{6}$

$\frac{3}{9}$

$\frac{1}{3}$, $\frac{2}{6}$, $\frac{3}{9}$ ······은 크기가 같은 분수입니다.

(2) **크기가 같은 분수를 만들어 봅시다.**

① 곱셈을 이용하여 크기가 같은 분수 만들기
분모와 분자에 각각 0이 아닌 같은 수를
곱하면 크기가 같은 분수가 됩니다.

(예)
$$\frac{1}{3} \overset{\times 2}{=} \frac{2}{6} \overset{\times 3}{=} \frac{3}{9} \overset{\times 4}{=} \frac{4}{12}$$

② 나눗셈을 이용하여 크기가 같은 분수 만들기
분모와 분자를 각각 0이 아닌 같은 수로
나누면 크기가 같은 분수가 됩니다.

(예)
$$\frac{8}{16} \overset{\div 2}{=} \frac{4}{8} \overset{\div 4}{=} \frac{2}{4} \overset{\div 8}{=} \frac{1}{2}$$

▶ 크기가 같은 분수는 그림으로 나타내었을 때 크기가 같습니다.

▶ 어떤 분수와 크기가 같은 분수는 수 없이 많습니다.

1 $\frac{12}{20}$와 $\frac{6}{10}$만큼 색 띠의 왼쪽부터 색칠하고 ☐ 안에 알맞은 수를 써넣으세요.

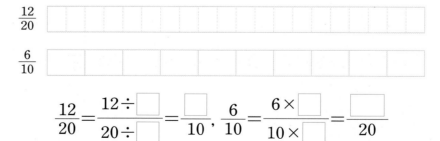

$$\frac{12}{20} = \frac{12 \div \square}{20 \div \square} = \frac{\square}{10}, \quad \frac{6}{10} = \frac{6 \times \square}{10 \times \square} = \frac{\square}{20}$$

2 $\frac{8}{13}$과 크기가 같은 분수를 분모가 작은 것부터 5개 써 보세요.

( )

개념 응용하기

응용 1 $\dfrac{24}{36}$ 와 크기가 같은 분수 중 분모와 분자의 합이 10인 분수를 찾아 써 보세요.

(!) 분모와 분자를 각각 0이 아닌 같은 수로 나누어 크기가 같은 분수를 만들고 조건을 만족하는 분수를 찾아봅니다.

풀이 $\dfrac{24}{36}$ 의 분모와 분자를 각각 0이 아닌 같은 수로 나누어 크기가 같은 분수를 만들어 보면 다음과 같습니다.

$\dfrac{24}{36} = \dfrac{24 \div \square}{36 \div 2} = \dfrac{\square}{\square}$, $\dfrac{24}{36} = \dfrac{24 \div \square}{36 \div 3} = \dfrac{\square}{\square}$, $\dfrac{24}{36} = \dfrac{24 \div \square}{36 \div 4} = \dfrac{\square}{\square}$,

$\dfrac{24}{36} = \dfrac{24 \div \square}{36 \div 6} = \dfrac{\square}{\square}$, $\dfrac{24}{36} = \dfrac{24 \div \square}{36 \div \square} = \dfrac{\square}{3}$

이 중 분모와 분자의 합이 10인 분수는 $\dfrac{\square}{\square}$ 입니다.

---

1 다음 두 수는 $\dfrac{28}{35}$ 과 크기가 같은 분수입니다. □와 △에 알맞은 수를 각각 구해 보세요.

$$\dfrac{4}{\square} , \dfrac{\triangle}{70}$$

□ (   ), △ (   )

2 $\dfrac{3}{5}$ 과 크기가 같은 분수 중 분모와 분자의 합이 30보다 크고 50보다 작은 분수를 모두 써 보세요.

(   )

3 $\dfrac{6}{7}$ 의 분모에 14를 더했을 때 분자에 얼마를 더해야 분수의 크기가 변하지 않는지 구해 보세요.

(   )

개념 알기

개념 2 분수를 간단하게 나타내고, 분모가 같은 분수로 나타내기

(1) 약분을 알아봅시다.

분모와 분자를 공약수로 나누어 간단한 분수로 만드는 것을 약분한다고 합니다.

(예) $\dfrac{12}{18}$를 약분하기: 12와 18의 공약수는 1, 2, 3, 6이므로 2, 3, 6으로 분모와 분자를 나눕니다.

$$\dfrac{12}{18}=\dfrac{12\div2}{18\div2}=\dfrac{6}{9},\ \dfrac{12}{18}=\dfrac{12\div3}{18\div3}=\dfrac{4}{6},\ \dfrac{12}{18}=\dfrac{12\div6}{18\div6}=\dfrac{2}{3}$$

(2) 기약분수를 알아봅시다.

분모와 분자의 공약수가 1뿐인 분수를 기약분수라고 합니다.

(3) 통분을 알아봅시다.

분수의 분모를 같게 하는 것을 통분한다고 하고, 통분한 분모를 공통분모라고 합니다.

(4) 통분하는 방법을 알아봅시다.

[방법 1] 두 분모의 곱을 공통분모로 하여 통분하기

(예) $\left(\dfrac{3}{4},\dfrac{5}{6}\right)\rightarrow\left(\dfrac{3\times6}{4\times6},\dfrac{5\times4}{6\times4}\right)\rightarrow\left(\dfrac{18}{24},\dfrac{20}{24}\right)$

[방법 2] 두 분모의 최소공배수를 공통분모로 하여 통분하기

(예) $\left(\dfrac{3}{4},\dfrac{5}{6}\right)\rightarrow\left(\dfrac{3\times3}{4\times3},\dfrac{5\times2}{6\times2}\right)\rightarrow\left(\dfrac{9}{12},\dfrac{10}{12}\right)$

▶ $\dfrac{12}{18}$를 약분하여 기약분수로 나타내기

분모와 분자를 공약수로 나누어 약분하고, 약분한 분수에서 또 분모와 분자의 공약수를 찾아 약분을 계속하는 방법으로도 기약분수를 만들 수 있습니다.

$$\dfrac{\overset{6}{\cancel{12}}}{\underset{9}{\cancel{18}}}=\dfrac{\overset{2}{\cancel{6}}}{\underset{3}{\cancel{9}}}=\dfrac{2}{3}$$

▶ 분모와 분자를 최대공약수로 나누면 기약분수로 나타낼 수 있습니다.

▶ 분모가 작을 때는 두 분모의 곱을 공통분모로 하고, 분모가 클 때는 두 분모의 최소공배수를 공통분모로 하여 통분하는 것이 편리합니다.

---

1 $\dfrac{48}{54}$을 약분하여 나타낼 수 있는 분수를 모두 써 보세요.

( )

2 민경이네 가족은 송편을 320개 만들었습니다. 그중에서 꿀 송편을 172개 만들었다면 민경이네 가족이 만든 송편 중에서 꿀 송편은 전체의 몇 분의 몇인지 기약분수로 나타내어 보세요.

( )

3 $\dfrac{5}{6}$와 $\dfrac{7}{9}$을 통분하려고 합니다. 공통분모가 100에 가장 가까운 수가 되도록 통분해 보세요.

(,)

개념 응용하기

응용 2 $\dfrac{2}{5}$와 $\dfrac{7}{10}$ 사이에 있는 분수 중에서 분모가 20인 기약분수를 모두 써 보세요.

(!) $\dfrac{2}{5}$와 $\dfrac{7}{10}$을 20을 공통분모로 하여 통분해 봅니다.

풀이 $\dfrac{2}{5}$와 $\dfrac{7}{10}$을 20을 공통분모로 하여 통분하면

$$\dfrac{2}{5}=\dfrac{2\times\boxed{}}{5\times\boxed{}}=\dfrac{\boxed{}}{\boxed{}},\ \dfrac{7}{10}=\dfrac{7\times\boxed{}}{10\times\boxed{}}=\dfrac{\boxed{}}{\boxed{}}\ \text{입니다.}$$

이때 통분한 두 분수 $\dfrac{\boxed{}}{\boxed{}}$와/과 $\dfrac{\boxed{}}{\boxed{}}$ 사이에 있는 분수 중 분자가 분모인 20과 공약수가 1뿐인 수를

찾습니다.

따라서 구하는 기약분수는 $\dfrac{\boxed{}}{20},\ \dfrac{\boxed{}}{20},\ \dfrac{\boxed{}}{20}$입니다.

1 진분수 $\dfrac{\boxed{}}{12}$가 기약분수일 때, □ 안에 들어갈 수 있는 수를 모두 써 보세요.

(   )

2 어떤 두 기약분수를 통분하였더니 $\dfrac{20}{72}$, $\dfrac{66}{72}$이 되었습니다. 원래의 기약분수를 구해 보세요.

(   )

3 다음 분수를 세 분모의 최소공배수를 공통분모로 하여 통분해 보세요.

$$\left(\dfrac{2}{7},\ \dfrac{5}{12},\ \dfrac{5}{6}\right)\ \Rightarrow\ (\qquad,\qquad,\qquad)$$

개념 알기

개념 3 **분수의 크기, 분수와 소수의 크기 비교하기**

(1) 두 분수 $\dfrac{2}{3}$, $\dfrac{4}{5}$의 크기를 비교해 봅시다.

두 분수를 통분하여 크기를 비교합니다.

$$\left(\dfrac{2}{3}, \dfrac{4}{5}\right) \Rightarrow \left(\dfrac{2\times5}{3\times5}, \dfrac{4\times3}{5\times3}\right) \Rightarrow \left(\dfrac{10}{15}, \dfrac{12}{15}\right) \Rightarrow \dfrac{2}{3}<\dfrac{4}{5}$$

▶ 분모가 같은 분수는 분자가 큰 쪽이 더 큽니다.

(2) 세 분수 $\dfrac{2}{3}$, $\dfrac{3}{4}$, $\dfrac{4}{7}$의 크기를 비교해 봅시다.

두 분수끼리 통분하여 크기를 비교합니다.

$$\left(\dfrac{2}{3}, \dfrac{3}{4}\right) \Rightarrow \left(\dfrac{8}{12}, \dfrac{9}{12}\right) \Rightarrow \dfrac{2}{3}<\dfrac{3}{4}$$
$$\left(\dfrac{3}{4}, \dfrac{4}{7}\right) \Rightarrow \left(\dfrac{21}{28}, \dfrac{16}{28}\right) \Rightarrow \dfrac{3}{4}>\dfrac{4}{7} \Rightarrow \dfrac{4}{7}<\dfrac{2}{3}<\dfrac{3}{4}$$
$$\left(\dfrac{2}{3}, \dfrac{4}{7}\right) \Rightarrow \left(\dfrac{14}{21}, \dfrac{12}{21}\right) \Rightarrow \dfrac{2}{3}>\dfrac{4}{7}$$

▶ 세 분수를 한꺼번에 통분하여 크기를 비교할 수도 있습니다.

(3) 분수와 소수의 크기를 비교해 봅시다.

• $\dfrac{3}{5}$과 0.7의 크기 비교

[방법 1] 분수를 소수로 나타내어 크기 비교하기

$$\dfrac{3}{5}=\dfrac{3\times2}{5\times2}=\dfrac{6}{10}=0.6\text{이므로 }0.6<0.7 \Rightarrow \dfrac{3}{5}<0.7$$

[방법 2] 소수를 분수로 나타내어 크기 비교하기

$$0.7=\dfrac{7}{10}\text{입니다.}$$
$$\left(\dfrac{3}{5}, \dfrac{7}{10}\right) \Rightarrow \left(\dfrac{6}{10}, \dfrac{7}{10}\right) \Rightarrow \dfrac{6}{10}<\dfrac{7}{10} \Rightarrow \dfrac{3}{5}<0.7$$

---

1 두 수의 크기를 비교하여 ○ 안에 >, =, <를 알맞게 써넣으세요.

(1) $1\dfrac{2}{7}$ ◯ $1\dfrac{5}{8}$

(2) $\dfrac{4}{5}$ ◯ 0.9

2 귤이 $\dfrac{3}{4}$ kg, 사과가 $\dfrac{5}{9}$ kg, 포도가 $\dfrac{6}{7}$ kg 있습니다. 무게가 무거운 과일부터 차례로 써 보세요.

( )

개념 **응용하기**

응용 3 ㉠에 알맞은 자연수를 모두 구해 보세요.

$$\frac{1}{4} > \frac{㉠}{14}$$

(!) 분모의 최소공배수를 공통분모로 하여 통분한 후 분자를 비교해 봅니다.

풀이 두 분모 4와 14의 최소공배수인 28을 공통분모로 하여 통분하면

$$\frac{1\times\square}{4\times7} > \frac{㉠\times\square}{14\times2}$$ 에서 $$\frac{\square}{28} > \frac{㉠\times\square}{28}$$ 입니다.

분자를 비교하면 $\square$ > ㉠ × $\square$ 이므로 ㉠에 알맞은 자연수는 $\square$, $\square$, $\square$ 입니다.

---

1 지호, 예슬, 준영 세 사람이 연필을 나누어 가졌습니다. 지호는 전체의 $\frac{2}{9}$ 를, 예슬이는 전체의 $\frac{3}{8}$ 을 가졌고 나머지를 준영이가 가졌습니다. 연필을 가장 많이 가진 사람의 이름을 써 보세요.

(   )

2 수 카드 4장 중 2장을 뽑아 진분수를 만들려고 합니다. 만들 수 있는 분수 중 가장 큰 진분수를 구해 보세요.

2   3   5   6

(   )

3 분수와 소수의 크기를 비교하여 큰 수부터 차례로 써 보세요.

$$0.8 \quad 1\frac{6}{25} \quad 1.3 \quad \frac{17}{20}$$

(   )

01 $\dfrac{8}{18}$의 분모에 54를 더하여 새로운 분수를 만들었습니다. 이 분수의 분자에 얼마를 더하면 처음의 분수와 크기가 같아지는지 구해 보세요.

(   )

02 $\dfrac{4}{17}$와 크기가 같은 분수 중 분모, 분자의 합이 150보다 크고 200보다 작은 분수를 모두 써 보세요.

(   )

03 분모가 24인 분수 중에서 $\dfrac{3}{8}$보다 크고 $\dfrac{5}{6}$보다 작은 기약분수의 합을 기약분수로 나타내어 보세요.

(   )

04 분수 $\dfrac{60}{96}$을 약분할 수 있는 수는 ㉠개이고, $\dfrac{60}{96}$은 $\dfrac{㉡}{120}$과 크기가 같습니다. ㉠+㉡을 구해 보세요. (단, 1로 나누는 것은 제외합니다.)

(   )

05 오른쪽의 세 분수는 왼쪽의 세 분수를 통분한 것입니다. ☐ 안에 알맞은 수를 써넣으세요.

$$\left(\frac{11}{\boxed{}}, \frac{3}{7}, \frac{2}{5}\right) \Rightarrow \left(\frac{55}{\boxed{}}, \frac{\boxed{}}{70}, \frac{\boxed{}}{\boxed{}}\right)$$

07 $\frac{5}{8}$보다 크고 $\frac{19}{25}$보다 작은 소수 두 자리 수는 모두 몇 개인지 구해 보세요.

(   )

08 다음 수 중 아래의 조건을 모두 만족하는 수를 써 보세요.

$$\frac{9}{15} \qquad 1.12 \qquad \frac{21}{20} \qquad 1.3 \qquad 1\frac{6}{24}$$

● 조건 ●
- $\frac{3}{4}$보다 큽니다.
- $1\frac{1}{8}$보다 작습니다.

(   )

06 네 분수 $\frac{2}{3}$, $\frac{5}{21}$, $\frac{7}{15}$, $\frac{15}{23}$의 크기를 비교하여 작은 수부터 차례로 써 보세요.

(   )

01 1부터 6까지의 수가 각각 적힌 6장의 수 카드 중 4장을 뽑아 한 번씩만 사용하여 $\frac{1}{2}$과 크기가 같은 진분수를 만들려고 합니다. 만들 수 있는 분수는 모두 몇 개인지 구해 보세요.

(   )

02 분모와 분자의 곱이 360인 어떤 분수를 약분하면 $\frac{5}{8}$가 됩니다. 어떤 분수를 구해 보세요.

(   )

03 분모가 13인 분수 중 $\frac{6}{9}$에 가장 가까운 분수를 구해 보세요.

(   )

04 $\frac{30}{111}$과 크기가 같은 분수 중 분모와 분자의 합이 400보다 작은 분수는 모두 몇 개인지 구해 보세요.

(   )

05 다음 두 식의 ▲, ■에 알맞은 수를 각각 구해 보세요.

$$\frac{▲}{■+3}=\frac{2}{5}, \quad \frac{▲-2}{■}=\frac{1}{3}$$

▲ (   )

■ (   )

06 수의 크기를 비교하여 큰 것부터 차례로 써 보세요.

$$\frac{35}{98}, \quad \frac{30}{66}, \quad \frac{15}{36}, \quad \frac{40}{104}, \quad \frac{45}{90}$$

(   )

07 $\frac{1}{2}$보다 크고 $\frac{5}{7}$보다 작은 분수 중에서 분모가 10인 분수를 모두 구해 보세요.

(   )

08 □ 안에 들어갈 수 있는 자연수를 구해 보세요.

$$1.1<\frac{3}{□}<2.1$$

(   )

01 $\dfrac{9}{25}$의 분모와 분자에 어떤 수를 각각 더하고 약분하였더니 $\dfrac{5}{6}$가 되었습니다. 어떤 수를 구해 보세요.

(   )

02 분모와 분자의 최대공약수가 6인 진분수를 기약분수로 나타낸 후 분모와 분자의 합을 구하니 7이었습니다. 이 분수가 될 수 있는 분수 중 크기가 가장 큰 분수를 구해 보세요.

(   )

03 다음과 같이 분자에 각각 2씩 커지는 수들을 더하고, 분모에 6씩 커지는 수들을 더하여 분수를 만들었습니다. 분모에 더한 수의 개수와 분자에 더한 수의 개수가 똑같을 때 이 수를 기약분수로 나타내어 보세요.

$$\dfrac{2+4+6+\cdots\cdots+\blacktriangle}{6+12+18+\cdots\cdots+\blacksquare\blacksquare}$$

(   )

04 다음과 같이 일정한 규칙에 따라 분수를 늘어놓았습니다. 49번째 자리에 놓이는 분수를 기약분수로 나타내어 보세요.

$$\dfrac{3}{20},\ \dfrac{4}{21},\ \dfrac{5}{22},\ \dfrac{6}{23},\ \dfrac{7}{24}\ \cdots\cdots$$

(   )

05 분수를 큰 수부터 차례로 늘어놓았습니다. ㉠과 ㉡에 알맞은 자연수의 차가 가장 클 때 ㉠과 ㉡에 알맞은 수를 각각 구해 보세요.

$$\frac{3}{2} \qquad \frac{7}{㉠} \qquad \frac{6}{6} \qquad \frac{㉡}{8} \qquad \frac{7}{12}$$

㉠ (   )

㉡ (   )

06 수직선에서 선분 ㄱㄴ, 선분 ㄴㄷ, 선분 ㄷㄹ의 길이가 같습니다. □ 안에 알맞은 기약분수를 써넣으세요.

ㄱ   ㄴ   ㄷ   ㄹ

$\frac{1}{2}$ □ $\frac{2}{3}$

07 두 식 $\dfrac{㉠}{㉡+8}=\dfrac{1}{4}$, $\dfrac{㉠}{㉡+5}=\dfrac{1}{3}$ 에서 ㉠, ㉡에 알맞은 수의 합을 구해 보세요.

(   )

08 다음 조건을 모두 만족하는 분수를 기약분수로 나타내어 보세요.

조건
- 분모와 분자의 합이 352입니다.
- 8로 약분하면 분모가 분자보다 8 큽니다.

(   )

LEVEL 4

01 다음 분수 중 $\frac{5}{13}$와 크기가 같은 분수는 몇 번째인지 구해 보세요.

$$\frac{4}{15}, \ \frac{6}{20}, \ \frac{8}{25}, \ \frac{10}{30}, \ \frac{12}{35} \ \cdots\cdots$$

(   )

02 2보다 크고 5보다 작은 분수 중에서 분모가 7인 기약분수들의 분자들의 합을 구해 보세요.

(   )

03 분모가 12인 분수 $\frac{1}{12}, \ \frac{2}{12} \cdots\cdots \frac{\square}{12}$ 중에서 약분할 수 있는 분수는 25개라고 합니다. □ 안에 들어갈 수 있는 가장 작은 수는 얼마인지 구해 보세요.

(   )

04 분모가 21인 다음 분수 중에서 기약분수는 모두 몇 개인지 구해 보세요.

$$\frac{21}{21}, \ \frac{22}{21} \ \cdots\cdots \ \frac{48}{21}$$

(   )

05 다음을 만족하는 가, 나에 알맞은 자연수 중에서 가장 작은 수를 각각 구해 보세요.

$$\frac{가}{나 \times 나 \times 나} = \frac{1}{700}$$

가 ( )

나 ( )

07 $\frac{8}{7}$보다 크고 $\frac{11}{7}$보다 작은 분수 중에서 분모가 ㉠인 분수는 모두 110개입니다. ㉠은 얼마인지 구해 보세요.

( )

06 수 카드 3장을 사용하여 소수 8.74를 만들었습니다. 수 카드 3장을 모두 사용하여 만들 수 있는 분수 중에서 8.74에 가장 가까운 분수를 구해 보세요.

| 4 | 7 | 8 |

( )

08 주사위를 두 번 던져서 나오는 눈의 수 2개를 사용하여 $\frac{4}{7}$보다 큰 진분수를 만들려고 합니다. 만들 수 있는 가장 작은 분수를 구해 보세요.

( )

01 □ 안에 들어갈 수 있는 자연수는 모두 몇 개인지 구해 보세요.

$$\frac{2}{5} < \frac{7}{\square} < \frac{6}{7}$$

(   )

02 분수 $\dfrac{\bigcirc}{\bigcirc}$ 이 다음 조건을 모두 만족할 때 $\dfrac{\bigcirc}{\bigcirc}$ 을 구해 보세요.

조건
· 분수 $\dfrac{\bigcirc}{\bigcirc}$ 은 $\dfrac{24}{28}$ 와 크기가 같습니다.
· ㉠과 ㉡의 합은 221입니다.

(   )

03 다음 수 중 두 번째로 작은 수를 찾아 써 보세요.

$$\frac{2}{3} \quad \frac{4}{7} \quad \frac{5}{8} \quad \frac{8}{15} \quad \frac{11}{20}$$

(   )

04 $\dfrac{98}{126}$ 과 크기가 같은 분수 중 분모가 두 자리 수인 분수는 모두 몇 개인지 구해 보세요.

(   )

05 분모와 분자의 최소공배수가 108이고 기약분수로 나타내면 $\dfrac{2}{3}$인 분수를 구해 보세요.

(   )

06 다음 조건을 모두 만족하는 분수를 구해 보세요.

> **조건**
> • 분모와 분자의 합이 159입니다.
> • 소수로 나타내면 0.325입니다.

(   )

07 다음 두 진분수는 크기가 같습니다. ㉠, ㉡이 될 수 있는 수를 (㉠, ㉡)과 같이 나타낼 때 나타낼 수 있는 방법은 모두 몇 가지인지 구해 보세요.

$$\frac{㉠}{16},\quad \frac{㉡}{24}$$

(   )

08 수직선에서 ☐ 안에 알맞은 분수를 기약분수로 나타내어 보세요.

$$\frac{5}{4} \qquad\qquad \boxed{} \qquad\qquad \frac{4}{3}$$

(   )

09 과일 바구니에 사과, 포도, 배 세 종류의 과일이 있습니다. 사과와 포도의 무게를 재어 보니 전체의 $\frac{5}{6}$, 포도와 배의 무게를 재어 보니 전체의 $\frac{3}{8}$, 사과와 배의 무게를 재어 보니 전체의 $\frac{19}{24}$입니다. 과일 바구니에 들어 있는 과일 중 무게가 무거운 과일부터 차례로 써 보세요.

(   )

10 수 카드 6장 중 2장을 뽑아 한 번씩만 사용하여 $\frac{1}{2}$보다 큰 분수를 만들었습니다. 이때 $\frac{1}{2}$보다 큰 진분수 중 가장 작은 진분수를 ㉠, 만들 수 있는 진분수 중 두 번째로 큰 진분수를 ㉡이라고 할 때 두 분수 ㉠과 ㉡을 분모의 최소공배수를 공통분모로 하여 통분해 보세요.

| 2 | 3 | 5 | 6 | 8 | 9 |

(   )

11 다음과 같은 규칙으로 수를 늘어놓을 때, 40번째의 분수와 62번째의 분수를 최소공배수를 공통분모로 하여 통분해 보세요.

$$\frac{1}{1},\ \frac{1}{2},\ \frac{2}{1},\ \frac{1}{3},\ \frac{2}{2},\ \frac{3}{1},$$
$$\frac{1}{4},\ \frac{2}{3},\ \frac{3}{2},\ \frac{4}{1},\ \frac{1}{5}\cdots\cdots$$

(   )

12 1보다 크고 10보다 작은 분수 중 분모가 6인 기약분수는 모두 몇 개인지 구해 보세요.

(   )

5

분수의 덧셈과 뺄셈

1. 진분수의 덧셈과 뺄셈 알아보기

2. 대분수의 덧셈 알아보기

3. 대분수의 뺄셈 알아보기

개념 알기

개념 1 ## 진분수의 덧셈과 뺄셈 알아보기

(1) 분모가 다른 진분수의 덧셈을 알아봅시다.

[방법 1] 분모의 곱을 이용하여 통분한 후 계산하기

$$\frac{3}{4}+\frac{4}{6}=\frac{3\times6}{4\times6}+\frac{4\times4}{6\times4}=\frac{18}{24}+\frac{16}{24}=\frac{34}{24}=1\frac{\overset{5}{10}}{\underset{12}{24}}=1\frac{5}{12}$$

➡ 계산 결과가 가분수이면 대분수로 나타내고, 약분이 되면 약분하여 기약분수로 나타낼 수 있습니다.

[방법 2] 분모의 최소공배수를 이용하여 통분한 후 계산하기

· 4와 6의 최소공배수: 12

$$\frac{3}{4}+\frac{4}{6}=\frac{3\times3}{4\times3}+\frac{4\times2}{6\times2}=\frac{9}{12}+\frac{8}{12}=\frac{17}{12}=1\frac{5}{12}$$

(2) 분모가 다른 진분수의 뺄셈을 알아봅시다.

[방법 1] 분모의 곱을 이용하여 통분한 후 계산하기

$$\frac{3}{4}-\frac{4}{6}=\frac{3\times6}{4\times6}-\frac{4\times4}{6\times4}=\frac{18}{24}-\frac{16}{24}=\frac{\overset{1}{2}}{\underset{12}{24}}=\frac{1}{12}$$

➡ 계산 결과가 약분이 되면 약분하여 기약분수로 나타낼 수 있습니다.

[방법 2] 분모의 최소공배수를 이용하여 통분한 후 계산하기

$$\frac{3}{4}-\frac{4}{6}=\frac{3\times3}{4\times3}-\frac{4\times2}{6\times2}=\frac{9}{12}-\frac{8}{12}=\frac{1}{12}$$

> 분모가 다른 분수의 덧셈과 뺄셈은 단위가 분모에 의해 결정되므로 단위의 통일을 위해 통분이 필요합니다.

> 분모의 곱을 이용하여 통분한 후 계산하는 방법은 공통분모를 구하기 쉽다는 장점이 있지만, 계산 결과의 분모와 분자의 값이 커진다는 단점이 있습니다.

> 분모의 최소공배수를 이용하여 통분한 후 계산하는 방법은 분자끼리의 계산이 쉽고, 약분할 필요가 없다는 장점이 있지만 최소공배수를 따로 구해야 한다는 단점이 있습니다.

---

1 다음 분수 중에서 가장 큰 분수와 가장 작은 분수의 합과 차를 각각 구해 보세요.

$$\frac{4}{5} \qquad \frac{5}{6} \qquad \frac{6}{7} \qquad \frac{7}{8} \qquad \frac{8}{9}$$

합 (   ), 차 (   )

2 감자가 들어 있는 상자의 무게는 $\frac{5}{6}$ kg입니다. 빈 상자의 무게가 $\frac{1}{8}$ kg이라면 감자의 무게는 몇 kg인지 구해 보세요.

(   )

개념 응용하기

응용 1 ■ 안에 들어갈 수 있는 자연수를 모두 구해 보세요.

$$\frac{5}{9} - \frac{1}{6} < \frac{\blacksquare}{18} < \frac{2}{3} + \frac{1}{6}$$

(!) 분수의 크기를 쉽게 비교할 수 있도록 각 분수를 18을 공통분모로 하여 통분한 후 계산합니다.

풀이 $\frac{5}{9} - \frac{1}{6}$을 계산할 때 분모의 최소공배수를 공통분모로 하여 통분한 후 계산하면 다음과 같습니다.

$$\frac{5}{9} - \frac{1}{6} = \frac{5 \times \square}{9 \times 2} - \frac{1 \times \square}{6 \times \square} = \frac{\square}{18} - \frac{\square}{18} = \frac{\square}{18}$$

$\frac{2}{3} + \frac{1}{6}$을 계산할 때 분모의 곱을 공통분모로 하여 통분한 후 계산하면 다음과 같습니다.

$$\frac{2}{3} + \frac{1}{6} = \frac{2 \times \square}{3 \times 6} + \frac{1 \times \square}{6 \times \square} = \frac{\square}{18} + \frac{\square}{18} = \frac{\square}{18}$$

따라서 $\frac{\square}{18} < \frac{\blacksquare}{18} < \frac{\square}{18}$이므로 ■ 안에 들어갈 수 있는 자연수는 $\square$, $\square$, $\square$, $\square$, $\square$, $\square$, $\square$ 입니다.

1 재현이네 반 학급 문고에는 동화책, 과학책, 수학책이 있습니다. 동화책은 전체의 $\frac{5}{12}$, 과학책은 전체의 $\frac{4}{9}$ 이고 나머지는 수학책입니다. 수학책은 학급 문고 전체의 얼마인가요?

( )

2 다음 식을 만족하는 두 자연수 ㉠, ㉡을 각각 구해 보세요. (단, ㉠<㉡<10입니다.)

$$\frac{7}{12} = \frac{1}{㉠} + \frac{1}{㉡}$$

㉠ ( )

㉡ ( )

3 길이가 $\frac{3}{4}$ m인 색 테이프와 길이가 $\frac{5}{9}$ m인 색 테이프를 겹치게 이어 붙였더니 이어 붙인 색 테이프 전체의 길이가 1 m가 되었습니다. 겹쳐진 부분은 몇 m인지 구해 보세요.

( )

개념 2 대분수의 덧셈 알아보기

[방법 1] 자연수는 자연수끼리, 분수는 분수끼리 더해서 계산하기
대분수를 통분한 후 자연수는 자연수끼리, 분수는 분수끼리 더하여
계산합니다.

$$1\frac{3}{4}+1\frac{2}{5}=1\frac{15}{20}+1\frac{8}{20}=(1+1)+\left(\frac{15}{20}+\frac{8}{20}\right)$$
$$=2+\frac{23}{20}=2+1\frac{3}{20}=3\frac{3}{20}$$

[방법 2] 대분수를 가분수로 나타내어 계산하기
대분수를 가분수로 나타낸 후 통분하여 계산합니다.

$$1\frac{3}{4}+1\frac{2}{5}=\frac{7}{4}+\frac{7}{5}=\frac{35}{20}+\frac{28}{20}=\frac{63}{20}=3\frac{3}{20}$$

▶ 자연수는 자연수끼리, 분수는 분수끼리 더해서 계산하면 분수 부분의 계산은 편리합니다.

▶ 대분수를 가분수로 나타내어 계산하면 통분한 후 덧셈을 한 번만 하면 됩니다.

---

1 어떤 수에서 $2\frac{3}{8}$을 뺐더니 $1\frac{5}{12}$가 되었습니다. 어떤 수를 구해 보세요.

(   )

2 계산 결과가 가장 큰 것과 가장 작은 것의 합을 구해 보세요.

> ㉠ $1\frac{3}{5}+2\frac{3}{4}$ ㉡ $1\frac{1}{2}+2\frac{4}{5}$ ㉢ $2\frac{1}{3}+1\frac{2}{9}$

(   )

3 성재는 여가 시간에 독서와 산책을 합니다. 오늘은 독서를 1시간 20분 동안 했고, 산책은 $1\frac{3}{8}$시간 동안 했습니다. 오늘 성재가 보낸 여가 시간은 모두 몇 시간인지 분수로 나타내어 보세요.

(   )

개념 응용하기

응용 2 선아와 현서는 각자 가지고 있는 수 카드를 한 번씩만 사용하여 가장 큰 대분수를 만들려고 합니다. 선아와 현서가 만든 가장 큰 대분수의 합을 구해 보세요.

| 2 | 3 | 5 |
선아

| 3 | 4 | 7 |
현서

(!) 가장 큰 대분수를 만들려면 자연수 부분에 가장 큰 수를 놓고, 나머지 두 수로 진분수를 만듭니다.

(풀이) 선아가 만든 가장 큰 대분수는 $5\dfrac{\square}{\square}$ 이고, 현서가 만든 가장 큰 대분수는 $\square\dfrac{\square}{\square}$ 입니다.

따라서 선아와 현서가 만든 대분수의 합은

$$5\dfrac{\square}{\square}+\square\dfrac{\square}{\square}=5\dfrac{\square}{12}+\square\dfrac{\square}{12}=(5+\square)+\left(\dfrac{\square}{12}+\dfrac{\square}{12}\right)=\square+\dfrac{\square}{12}$$

$$=\square+\square\dfrac{\square}{12}=\square\dfrac{\square}{\square}$$ 입니다.

---

1 수 카드 3 , 5 , 7 , 8 중 3장을 골라 한 번씩만 사용하여 만들 수 있는 대분수 중에서 가장 큰 수와 가장 작은 수의 합을 구해 보세요.

(   )

2 윤주네 텃밭은 가로가 $4\dfrac{1}{5}$ m이고 세로가 $2\dfrac{2}{3}$ m인 직사각형 모양입니다. 텃밭의 네 변의 길이의 합은 모두 몇 m인지 구해 보세요.

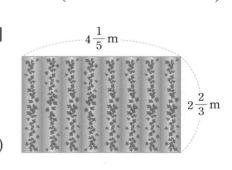

$4\dfrac{1}{5}$ m

$2\dfrac{2}{3}$ m

(   )

3 ☐ 안에 들어갈 수 있는 자연수를 모두 구해 보세요.

$$0<\square-3\dfrac{3}{4}<2\dfrac{5}{6}$$

(   )

개념 3 **대분수의 뺄셈 알아보기**

(1) 받아내림이 없는 분모가 다른 대분수의 뺄셈을 알아봅시다.

[방법 1] 자연수는 자연수끼리, 분수는 분수끼리 빼서 계산하기

$$1\frac{3}{4}-1\frac{2}{5}=1\frac{15}{20}-1\frac{8}{20}=(1-1)+\left(\frac{15}{20}-\frac{8}{20}\right)$$
$$=0+\frac{7}{20}=\frac{7}{20}$$

[방법 2] 대분수를 가분수로 나타내어 계산하기

$$1\frac{3}{4}-1\frac{2}{5}=\frac{7}{4}-\frac{7}{5}=\frac{35}{20}-\frac{28}{20}=\frac{7}{20}$$

(2) 받아내림이 있는 분모가 다른 대분수의 뺄셈을 알아봅시다.

[방법 1] 자연수는 자연수끼리, 분수는 분수끼리 빼서 계산하기

$$3\frac{1}{4}-1\frac{2}{3}=3\frac{3}{12}-1\frac{8}{12}=2\frac{15}{12}-1\frac{8}{12}$$
$$=(2-1)+\left(\frac{15}{12}-\frac{8}{12}\right)=1+\frac{7}{12}=1\frac{7}{12}$$

[방법 2] 대분수를 가분수로 나타내어 계산하기

$$3\frac{1}{4}-1\frac{2}{3}=\frac{13}{4}-\frac{5}{3}=\frac{39}{12}-\frac{20}{12}=\frac{19}{12}=1\frac{7}{12}$$

▶ 분수 부분끼리 뺄 수 없을 때에는 자연수 부분에서 1을 받아내림하여 계산합니다.

1 어떤 대분수에 $3\frac{2}{11}$ 를 더했더니 $9\frac{5}{7}$가 되었습니다. 어떤 대분수를 구해 보세요.

(   )

2 현준이는 길이가 $4\frac{2}{3}$ m인 철사를 겹치지 않게 사용하여 직사각형을 만들었습니다. 직사각형의 가로가 $\frac{2}{3}$ m, 세로가 $\frac{3}{5}$ m라면 남은 철사는 몇 m인지 구해 보세요.

(   )

3 가장 큰 분수와 가장 작은 분수의 차를 구해 보세요.

$$2\frac{3}{5} \qquad 3\frac{2}{5} \qquad 3\frac{3}{7} \qquad 2\frac{8}{9}$$

(   )

개념 **응용하기**

응용 **3** 주스가 가득 들어 있는 주스 병의 무게는 $2\dfrac{7}{12}$ kg입니다. 윤아가 주스의 반을 마신 다음 무게를 재어 보았더니 주스 병의 무게는 $1\dfrac{3}{4}$ kg이었습니다. 빈 주스 병의 무게는 몇 kg인지 구해 보세요.

(!) 빈 주스 병의 무게는 주스가 반만큼 채워진 주스 병의 무게에서 절반의 주스의 무게를 뺀 것과 같습니다.

풀이 • (절반의 주스의 무게)=(가득 들어 있는 주스 병의 무게)−(반을 마시고 남은 주스 병의 무게)

$$=2\dfrac{7}{12}-1\dfrac{3}{4}=2\dfrac{7}{12}-1\dfrac{\square}{12}=1\dfrac{\square}{12}-1\dfrac{\square}{12}$$

$$=(\square-\square)+\left(\dfrac{\square}{12}-\dfrac{\square}{12}\right)=\dfrac{\square}{12}=\dfrac{\square}{6}\ (\text{kg})$$

• (빈 주스 병의 무게)=(반을 마시고 남은 주스 병의 무게)−(절반의 주스의 무게)

$$=1\dfrac{3}{4}-\dfrac{\square}{\square}=1\dfrac{\square}{12}-\dfrac{\square}{12}=\dfrac{\square}{12}-\dfrac{\square}{12}=\dfrac{\square}{\square}\ (\text{kg})$$

1 길이가 $2\dfrac{1}{5}$ m인 색 테이프 3장을 $\dfrac{2}{7}$ m씩 겹치게 한 줄로 이어 붙였습니다. 이어 붙인 색 테이프 전체의 길이는 몇 m인지 구해 보세요.

( )

2 콩쥐와 팥쥐의 항아리에 각각 물이 들어 있습니다. 콩쥐의 항아리에는 물이 $5\dfrac{1}{6}$ L만큼 들어 있었는데 콩쥐의 항아리에서 팥쥐의 항아리로 물을 $1\dfrac{3}{4}$ L만큼 옮겨 담았더니 두 항아리에 담긴 물의 양이 같아졌습니다. 처음 팥쥐의 항아리에 담겨 있던 물은 몇 L인지 구해 보세요.

( )

3 □ 안에 들어갈 수 있는 자연수를 모두 구해 보세요.

$$\square+2\dfrac{3}{4}<7\dfrac{5}{6}$$

( )

01 현겸이가 아령 2개를 들고 저울에 올랐더니 눈금이 $42\frac{1}{4}$ kg을 가리켰습니다. 현겸이의 몸무게가 $39\frac{1}{2}$ kg이라면 아령 1개의 무게는 몇 kg인지 구해 보세요.

(   )

02 도현이와 윤오가 꽃밭에 꽃을 심고 있습니다. 도현이는 하루에 꽃밭 전체의 $\frac{1}{10}$을 심을 수 있고, 윤오는 하루에 꽃밭 전체의 $\frac{3}{20}$을 심을 수 있습니다. 두 사람이 하루에 심을 수 있는 양만큼 매일 일정하게 심는다면 꽃밭에 꽃을 모두 심는 데 며칠이 걸리는지 구해 보세요.

(   )

03 길이가 $5\frac{11}{20}$ cm인 끈 3개를 일정한 길이만큼 겹치게 매듭지어 한 줄로 길게 이었습니다. 이은 끈 전체의 길이가 $16\frac{7}{12}$ cm라면 겹치게 매듭 지은 부분의 길이는 모두 몇 cm인지 구해 보세요.

(   )

04 상현이네 모둠은 체육 시간에 제자리 멀리 뛰기를 하였습니다. 기록은 상현이가 $1\frac{3}{5}$ m, 윤정이가 $1\frac{13}{20}$ m, 일지가 $1\frac{9}{16}$ m였습니다. 기록이 가장 좋은 사람과 가장 좋지 않은 사람의 기록의 차는 몇 m인지 구해 보세요.

(   )

05 어떤 수에 $2\frac{5}{8}$를 더하고 $1\frac{3}{7}$을 빼야 할 것을 잘못하여 어떤 수에서 $2\frac{5}{8}$를 빼고 $1\frac{3}{7}$을 더했더니 $1\frac{1}{4}$이 되었습니다. 바르게 계산하면 얼마인지 구해 보세요.

(   )

06 ★을 다음과 같이 약속할 때 $5\frac{1}{2}$★□$=3\frac{1}{6}$을 만족하는 □를 구해 보세요.

가★나=가-나-나

(   )

07 다음과 같은 규칙으로 분수를 늘어놓을 때 8번째 분수와 9번째 분수의 합을 구해 보세요.

$$\frac{1}{1},\ \frac{1}{3},\ \frac{2}{6},\ \frac{3}{10},\ \frac{5}{15},\ \frac{8}{21}\ \cdots\cdots$$

(   )

08 수영이가 공원에서 마라톤 연습을 하고 있습니다. 그저께는 $5\frac{5}{12}$ km만큼 달렸고, 어제는 그저께보다 $1\frac{4}{9}$ km 더 달렸습니다. 오늘은 어제보다 $\frac{2}{3}$ km 덜 달렸습니다. 수영이가 3일 동안 달린 거리는 모두 몇 km인지 구해 보세요.

(   )

01 수 1, 2, 3, 5, 6, 8을 한 번씩 모두 사용하여 2개의 대분수를 만들었습니다. 두 대분수의 합이 가장 클 때, 그 합을 구해 보세요.

(   )

03 합이 $2\frac{7}{12}$이고 차가 $1\frac{1}{12}$인 두 기약분수를 구해 보세요.

(   )

02 □ 안에 들어갈 수 있는 자연수는 모두 몇 개인지 구해 보세요.

$$1\frac{1}{3} < \square - 1\frac{1}{6} < 5\frac{7}{8}$$

(   )

04 주연이는 매일 줄넘기를 1회에 100번씩 4회 연습합니다. 줄넘기를 100번씩 1회 하는 데 $3\frac{3}{5}$분 걸리고, 횟수 사이마다 $2\frac{5}{12}$분씩 쉽니다. 주연이가 하루에 줄넘기를 하는 데 걸리는 시간은 모두 몇 분 몇 초인지 구해 보세요.

(   )

05 통 안에 빨간색, 초록색, 노란색 젤리가 들어 있습니다. 빨간색 젤리는 통 안에 있는 젤리의 $\frac{1}{3}$보다 5개 더 많고, 초록색 젤리는 통 안에 있는 젤리의 $\frac{1}{12}$보다 6개 더 많습니다. 노란색 젤리는 통 안에 있는 젤리의 $\frac{1}{4}$보다 1개 더 많습니다. 통 안에 있는 젤리는 모두 몇 개인지 구해 보세요.

(   )

06 세 수 ★, ●, ▲를 모두 더하면 $1\frac{1}{2}$이 됩니다. ★ ─ ● $= \frac{3}{8}$이고, ★ ─ ▲ $= \frac{3}{4}$이라면 ★은 얼마인지 구해 보세요.

(   )

07 보기와 같은 방법으로 다음을 계산해 보세요.

> ● 보기 ●
> $$\frac{1}{6} = \frac{1}{2 \times 3} = \frac{1}{2} - \frac{1}{3}$$

$$\frac{1}{12} + \frac{1}{20} + \frac{1}{30} + \frac{1}{42} + \frac{1}{56}$$
$$= \underline{\hspace{6cm}}$$

$$\underline{\hspace{8cm}}$$

$$\underline{\hspace{8cm}}$$

08 큰 길가에 마트, 약국, 병원, 은행이 나란히 있습니다. 병원은 마트에서 동쪽으로 $80\frac{2}{5}$ m 떨어져 있습니다. 약국은 병원에서 서쪽으로 $25\frac{7}{8}$ m 떨어져 있습니다. 은행은 약국에서 동쪽으로 $30\frac{3}{10}$ m 떨어져 있습니다. 마트에서 은행까지의 거리는 몇 m인지 구해 보세요.

(   )

01 서로 다른 수 ㉠, ㉡, ㉢, ㉣, ㉤, ㉥이 다음 조건을 모두 만족할 때 $㉠\dfrac{㉢}{㉡}+㉣\dfrac{㉥}{㉤}$의 가장 큰 값을 구해 보세요.

> • ㉠, ㉡, ㉢, ㉣, ㉤, ㉥은 15보다 작습니다.
> • ㉠, ㉡, ㉢, ㉣, ㉤, ㉥은 1과 자기 자신만 약수로 가지는 수입니다.

( )

02 다음을 계산해 보세요.

$$\frac{1}{1}+\frac{1}{2}+\frac{2}{2}+\frac{1}{3}+\frac{2}{3}+\frac{3}{3}+\cdots\cdots$$
$$+\frac{7}{9}+\frac{8}{9}+\frac{9}{9}$$

( )

03 길이가 $4\dfrac{3}{4}$ m인 막대로 바닥이 평평한 연못의 깊이를 재려고 합니다. 막대를 연못 바닥에 닿도록 넣었다가 다시 꺼내어 바닥에 닿도록 거꾸로 넣었더니 물에 젖지 않은 부분이 $\dfrac{3}{8}$ m였습니다. 연못의 깊이는 몇 m인지 구해 보세요. (단, 막대를 연못 바닥과 수직이 되게 넣습니다.)

( )

04 뜨개질로 목도리를 만드는 데 혜림이는 6일, 수지는 8일, 세호는 16일이 걸립니다. 혜림, 수지, 세호 순으로 번갈아 가면서 하루씩 목도리를 만들면 세호가 혼자 만들 때보다 며칠이 덜 걸리는지 구해 보세요. (단, 세 사람이 하루에 만드는 양은 각각 일정합니다.)

( )

[05~06] 지난주 토요일에 하민이네 초등학교에서 교내 수학 축제가 열렸습니다. 수학 축제 프로그램에는 수학 체험 교실과 수학 상담 교실이 있습니다. 물음에 답하세요.

05 수학 축제에 참여한 학생은 전체의 $\frac{3}{5}$이고, 수학 체험 교실에 참여한 학생은 전체의 $\frac{5}{12}$, 수학 상담 교실에 참여한 학생은 전체의 $\frac{1}{4}$입니다. 수학 체험 교실과 수학 상담 교실에 모두 참여한 학생이 45명이라면 하민이네 초등학교의 전체 학생은 몇 명인지 구해 보세요.

( )

06 하민이는 수학 체험 교실에서 시에르핀스키 삼각형을 만들었습니다. 1단계에서 색칠한 부분을 1이라고 할 때, 4단계에서 색칠한 부분과 5단계에서 색칠한 부분의 차는 전체의 얼마인지 구해 보세요.

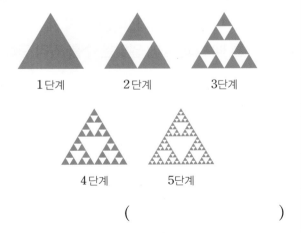

1단계   2단계   3단계

4단계   5단계

( )

07 서현이는 공공 도서관에 가려고 집을 나섰습니다. 집에서 450 m를 걸어서 지하철역에 도착한 후 전체 거리의 $\frac{3}{4}$만큼 지하철을 타고, 지하철에서 내려 버스 정류장까지 300 m를 걸은 뒤, 다시 전체 거리의 $\frac{1}{20}$을 버스를 타고 이동하였습니다. 서현이가 버스 정류장에서 내려서 50 m를 더 걸어서 도서관에 도착했다면 서현이는 집에서 공공 도서관까지 모두 몇 km를 이동했는지 구해 보세요.

( )

08 콩쥐가 항아리에 물을 가득 채우는 데 ㉮ 바가지로만 가득 채우면 20분이 걸리고, ㉯ 바가지로만 가득 채우면 15분이 걸립니다. 또 항아리에는 깨진 틈이 있는데 이 틈으로 항아리에 가득 찬 물이 모두 빠져 나가는 데 1시간이 걸립니다. 콩쥐가 ㉮ 바가지와 ㉯ 바가지를 모두 사용하여 항아리에 물을 가득 채운다면 몇 분이 걸리는지 구해 보세요. (단, 두 바가지를 사용하였을 때 시간당 채워지는 물의 양과 깨진 틈으로 시간당 빠져 나가는 물의 양은 일정합니다.)

( )

01 그림에서 각 면의 네 꼭짓점에 쓰여진 수의 합은 모두 같다고 합니다. 가, 나, 다에 알맞은 수를 각각 구해 보세요.

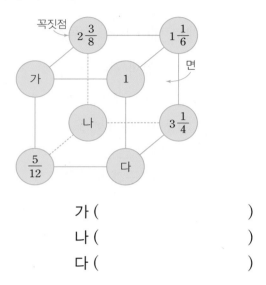

가 (   )

나 (   )

다 (   )

02 ㉠, ㉡은 2부터 8까지의 자연수 중 하나이고, ㉠ > ㉡입니다. $\frac{㉡}{㉠}$과 $\frac{㉠}{㉡}$의 합이 3보다 클 때, $\frac{㉠}{㉡}$이 될 수 있는 분수는 모두 몇 개인지 구해 보세요. (단, ㉠과 ㉡의 차는 3보다 큽니다.)

(   )

03 수학자인 디오판토스는 묘비에 자신의 일생을 문제로 남겨 놓았습니다. 다음 묘비에 적힌 글을 읽어 보고 디오판토스가 몇 년을 살았는지 구해 보세요.

> 디오판토스 여기에 잠들다.
> 그는 인생의 $\frac{1}{6}$을 소년으로 지냈고, 인생의 $\frac{1}{12}$은 수염이 자라는 청년으로 살았다. 그 뒤 성인으로서 인생의 $\frac{1}{7}$을 혼자 살다가 결혼을 하였다. 결혼한 지 5년 후에는 아이를 낳았다.
> 그러나 슬프게도 그 아이는 아버지의 생애의 절반만 살고 세상을 떠나고 말았다. 그는 이 슬픈 시련을 견디며 4년을 살다가 결국 이 땅의 삶을 마쳤다.

(   )

04 ㉠과 ㉡은 1부터 100까지의 자연수 중에서 서로 다른 수입니다. 다음 식의 계산 결과가 가장 클 때 ㉠과 ㉡에 알맞은 수를 각각 구해 보세요.

$$\frac{㉠}{㉠+㉡}+\frac{㉠}{㉠-㉡}$$

㉠ (   )

㉡ (   )

05 다음을 만족하는 세 단위분수 ㉠, ㉡, ㉢의 합을 구해 보세요.

$$㉠+㉡=\dfrac{7}{12}$$
$$㉡+㉢=\dfrac{10}{21}$$
$$㉠+㉢=\dfrac{11}{28}$$

( )

06 $\dfrac{2}{15}=\dfrac{1}{3}-\dfrac{1}{5}$임을 이용하여 다음을 계산해 보세요.

$$\dfrac{2}{35}+\dfrac{2}{63}+\dfrac{2}{99}+\dfrac{2}{143}+\dfrac{2}{195}+\dfrac{2}{255}+\dfrac{2}{323}$$

( )

07 □ 안에 들어갈 수 있는 자연수 중 가장 큰 수와 가장 작은 수의 차를 구해 보세요.

$$\dfrac{1}{3}+\dfrac{1}{4}<\dfrac{13}{□}<1$$

( )

08 【A】$=\dfrac{A}{2\times(A+1)}$ 일 때, 다음을 계산해 보세요.

$$【1】+【2】+【3】+【4】+【5】$$

( )

01 두 분수의 차가 가장 크게 되도록 □ 안에 알맞은 두 분수를 써넣고, 차를 기약분수로 나타내어 보세요.

$$5\frac{2}{3} \quad 2\frac{1}{4} \quad 2\frac{2}{7} \quad 5\frac{7}{8}$$

$$\boxed{} - \boxed{} = \boxed{}$$

02 물통에 물이 $8\frac{2}{7}$ L 들어 있습니다. 이 중에서 물을 몇 L 버리고, $3\frac{5}{6}$ L의 물을 새로 채워 넣었더니 물통에 들어 있는 물은 모두 $7\frac{11}{14}$ L가 되었습니다. 버린 물은 몇 L인지 구해 보세요.

(   )

03 규칙에 따라 다음과 같이 분수를 늘어놓았습니다. 7번째 분수와 12번째 분수의 합을 구해 보세요.

$$\frac{1}{2},\ \frac{1}{3},\ \frac{2}{3},\ \frac{1}{4},\ \frac{2}{4},\ \frac{3}{4}\ \cdots\cdots$$

(   )

04 □ 안에 들어갈 수 있는 자연수는 모두 몇 개인지 구해 보세요.

$$\frac{1}{3} < \frac{1}{4} + \frac{\square}{6} < \frac{7}{8}$$

(   )

05 서울에서 통영행 버스가 출발하여 $2\frac{2}{3}$시간 동안 이동한 다음 휴게소에서 15분 쉬었습니다. 다시 출발하여 1시간 10분을 이동하였더니 통영에 도착했습니다. 서울에서 출발한 지 몇 시간 몇 분 만에 통영에 도착했는지 구해 보세요.

(   )

06 물이 가득 든 병의 무게가 $5\frac{3}{4}$ kg입니다. 물병에 들어 있는 물의 $\frac{1}{3}$만큼 마시고 무게를 재어 보았더니 $4\frac{1}{6}$ kg이었습니다. 빈 물병의 무게는 몇 kg인지 구해 보세요.

(   )

07 가정용 튜브 수영장에 물을 가득 채우려고 합니다. ㉠ 호스를 이용하면 1시간이 걸리고, ㉡ 호스를 이용하면 2시간이 걸립니다. 두 호스를 모두 이용하여 수영장에 물을 가득 채우려면 모두 몇 분이 걸리는지 구해 보세요. (단, 두 호스에서 각각 나오는 물의 양은 일정합니다.)

(   )

08 현선이네 반에서 영어 학원과 피아노 학원에 다니는 학생을 조사하였습니다. 영어 학원에 다니는 학생은 전체의 $\frac{7}{12}$이고, 피아노 학원에 다니는 학생은 전체의 $\frac{1}{3}$이었습니다. 영어 학원과 피아노 학원에 모두 다니는 학생이 전체의 $\frac{2}{9}$라면 영어 학원과 피아노 학원에 모두 다니지 않는 학생은 전체의 몇 분의 몇인지 구해 보세요.

(   )

09 가로, 세로, 대각선에 적혀 있는 수를 더하면 모두 같은 값이 나오는 수의 배열을 마방진이라고 합니다. 다음 마방진에서 ㉠과 ㉡에 들어갈 수의 차를 구해 보세요.

$\dfrac{2}{15}$		㉠
	$\dfrac{1}{3}$	㉡
$\dfrac{2}{5}$		$\dfrac{8}{15}$

( )

10 $\dfrac{㉡}{㉠}$이 기약분수일 때 $\left[\dfrac{㉡}{㉠}\right]$=㉡이라고 약속합니다. 다음과 같이 수를 배열하였을 때 100번째 수와 101번째 수의 합을 구해 보세요.

$$\left[\dfrac{1}{2}+\dfrac{1}{3}\right], \left[\dfrac{1}{3}+\dfrac{1}{4}\right], \left[\dfrac{1}{4}+\dfrac{1}{5}\right],$$
$$\left[\dfrac{1}{5}+\dfrac{1}{6}\right], \left[\dfrac{1}{6}+\dfrac{1}{7}\right] \cdots\cdots$$

( )

11 소영이는 과수원에서 수확한 복숭아 중 전체의 $\dfrac{1}{12}$은 생과일로 먹고, $\dfrac{1}{4}$은 잼으로 만들고, $\dfrac{1}{9}$은 통조림으로 만들었더니 20개가 남았습니다. 소영이가 과수원에서 수확한 복숭아는 모두 몇 개인지 구해 보세요.

( )

12 ★은 자연수, $\dfrac{○}{△}$가 기약분수일 때 $\left[★\dfrac{○}{△}\right]$=★이라고 약속합니다. □ 안에 들어갈 수 있는 자연수를 구해 보세요.

$$\left[\square+\dfrac{11}{3}\right]-\dfrac{87}{15}=\dfrac{11}{5}$$

( )

6 다각형의 둘레와 넓이

1. 정다각형과 사각형의 둘레 구하기

2. 넓이의 단위를 알아보고, 직사각형과 정사각형의 넓이 구하기

3. 평행사변형과 삼각형의 넓이 구하기

4. 마름모와 사다리꼴의 넓이 구하기

개념 알기

개념 1 정다각형과 사각형의 둘레 구하기

(1) 정다각형의 둘레를 구해 봅시다.

(정다각형의 둘레)=(한 변의 길이)×(변의 수)

➡ 둘레: $5 \times 6 = 30$ (cm)

(2) 사각형의 둘레를 구해 봅시다.

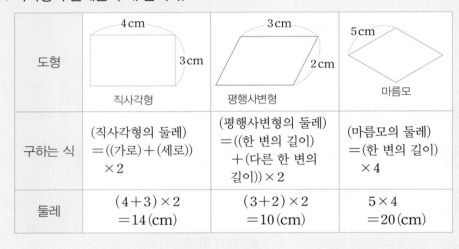

도형	 4 cm 3 cm 직사각형	 3 cm 2 cm 평행사변형	 5 cm 마름모
구하는 식	(직사각형의 둘레) =((가로)+(세로)) ×2	(평행사변형의 둘레) =((한 변의 길이) +(다른 한 변의 길이))×2	(마름모의 둘레) =(한 변의 길이) ×4
둘레	$(4+3) \times 2$ $=14$(cm)	$(3+2) \times 2$ $=10$(cm)	5×4 $=20$(cm)

▶ 정다각형의 각 변의 길이는 모두 같으므로 정다각형의 둘레는 한 변의 길이에 변의 수만큼 곱해 주면 됩니다.

▶ **정다각형**
변의 길이가 모두 같고 각의 크기가 모두 같은 다각형

▶ **직사각형**
네 각이 모두 직각이고 마주 보는 두 쌍의 변이 서로 평행하며 마주 보는 두 변의 길이가 각각 같습니다.

▶ **평행사변형**
마주 보는 두 쌍의 변이 서로 평행하고 마주 보는 두 변의 길이가 각각 같습니다.

▶ **마름모**
네 변의 길이가 모두 같습니다.

1 정다각형의 둘레를 구해 보세요.

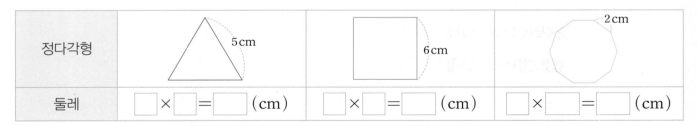

정다각형	 5 cm	 6 cm	 2 cm
둘레	□ × □ = □ (cm)	□ × □ = □ (cm)	□ × □ = □ (cm)

2 서로 다른 변의 길이가 9 cm, 15 cm인 평행사변형과 둘레가 같은 마름모가 있습니다. 마름모의 한 변의 길이는 몇 cm인지 구해 보세요.

(   )

개념 응용하기

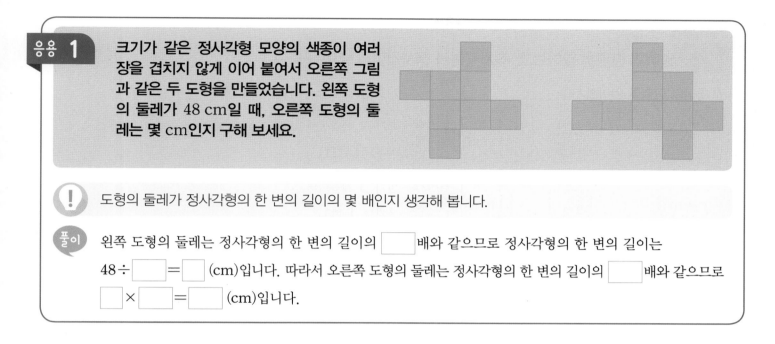

응용 1

크기가 같은 정사각형 모양의 색종이 여러 장을 겹치지 않게 이어 붙여서 오른쪽 그림과 같은 두 도형을 만들었습니다. 왼쪽 도형의 둘레가 48 cm일 때, 오른쪽 도형의 둘레는 몇 cm인지 구해 보세요.

(!) 도형의 둘레가 정사각형의 한 변의 길이의 몇 배인지 생각해 봅니다.

풀이 왼쪽 도형의 둘레는 정사각형의 한 변의 길이의 ⬜ 배와 같으므로 정사각형의 한 변의 길이는

48÷⬜=⬜ (cm)입니다. 따라서 오른쪽 도형의 둘레는 정사각형의 한 변의 길이의 ⬜ 배와 같으므로

⬜×⬜=⬜ (cm)입니다.

---

1 그림과 같이 왼쪽 직사각형의 점선을 따라 잘라 정사각형과 직사각형을 만들었습니다. 처음 직사각형의 둘레가 44 cm라면 새로 만든 정사각형과 직사각형의 둘레는 각각 몇 cm인지 차례로 구해 보세요.

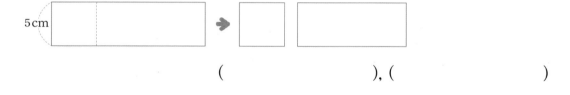

(   ), (   )

---

2 오른쪽 도형은 직사각형 모양의 종이에서 직사각형 2개를 잘라 내고 남은 것입니다. 이 도형의 둘레는 몇 cm인지 구해 보세요.

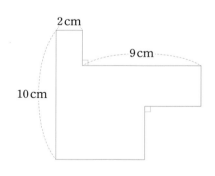

(   )

---

3 오른쪽 도형은 한 변의 길이가 3 cm인 정사각형 5개를 이어 붙여 만든 것입니다. 이 도형의 둘레는 몇 cm인지 구해 보세요.

(   )

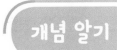
개념 2   넓이의 단위를 알아보고, 직사각형과 정사각형의 넓이 구하기

(1) 넓이의 단위를 알아봅시다.

$1\,cm^2$	<div align="center">1cm 1cm $\boxed{1\,cm^2}$</div>	한 변의 길이가 1 cm인 정사각형의 넓이	읽기: 1 제곱센티미터 쓰기: $1cm^2$
$1\,m^2$	<div align="center">1m 1m $\boxed{1\,m^2}$</div>	한 변의 길이가 1 m인 정사각형의 넓이	읽기: 1 제곱미터 쓰기: $1m^2$
$1\,km^2$	<div align="center">1km 1km $\boxed{1\,km^2}$</div>	한 변의 길이가 1 km인 정사각형의 넓이	읽기: 1 제곱킬로미터 쓰기: $1km^2$

➡ $1\,m^2 = 10000\,cm^2$, $1\,km^2 = 1000000\,m^2$

(2) 직사각형과 정사각형의 넓이를 구해 봅시다.

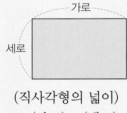

(직사각형의 넓이)
= (가로) × (세로)

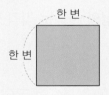

(정사각형의 넓이)
= (한 변의 길이) × (한 변의 길이)

▸ 정사각형도 직사각형이라고 할 수 있으며, 정사각형은 네 변의 길이가 같은 사각형이므로 가로와 세로가 같습니다.

1   ☐ 안에 알맞은 수를 써넣으세요.

(1) $1200000\,cm^2 = \boxed{}\,m^2$

(2) $8\,m^2 = \boxed{}\,cm^2$

(3) $62000000\,m^2 = \boxed{}\,km^2$

(4) $4\,km^2 = \boxed{}\,m^2$

2   직사각형의 넓이를 구해 보세요.

(1)
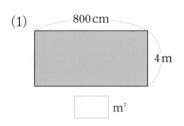

$\boxed{}\,m^2$

(2)
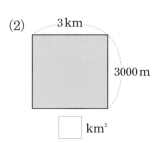

$\boxed{}\,km^2$

개념 **응용하기**

응용 2 그림과 같이 직사각형 모양의 땅에 폭이 2 m, 4 m로 각각 일정한 길을 냈습니다. 길이 아닌 땅의 넓이는 몇 m²인지 구해 보세요.

```
        32 m
   ┌──────────┬──┐
2 m│          │  │  12 m
   ├──────────┼──┤
   │          │  │
   └──────────┴──┘
        4 m
```

⚠ 색칠한 부분을 이어 붙여서 직사각형을 만들고, 직사각형의 넓이를 구합니다.

풀이 오른쪽 그림과 같이 길을 빼고 남은 땅을 간격 없이 모두 붙여 놓으면 직사각형 모양이 되고, 이 도형의 가로는 32－4＝ ⬚ (m),

세로는 12－2＝ ⬚ (m)가 됩니다.

따라서 길이 아닌 땅의 넓이는 ⬚ × ⬚ ＝ ⬚ (m²)입니다.

```
      ┌───┐ m
┌─────┘   │
│         │ m
└─────────┘
```

1 세로가 12 cm이고 넓이가 84 cm²인 직사각형이 있습니다. 이 직사각형의 가로를 3배로 늘이면 넓이는 몇 cm²가 되는지 구해 보세요.

(   )

2 둘레가 36 cm이고 넓이는 72 cm²인 직사각형이 있습니다. 이 직사각형의 가로와 세로의 길이를 나타내는 수가 모두 자연수이고 가로가 세로보다 길 때 가로와 세로는 각각 몇 cm인지 구해 보세요.

가로 (   ), 세로 (   )

3 오른쪽 그림과 같이 크기가 같은 정사각형 2개를 겹쳐 놓았습니다. 겹쳐진 부분이 직사각형일 때 색칠한 부분의 넓이는 몇 cm²인지 구해 보세요.

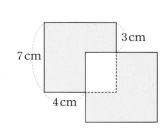

(   )

개념 알기

개념 3 평행사변형과 삼각형의 넓이 구하기

(1) 평행사변형의 넓이를 구해 봅시다.

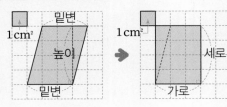

> (평행사변형의 넓이)
> =(직사각형의 넓이)=(가로)×(세로)
> =(밑변의 길이)×(높이)

(2) 삼각형의 넓이를 구해 봅시다.

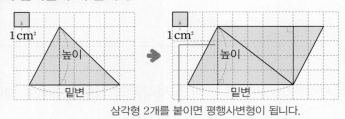

삼각형 2개를 붙이면 평행사변형이 됩니다.

> (삼각형의 넓이)=(평행사변형의 넓이)÷2=(밑변의 길이)×(높이)÷2

▶ **평행사변형의 밑변과 높이**
- 밑변: 평행사변형의 평행한 두 변
- 높이: 두 밑변 사이의 거리
➡ 평행사변형은 어느 변이나 밑변이
  될 수 있고 그 밑변에 따라 높이가
  달라집니다.

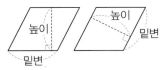

▶ **삼각형의 밑변과 높이**
- 밑변: 삼각형의 한 변
- 높이: 밑변과 마주 보는 꼭짓점에
  서 밑변에 수직으로 그은 선
  분의 길이

▶ 삼각형의 밑변의 길이와 높이가 같으
  면 모양이 달라도 넓이는 같습니다.

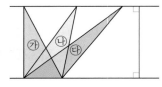

> (㉮의 넓이)=(㉯의 넓이)
>   =(㉰의 넓이)

---

1 평행사변형과 삼각형의 넓이는 각각 몇 cm²인지 구해 보세요.

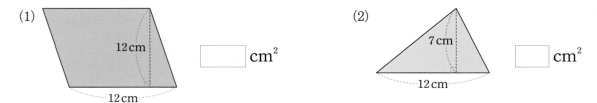

(1) 12 cm 12 cm ☐ cm²

(2) 7 cm 12 cm ☐ cm²

2 ☐ 안에 알맞은 수를 써넣으세요.

(1)
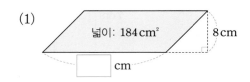
넓이: 184 cm² 8 cm ☐ cm

(2)
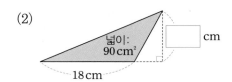
넓이: 90 cm² 18 cm ☐ cm

개념 응용하기

응용 3 넓이가 52 cm²이고, 높이가 13 cm인 삼각형의 높이는 그대로 두고 밑변의 길이를 6배로 늘여 새로운 삼각형을 만들었습니다. 새로 만든 삼각형의 넓이는 몇 cm²인지 구해 보세요.

(!) (삼각형의 넓이)=(밑변의 길이)×(높이)÷2이므로 밑변의 길이가 ◆배가 되면 넓이도 ◆배가 됩니다.

풀이 (처음 삼각형의 밑변의 길이)=(넓이)×2÷(높이)=52×2÷13=□(cm)

따라서 밑변의 길이만 6배로 늘인 삼각형의 넓이는 (□×6)×13÷□=□(cm²)입니다.

[다른 풀이]

높이는 그대로 두고 밑변의 길이만 6배로 늘이면 늘인 삼각형의 넓이도 □배가 됩니다.

➡ 52×□=□(cm²)

1 오른쪽 그림과 같은 평행사변형 ㄱㄴㄷㄹ에서 색칠한 부분의 넓이는 126 m²입니다. 선분 ㄴㄷ의 길이는 몇 m인지 구해 보세요.

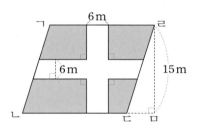

(   )

2 오른쪽 그림과 같은 도형에서 평행사변형 ㄱㄴㄹㅅ의 넓이는 72 cm²이고 선분 ㄴㄷ, 선분 ㄷㄹ, 선분 ㄹㅁ, 선분 ㅁㅂ의 길이는 모두 같습니다. 삼각형 ㅅㄴㅂ의 넓이는 몇 cm²인지 구해 보세요.

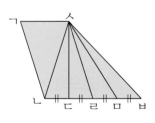

(   )

3 삼각형과 평행사변형의 넓이는 서로 같습니다. 평행사변형의 높이가 10 cm일 때 평행사변형의 둘레는 몇 cm인지 구해 보세요.

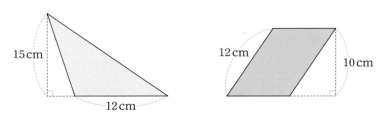

(   )

개념 알기

개념 4 마름모와 사다리꼴의 넓이 구하기

(1) 마름모의 넓이를 구해 봅시다.

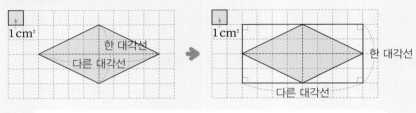

$$\text{(마름모의 넓이)} = \text{(직사각형의 넓이)} \div 2$$
$$= \text{(한 대각선의 길이)} \times \text{(다른 대각선의 길이)} \div 2$$

▶ 마름모의 두 대각선은 서로 수직이고, 한 대각선은 다른 대각선을 반으로 나눕니다.

(2) 사다리꼴의 넓이를 구해 봅시다.

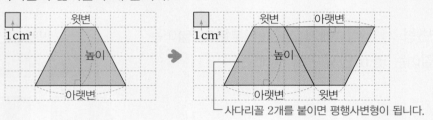

└ 사다리꼴 2개를 붙이면 평행사변형이 됩니다.

$$\text{(사다리꼴의 넓이)} = \text{(평행사변형의 넓이)} \div 2 = \text{(밑변의 길이)} \times \text{(높이)} \div 2$$
$$= (\text{(윗변의 길이)} + \text{(아랫변의 길이)}) \times \text{(높이)} \div 2$$

▶ 사다리꼴의 밑변과 높이
• 밑변: 평행한 두 변(윗변, 아랫변)
• 높이: 두 밑변 사이의 거리

---

1 마름모와 사다리꼴의 넓이는 각각 몇 cm²인지 구해 보세요.

(1) 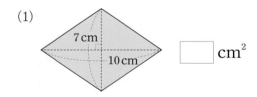 ▢ cm²

(2) 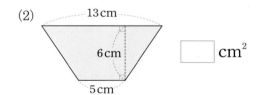 ▢ cm²

2 ▢ 안에 알맞은 수를 써넣으세요.

(1) 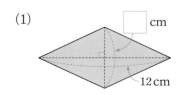 넓이: 48 cm²

(2) 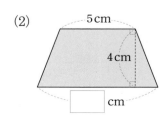 넓이: 32 cm²

개념 응용하기

응용 **4** 오른쪽 그림과 같이 두 대각선의 길이가 각각 8 cm인 마름모 5개를 겹치게 그렸습니다. 도형 전체의 넓이는 몇 cm²인지 구해 보세요.

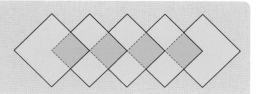

⚠️ 두 마름모가 겹쳐진 부분의 넓이는 마름모 한 개의 넓이의 $\frac{1}{4}$이고, 마름모 ★개를 위의 그림과 같이 겹쳤을 때 겹쳐진 부분은 (★−1)군데입니다.

풀이 (마름모 5개의 넓이의 합)=(☐ × ☐ ÷2)× ☐ = ☐ (cm²)

(겹쳐진 부분의 넓이의 합)=(☐ × ☐ ÷2)÷ ☐ × ☐ = ☐ (cm²)

(도형 전체의 넓이)=(마름모 5개의 넓이의 합)−(겹쳐진 부분의 넓이의 합)

= ☐ − ☐ = ☐ (cm²)

1 오른쪽 사다리꼴의 넓이는 몇 cm²인지 구해 보세요.

(   )

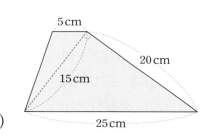

2 오른쪽 그림과 같은 도형의 넓이는 몇 cm²인지 구해 보세요.

(   )

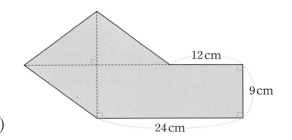

3 오른쪽 그림에서 사다리꼴 ㄱㄴㄹㅂ의 넓이는 삼각형 ㅂㄷㅁ의 넓이와 같습니다. 선분 ㄱㅂ의 길이는 몇 cm인지 구해 보세요.

(   )

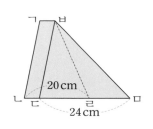

01 도형의 둘레는 몇 cm인지 구해 보세요.

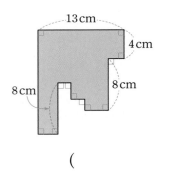

(   )

02 그림과 같이 넓이가 256 m²인 정사각형을 모양과 크기가 같은 직사각형 8개로 나누었습니다. 색칠한 부분의 둘레는 몇 m인지 구해 보세요.

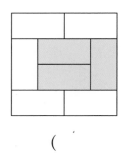

(   )

03 평행사변형 ㄱㄴㄷㄹ에서 선분 ㄱㄷ의 길이는 선분 ㅁㅂ의 길이의 5배입니다. 색칠한 부분의 넓이는 몇 cm²인지 구해 보세요.

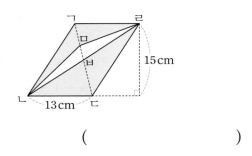

(   )

04 크기가 다른 4개의 정사각형으로 다음과 같은 도형을 만들었습니다. 색칠한 부분의 넓이는 몇 cm²인지 구해 보세요.

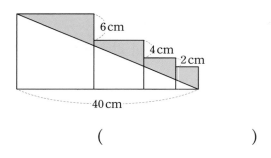

(   )

05 사다리꼴 ㄱㄴㄹㅁ의 점 ㅁ에서 선분 ㅁㄷ을 그었더니 사다리꼴과 삼각형으로 나누어졌습니다. 사다리꼴 ㄱㄴㄷㅁ과 삼각형 ㅁㄷㄹ의 넓이가 같을 때 선분 ㄷㄹ의 길이는 몇 cm인지 구해 보세요.

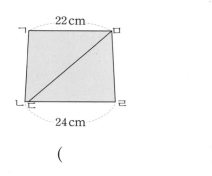

(   )

06 그림과 같은 사다리꼴 ㄱㄴㄷㄹ에서 사각형 ㄱㄴㅅㄹ은 평행사변형입니다. 색칠한 부분의 넓이가 54 cm²일 때 사다리꼴 ㄴㄷㅂㅇ의 넓이는 몇 cm²인지 구해 보세요.

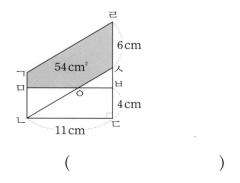

(   )

07 도형에서 삼각형 ㄱㄴㅇ과 삼각형 ㅁㅇㄹ의 넓이가 같을 때 사각형 ㄴㄷㄹㅇ의 넓이는 몇 cm²인지 구해 보세요.

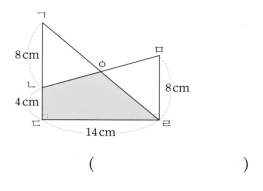

(   )

08 둘레가 68 m이고, 가로가 세로보다 10 m 더 긴 직사각형이 있습니다. 이 직사각형의 네 변의 한가운데 점을 이어 그릴 수 있는 마름모의 넓이는 몇 m²인지 구해 보세요.

(   )

01 한 변의 길이가 13 cm인 정오각형 모양의 종이를 다음과 같이 겹치지 않게 이어 붙였습니다. 이어 붙인 도형의 전체 둘레는 몇 cm인지 구해 보세요.

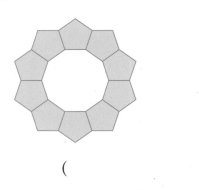

( )

02 그림과 같이 넓이가 242 cm²인 정사각형 ㄱㄴㄷㄹ과 한 대각선의 길이가 12 cm인 마름모 ㄱㅂㄷㅁ을 그렸습니다. 색칠한 부분의 넓이는 몇 cm²인지 구해 보세요.

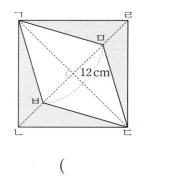

( )

03 사다리꼴 ㄱㄴㄷㄹ에 선분을 그어 삼각형 4개로 나누었습니다. 삼각형 ㄱㄴㅂ과 삼각형 ㄹㅂㄷ의 넓이가 같을 때 삼각형 ㄱㅂㄹ의 넓이는 몇 cm²인지 구해 보세요.

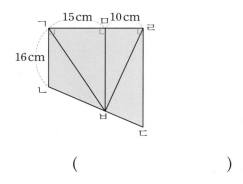

( )

04 그림에서 사각형 ㄱㄴㄷㄹ은 정사각형이고, 사각형 ㅌㅁㅇㅈ과 사각형 ㅋㅂㅅㅊ은 모양과 크기가 같은 직사각형입니다. 선분 ㄱㅁ, 선분 ㅂㄴ, 선분 ㄴㅅ, 선분 ㅇㄷ, 선분 ㄷㅈ, 선분 ㅊㄹ, 선분 ㄹㅋ, 선분 ㅌㄱ의 길이는 모두 같습니다. 색칠한 부분의 넓이는 몇 cm²인지 구해 보세요.

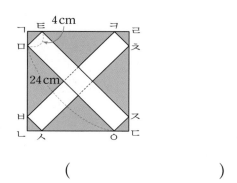

( )

05 정사각형의 가로와 세로를 각각 8 cm씩 늘였더니 넓이가 288 cm^2 더 넓어졌습니다. 처음 정사각형의 한 변의 길이는 몇 cm인지 구해 보세요.

(   )

06 그림에서 사각형 ㄱㄴㄷㄹ은 직사각형입니다. 사다리꼴 ㄱㅁㄷㄹ의 넓이는 몇 cm^{2}인지 구해 보세요.

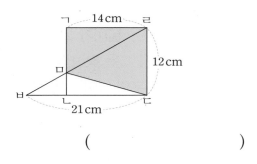

(   )

07 그림과 같이 마름모 ㄱㄴㄷㄹ 안에 각 변의 한가운데 점을 이어 직사각형을 그리고, 직사각형의 각 변의 한가운데 점을 이어 마름모를 그리는 과정을 반복하여 다음 도형을 그렸습니다. 가장 안쪽의 마름모의 넓이가 3 cm^{2}일 때 색칠한 부분의 넓이의 합은 몇 cm^{2}인지 구해 보세요.

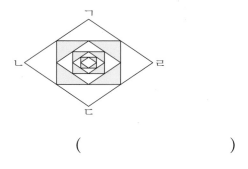

(   )

08 한 변의 길이가 13 cm인 정사각형 모양의 색종이 9장을 그림과 같이 3 cm씩 겹치게 이어 붙여 직사각형을 만들었습니다. 이 직사각형의 전체 넓이는 몇 cm^{2}인지 구해 보세요.

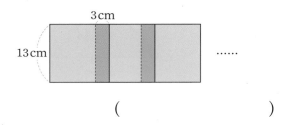

(   )

01 그림과 같이 직사각형과 마름모를 겹쳐 놓았습니다. 마름모의 두 대각선의 길이가 각각 8 cm, 16 cm이고 겹쳐진 부분이 마름모의 넓이의 $\frac{1}{4}$일 때 직사각형의 넓이는 몇 cm²인지 구해 보세요.

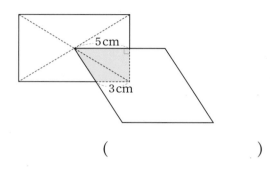

( )

02 도형에서 선분 ㅁㄹ의 길이는 선분 ㄱㄹ의 길이의 $\frac{1}{3}$입니다. 사각형 ㄱㄴㄷㅁ의 넓이는 몇 cm²인지 구해 보세요.

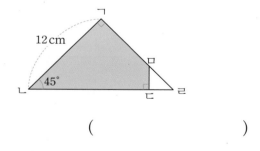

( )

03 시윤이는 직사각형 모양의 종이띠 ㄱㄴㄷㄹ과 평행사변형 모양의 종이띠 ㅂㅁㄷㄹ을 겹쳐서 글씨를 만들었습니다. 종이띠로 만든 글자 'ㄱ'의 넓이가 120 cm²라면 선분 ㄴㅅ의 길이는 몇 cm인지 구해 보세요.

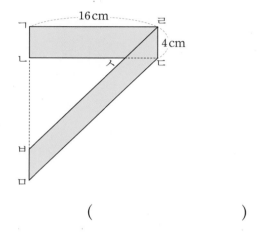

( )

04 다음 도형은 넓이가 256 m²인 정사각형이고, 점 ㄱ과 점 ㄴ은 각 변을 이등분하는 점입니다. 색칠한 부분의 넓이는 몇 m²인지 구해 보세요.

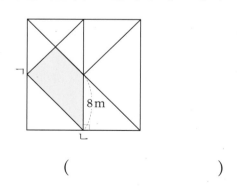

( )

[05~06] 넓이가 4 cm²인 정사각형 모양의 색종이 12장을 겹치지 않게 직사각형 모양으로 배열하려고 합니다. 물음에 답하세요. (단, 이 직사각형은 세로가 가로보다 더 깁니다.)

05 색종이 12장을 직사각형으로 배열할 수 있는 방법은 몇 가지인지 구하고, 이때 만든 직사각형의 둘레가 가장 긴 경우의 가로와 세로의 합은 몇 cm인지 차례로 구해 보세요.

(   ), (   )

06 직사각형으로 배열한 도형을 크기와 모양이 똑같게 둘로 나누려고 합니다. 다음 설명에 따라 도형을 나누었을 때 나누어진 도형의 둘레가 가장 긴 경우의 둘레는 몇 cm인지 구해 보세요.

- 정사각형을 가로질러 나눌 수 없습니다.
- 돌리거나 뒤집었을 때 같다면 같은 모양으로 생각합니다.
- 나누어진 도형이 직사각형이 아닌 경우만 찾습니다.

(   )

07 그림에서 삼각형 ㄱㄴㅂ의 넓이와 삼각형 ㅂㅁㄷ의 넓이가 같을 때 삼각형 ㄱㄴㅁ의 넓이는 몇 cm²인지 구해 보세요.

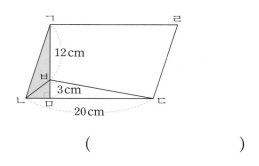

(   )

08 두 변의 길이가 같은 직각삼각형 가를 선분 ㄴㄷ을 따라 접었더니 도형 나가 되었습니다. 도형 나에서 삼각형 ㄱㄴㅂ의 넓이는 몇 cm²인지 구해 보세요.

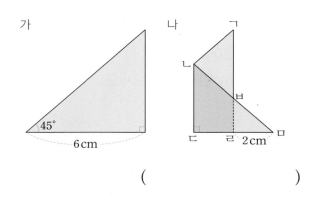

(   )

01 넓이가 80 cm²인 직사각형의 가로와 세로를 각각 늘여서 넓이가 3배가 되도록 하였습니다. 다음 설명을 읽고, 처음 직사각형의 둘레와 늘인 직사각형의 둘레의 합은 몇 cm인지 구해 보세요.

> • 직사각형의 가로와 세로의 길이를 나타내는 수가 모두 자연수입니다.
> • 처음 직사각형의 둘레는 넓이가 80 cm²인 직사각형 중 둘레가 가장 짧은 것입니다.
> • 늘인 직사각형의 둘레는 직사각형의 둘레가 될 수 있는 경우 중 둘레가 가장 긴 경우입니다.

( )

02 도형에서 선분 ㄱㄴ과 선분 ㄴㄷ의 길이가 같고, 선분 ㄷㄹ과 선분 ㄹㅁ의 길이가 같습니다. 삼각형 ㄱㄴㅂ과 삼각형 ㅂㄹㅁ의 넓이의 합이 130 cm²일 때 사각형 ㄴㄷㄹㅂ의 넓이는 몇 cm²인지 구해 보세요.

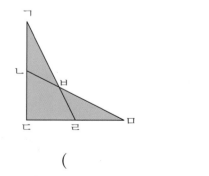

( )

03 그림과 같이 직사각형의 내부의 한 점에서 각 변을 3등분하는 점을 이어 4개의 사각형과 4개의 삼각형을 만들었습니다. 색칠한 부분의 넓이는 몇 m²인지 구해 보세요.

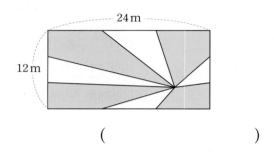

( )

04 그림과 같이 정육각형 안에 마름모를 그렸습니다. 색칠한 부분의 넓이가 30 cm²일 때 마름모의 넓이는 몇 cm²인지 구해 보세요.

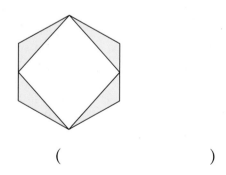

( )

[05~06] **그림과 같이 점 ㅅ이 점 ㄱ을 출발하여 직사각형 ㄱㄴㄷㄹ의 둘레를 시계 방향으로 1분에 2 cm씩 움직입니다. 선분 ㄱㄴ의 한가운데 점인 점 ㅁ과 선분 ㄴㄷ의 한가운데 점인 점 ㅂ을 점 ㅅ과 각각 연결하여 만든 사각형 ㅁㄴㅂㅅ이 있습니다. 물음에 답하세요.**

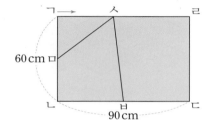

05 점 ㅅ이 변 ㄱㄹ 위에 있고 사각형 ㅁㄴㅂㅅ의 넓이가 직사각형 ㄱㄴㄷㄹ의 넓이의 $\frac{1}{3}$이 될 때는 점 ㅅ이 점 ㄱ을 출발한 지 몇 분 후인지 구해 보세요.

(   )

06 점 ㅅ이 점 ㄱ을 출발한 지 70분이 지났을 때 사각형 ㅁㄴㅂㅅ의 넓이는 몇 cm²인지 구해 보세요.

(   )

07 그림에서 선분 ㄱㅁ이 도형 ㄱㄴㄷㄹㅅ의 넓이를 이등분할 때 삼각형 ㄱㄹㅁ의 넓이는 몇 cm²인지 구해 보세요.

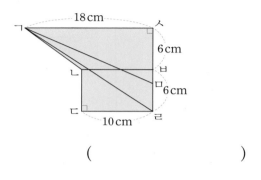

(   )

08 그림은 모양과 크기가 같은 평행사변형 3개를 겹쳐 놓은 도형입니다. 평행사변형 3개가 모두 겹쳐진 부분은 서로 다른 두 변의 길이가 각각 2 cm, 6 cm인 평행사변형입니다. 이 도형의 둘레는 몇 cm인지 구해 보세요.

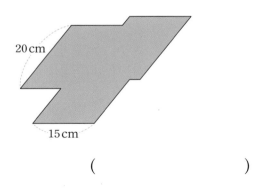

(   )

01 도형의 둘레는 몇 cm인지 구해 보세요.

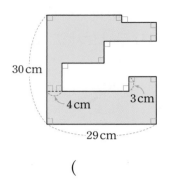

(   )

03 그림과 같이 두 대각선의 길이가 각각 6 cm, 3 cm인 마름모를 일정한 간격으로 계속 겹쳐 가며 2줄로 붙였습니다. 겹쳐져서 생긴 마름모의 두 대각선의 길이가 각각 2 cm, 1 cm일 때 마름모 10개를 사용하여 만든 도형의 넓이는 몇 cm²인지 구해 보세요.

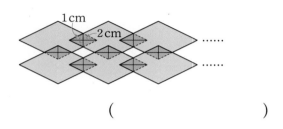

(   )

02 한 변의 길이가 12 cm인 정사각형 2개를 겹쳐서 만든 도형입니다. 겹쳐진 부분이 정사각형일 때 도형의 넓이는 몇 cm²인지 구해 보세요.

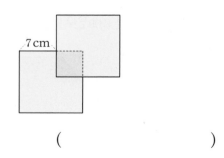

(   )

04 평행사변형 ㄱㄴㄷㄹ과 평행사변형 ㅁㅂㅅㅇ을 겹쳐서 마름모 ㅁㅂㄷㄹ을 만들었습니다. 평행사변형 ㄱㄴㅅㅇ의 둘레는 몇 cm인지 구해 보세요.

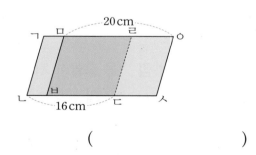

(   )

[05~06] 어느 회사에서는 아래와 같은 규칙을 따르는 종이 규격을 만들고 Z 시리즈 용지라고 이름을 붙였습니다. 직사각형 모양의 Z 시리즈 용지들은 다음 그림처럼 일정한 규칙에 따라 크기가 늘어납니다. 물음에 답하세요.

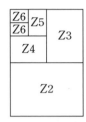

05 위의 그림에서 가장 큰 직사각형 모양의 용지가 Z1 용지입니다. Z6 용지의 긴 변의 길이는 148 mm, 짧은 변의 길이는 105 mm입니다. 이 규칙에 따를 때 Z1 용지의 둘레는 몇 mm인지 구해 보세요.

( )

06 Z4 용지의 넓이는 Z10 용지의 넓이의 몇 배인지 구해 보세요.

( )

07 넓이가 1500 m²인 직사각형 모양의 두 밭 가와 나가 있습니다. 왼쪽 그림과 같이 가 밭에 폭이 2 m인 길을 내었더니 길을 제외한 밭의 넓이가 1344 m²가 되었습니다. 오른쪽 그림과 같이 나 밭에 길을 더 추가한다면 길을 제외한 나 밭의 넓이는 몇 m²인지 구해 보세요. (단, 길의 폭은 모두 일정합니다.)

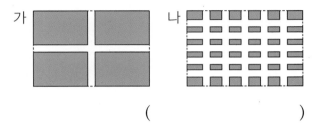

( )

08 삼각형 ㄱㄴㄷ의 넓이는 366 cm²입니다. 선분 ㄱㅁ과 선분 ㅁㄴ의 길이가 같고, 선분 ㄱㄹ과 선분 ㄹㄷ의 길이가 같을 때 색칠한 부분의 넓이는 몇 cm²인지 구해 보세요.

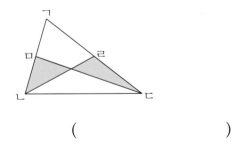

( )

09 둘레가 56 cm인 정사각형 모양의 색종이 몇 장을 3 cm씩 겹쳐서 한 줄로 이어 붙였습니다. 이어 붙인 색종이의 둘레가 232 cm일 때 색종이를 몇 장 겹쳐서 이어 붙인 것인지 구해 보세요.

(   )

10 한 변의 길이가 12 cm인 정사각형을 3조각으로 나눈 후 오른쪽 그림과 같이 3조각의 위치를 바꾸어 직사각형을 만들었습니다. 색칠한 부분의 넓이는 몇 cm²인지 구해 보세요.

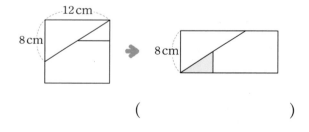

(   )

[11~12] 직각삼각형 ㉮와 직사각형 ㉯가 있습니다. 직사각형 ㉯는 그대로 있고, 직각삼각형 ㉮는 1분에 1 cm씩 화살표 방향으로 이동하여 30분이 지나면 멈춘다고 합니다. 물음에 답하세요.

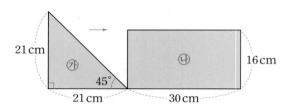

11 겹치는 부분의 넓이가 72 cm²일 때는 직각삼각형 ㉮가 이동한 지 몇 분 후인지 구해 보세요.

(   )

12 겹치는 부분의 넓이가 가장 넓어지는 경우는 직각삼각형 ㉮가 이동한 지 몇 분 후부터인지 구하고, 그때의 넓이는 몇 cm²인지 구해 보세요.

(   ), (   )

MEMO

MEMO

MEMO

AI PENGTALK

대한민국 방방곡곡 AI펭톡!

펭수랑 재미있는 1:1 영어 말하기 연습을 해 봐~!

Let's meet
AI PENGTALK!

🎤 스피킹

"Are you hungry?"
생활 속 자주 사용하는 표현으로
대화할 수 있어요~

💬 토픽월드

"What is he doing?"
10개의 월드 속에 교과서에서 봤던
영어 문장과 단어가 담겨있답니다!

📹 스캔잇

"다리미가 영어로 뭐지?"
생활 속 물건들을 '찰칵' 사진으로
찍으면 영어로 알려줘요~

📖 스쿨톡

"I like dogs. They're cute."
선생님이 만든 대화방에서 학년별 주제
영상을 보고 나의 의견을 말해 보세요!

🐦 렛츠톡

"Hi!"
"와! 펭수가 영어로 나한테 말을 걸었어!"
펭수와 1:1 자유대화를 할 수 있어요

www.ebse.co.kr　EBS english

인터넷·모바일·TV
무료 강의 제공

초|등|부|터
EBS

정답과 풀이

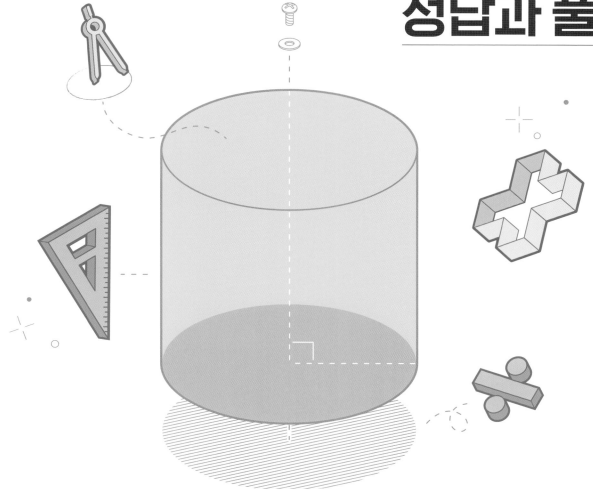

심화·고난도 학습도 만점왕으로 해결

만점왕 수학 고난도

개념
알기
+
개념
응용하기
+
LEVEL별
문항 구성
+
정답과
풀이

5-1

5-1

정답과 풀이

1 단원 자연수의 혼합 계산

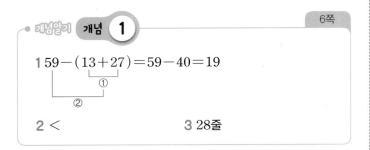

개념알기 개념 1   6쪽

$1\ 59-(13+27)=59-40=19$

$2\ <$ $3\ 28$줄

1 덧셈과 뺄셈이 섞여 있고 ( )가 있는 식에서는
( ) 안을 먼저 계산해야 하므로 13과 27을 먼저
더한 후 59에서 빼야 합니다.

2 $84÷(7×4)=84÷28=3,$
$(84÷7)×4=12×4=48$
➡ $84÷(7×4)<(84÷7)×4$

3 한 줄에 14명씩 12줄로 서 있는 학생들은 모두
$14×12$(명)입니다. 이 학생들을 한 줄에 6명씩 다시
세우면 줄 수는 $14×12÷6=168÷6=28$(줄)이
됩니다.

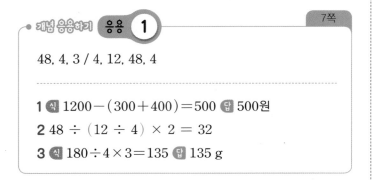

개념 응용하기 응용 1   7쪽

48, 4, 3 / 4, 12, 48, 4

---

1 식 $1200-(300+400)=500$ 답 500원
2 $48÷(12÷4)×2=32$
3 식 $180÷4×3=135$ 답 135 g

1 지희는 사과와 바나나를 샀으므로
$300+400=700$(원)을 냈고, 소미는 배를 샀으므로
1200원을 냈습니다. 따라서 소미가 지희보다
$1200-(300+400)=500$(원)을 더 많이 냈습니다.

2 $48÷12÷4×2=2$로 식이 성립하지 않으므로 다음
과 같이 여러 가지 방법으로 ( )로 묶어 계산해 봅
니다.
- $48÷(12÷4)×2=48÷3×2=16×2=32\ (○)$
- $48÷(12÷4×2)=48÷6=8\ (×)$
- $48÷12÷(4×2)=48÷12÷8=4÷8\ (×)$

3 똑같은 골프공 4개의 무게가 180 g이므로 골프공 1개
의 무게는 $180÷4=45$ (g)입니다. 골프공 3개의 무
게는 골프공 1개의 무게에 3을 곱하면 되므로 골프공
3개의 무게는 $180÷4×3=135$ (g)입니다.

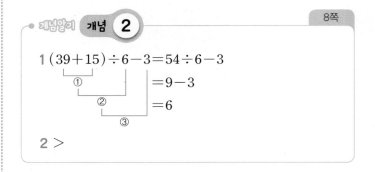

개념알기 개념 2   8쪽

$1\ (39+15)÷6-3=54÷6-3$
$=9-3$
$=6$

$2\ >$

1 덧셈, 뺄셈, 나눗셈이 섞여 있고 ( )가 있는 식에
서는 ( ) 안을 먼저 계산하고, 나눗셈, 덧셈과 뺄
셈 순서로 계산하므로 39와 15를 더한 후 6으로 나눈
다음 3을 뺍니다.

2 $25+(12-4)÷2=25+8÷2$
$=25+4$
$=29$
$32+(11-9)×2-21=32+2×2-21$
$=32+4-21$
$=36-21$
$=15$
➡ $25+(12-4)÷2\ >\ 32+(11-9)×2-21$

개념 응용하기 | 응용 **2**

26, 26, 58−32, 58−32, ( ) (또는 괄호),
17+(58−32)×5=147

---

1 식 31×20+(31−7)×10=860 답 860번

2 식 (46+38)÷6−13=1 답 약 1 kg

---

1 3월은 31일까지 있습니다. 상준이는 2중뛰기를 3월 한 달 동안 매일 20번씩 했으므로 상준이가 2중뛰기를 한 횟수를 식으로 나타내면 31×20입니다. 지원이는 2중뛰기를 일주일은 쉬고 나머지 날에 매일 10번씩 했으므로 지원이가 2중뛰기를 한 횟수를 식으로 나타내면 (31−7)×10입니다.

따라서 상준이와 지원이가 3월 한 달 동안 2중뛰기를 한 횟수는 모두

$$31×20+(31−7)×10=31×20+24×10$$
$$=620+240=860(번)$$

입니다.

[다른 풀이]

3월은 31일까지 있습니다.

(상준이가 3월 한 달 동안 2중뛰기를 한 횟수)
=31×20=620(번)

(지원이가 3월 한 달 동안 2중뛰기를 한 횟수)
=(31−7)×10=240(번)

따라서 상준이와 지원이가 3월 한 달 동안 2중뛰기를 한 횟수는 모두

$$31×20+(31−7)×10=31×20+24×10$$
$$=620+240=860(번)$$

입니다.

2 지구에서 잰 무게는 달에서 잰 무게의 약 6배이므로 달에서 잰 상혁이와 진성이의 몸무게의 합을 식으로 나타내면 (46+38)÷6입니다. 달에서 잰 선생님의 몸무게는 13 kg이므로 달에서 몸무게를 재었을 때 상혁이와 진성이의 몸무게의 합이 선생님의 몸무게보다 얼마나 더 무거운지 하나의 식으로 나타내면 (46+38)÷6−13입니다.

따라서 상혁이와 진성이의 몸무게의 합은 달에서 잰 선생님의 몸무게보다 약

$$(46+38)÷6−13=84÷6−13$$
$$=14−13=1\ (kg)$$

더 무겁습니다.

[다른 풀이]

지구에서 잰 무게는 달에서 잰 무게의 약 6배입니다.

(달에서 잰 상혁이와 진성이의 몸무게의 합)
=(지구에서 잰 상혁이와 진성이의 몸무게의 합)÷6
=(46+38)÷6=84÷6=14 (kg)

(달에서 잰 상혁이와 진성이의 몸무게의 합)
−(달에서 잰 선생님의 몸무게)
=(46+38)÷6−13=14−13=1 (kg)

개념 알기 | 개념 **3**

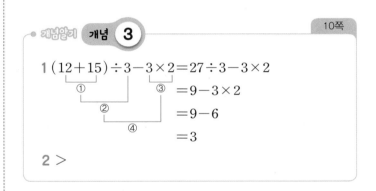

2 >

1 덧셈, 뺄셈, 곱셈, 나눗셈이 섞여 있고 ( )가 있는 식에서는 ( ) 안을 가장 먼저 계산하고 곱셈과 나눗셈, 덧셈과 뺄셈의 순서로 계산합니다.

2
$$39−36÷9+3×11=39−4+3×11$$
$$=39−4+33$$
$$=35+33$$
$$=68$$

$$39−36÷(9+3)×11=39−36÷12×11$$
$$=39−3×11$$
$$=39−33$$
$$=6$$

➡ 39−36÷9+3×11 > 39−36÷(9+3)×11

개념 응용하기 | 응용 3

5, 3, 5, 3, 20000, 5, 3, 4500, 6000, 12900, 7100

1 식 $10000-(1700+9600\div12+900\times2)=5700$
  답 5700원
2 식 $(95-32)\times5\div9=35$ 답 35℃
3 식 예 $500-(84\div4\times7+105\div3\times7)=108$
  답 108대

---

1 연필 한 타(12자루)의 값은 9600원이므로 연필 한 자루의 값을 식으로 나타내면 $9600\div12$입니다. 지우개 2개가 900원이므로 지우개 4개의 값을 식으로 나타내면 900×2입니다.
영진이는 스케치북 한 권과 연필 한 자루, 지우개 4개를 샀으므로 영진이가 산 물건의 값을 식으로 나타내면 $1700+9600\div12+900\times2$입니다.
거스름돈이 얼마인지 알려면 처음에 가지고 있던 10000원에서 산 물건의 값을 **빼야** 하므로
$10000-(1700+9600\div12+900\times2)$가 됩니다.
따라서 영진이가 받아야 하는 거스름돈은
$10000-(1700+9600\div12+900\times2)$
$=10000-(1700+800+1800)$
$=10000-4300=5700$(원)입니다.
[다른 풀이]
스케치북 한 권의 값은 1700원, 연필 한 자루의 값은 $9600\div12=800$(원), 지우개 4개의 값은 $900\times2=1800$(원)입니다.
따라서 영진이 받아야 하는 거스름돈은
$10000-(1700+9600\div12+900\times2)$
$=10000-(1700+800+1800)$
$=10000-4300=5700$(원)입니다.

2 화씨 95도에서 32를 뺀 수에 5를 곱하고 9로 나누면 섭씨온도가 됩니다.
$(95-32)\times5\div9=63\times5\div9=315\div9=35$이므로 화씨온도 95 ℉를 섭씨온도로 나타내면 35 ℃가 됩니다.

3 ㉮ 공장에서 일주일 동안 생산한 휴대 전화를 식으로 나타내면 $84\div4\times7$이고, ㉯ 공장에서 일주일 동안 생산한 휴대 전화를 식으로 나타내면 $105\div3\times7$입니다. 따라서 휴대 전화 500대를 수출하기 위해 더 생산해야 하는 휴대 전화는
$500-(84\div4\times7+105\div3\times7)$
$=500-(147+245)=500-392=108$(대)
입니다.

LEVEL 1

01 식 $14+11-8=17$ 답 17명
02 식 $144\div(8\times6)=3$ 답 3시간
03 바르게 고치기 $13+9\times(40-34)=67$
  이유 예 $13+9\times6=67$의 6 대신에 $40-34$를 넣을 때 $(40-34)$와 같이 괄호를 넣어야 하는데 넣지 않았기 때문입니다.
04 28000원   05 세훈   06 15 cm
07 식 $7\times80+(7-2)\times70=910$ 답 910번
08 33송이

---

01 준우네 반은 남학생이 14명, 여학생이 11명이므로 준우네 반 학생 수를 식으로 나타내면 $14+11$입니다. 이 중에서 국어를 좋아하는 학생 수가 8명이므로 국어를 좋아하지 않는 학생 수는
$14+11-8=25-8=17$(명)입니다.
[다른 풀이]
(준우네 반 학생 수)
$=14+11=25$(명)
(국어를 좋아하지 않는 학생 수)
$=$(준우네 반 학생 수)$-$(국어를 좋아하는 학생 수)
$=14+11-8=25-8=17$(명)

02 재혁이네 집에 있는 과자 틀 1개로는 한 시간에 과자를 8개 구울 수 있으므로 과자 틀 6개를 이용하면 한 시간에 과자를 8×6(개)만큼 구울 수 있습니다. 과자 144개를 구우려면 몇 시간이 걸리는지 식으로 나타내면 $144 \div (8 \times 6)$입니다.

따라서 과자 144개를 구우려면

$144 \div (8 \times 6) = 144 \div 48 = 3$(시간)이 걸립니다.

03 $13 + 9 \times 40 - 34 = 13 + 360 - 34$
$$= 373 - 34 = 339$$

가 되어 67과 같지 않습니다.

따라서 $13 + 9 \times 6 = 67$의 6 대신에 $40 - 34$를 넣을 때 $(40 - 34)$와 같이 괄호를 넣어야 합니다.

➡ $13 + 9 \times (40 - 34) = 13 + 9 \times 6$
$$= 13 + 54$$
$$= 67$$

04 과일 가게에서 딸기 64개를 한 상자에 16개씩 넣었으므로 딸기를 넣은 상자의 수는 $64 \div 16$(상자)입니다. 한 상자에 7000원이므로 딸기를 팔고 받은 돈은

$7000 \times (64 \div 16) = 7000 \times 4 = 28000$(원)입니다.

[다른 풀이]

(딸기를 팔고 받은 돈)

= (한 상자의 가격) × (상자의 수)

$= 7000 \times (64 \div 16) = 7000 \times 4 = 28000$(원)

05 • 세훈: $14 \times 6 - (7 + 8) = 14 \times 6 - 15$
$$= 84 - 15 = 69$$

• 민혁: $53 - 16 \times 8 \div 4 = 53 - 128 \div 4$
$$= 53 - 32 = 21$$

• 종화: $43 + (25 - 13) \div 3 = 43 + 12 \div 3$
$$= 43 + 4 = 47$$

따라서 $69 > 47 > 21$이므로 계산 결과가 가장 큰 식을 들고 있는 친구는 세훈이입니다.

06 길이가 72 cm인 리본을 6등분한 것 중의 한 도막의 길이를 식으로 나타내면 $72 \div 6$입니다.

길이가 54 cm인 리본을 9등분한 것 중의 한 도막의 길이를 식으로 나타내면 $54 \div 9$입니다.

이어 붙인 리본의 전체 길이를 알려면 두 도막의 길이를 더한 후 겹쳐진 부분의 길이를 빼면 되므로 식으로 나타내면 $72 \div 6 + 54 \div 9 - 3$입니다.

따라서 이어 붙인 리본의 전체 길이는

$72 \div 6 + 54 \div 9 - 3 = 12 + 6 - 3$
$$= 18 - 3 = 15 \text{ (cm)}$$입니다.

07 서진이는 일주일 동안 매일 줄넘기를 80번씩 했으므로 서진이가 일주일 동안 한 줄넘기의 수를 식으로 나타내면 7×80입니다. 현우는 일주일 중 2일은 쉬고 나머지 날, 즉 $7 - 2$(일)은 매일 줄넘기를 70번씩 했으므로 현우가 일주일 동안 한 줄넘기의 수를 식으로 나타내면 $(7 - 2) \times 70$입니다. 서진이와 현우가 일주일 동안 한 줄넘기의 수를 알아보려면 서진이와 현우가 일주일 동안 한 줄넘기의 수를 더하면 되므로 식으로 나타내면 $7 \times 80 + (7 - 2) \times 70$입니다.

따라서 서진이와 현우가 일주일 동안 한 줄넘기의 수는 모두

$7 \times 80 + (7 - 2) \times 70 = 7 \times 80 + 5 \times 70$
$$= 560 + 5 \times 70 = 560 + 350$$
$$= 910$$(번)입니다.

08 어제 장미를 14송이씩 4묶음 심었으므로 어제 심은 장미의 수를 식으로 나타내면 14×4입니다. 따라서 어제 심은 꽃의 수, 즉 장미와 튤립의 수를 식으로 나타내면 $14 \times 4 + 27$입니다. 오늘은 백합 150송이를 똑같이 6묶음으로 나눈 것 중에서 2묶음을 심었으므로 오늘 심은 백합의 수를 식으로 나타내면 $150 \div 6 \times 2$입니다. 어제 심은 꽃이 오늘 심은 꽃보다 몇 송이 더 많은지 알아보려면 어제 심은 꽃의 수에서 오늘 심은 꽃의 수를 빼면 되므로 식으로 나타내면 $(14 \times 4 + 27) - (150 \div 6 \times 2)$입니다.

따라서 어제 심은 꽃은 오늘 심은 꽃보다
$(14 \times 4 + 27) - (150 \div 6 \times 2) = 83 - 50 = 33$(송이)
더 많습니다.

LEVEL 2 14~15쪽

01 풀이 참조 **02** 5000원 **03** 466 cm

04 30 **05** 108

06 식 $6400 \div 8 \times 5 + 6000 \div 6 \times 5 = 9000$

답 9000원

07 6

08 식 $15000 - (3720 + 1600 \div 4 \times 6 + 6400 \div 8 \times 6)$
$= 4080$

답 4080원

---

01 문제 예 성호는 구슬을 54개 가지고 있었습니다. 구슬치기를 하여 어제는 33개를 잃었고, 오늘은 21개를 땄습니다. 성호가 가지고 있는 구슬은 몇 개일까요?

풀이 예 성호가 가지고 있는 구슬은 처음에 가지고 있던 구슬의 수 54에서 구슬치기를 하여 어제 잃은 구슬의 수 33을 빼고 오늘 딴 구슬의 수 21을 더하면 되므로 $54 - 33 + 21 = 21 + 21 = 42$(개)입니다.

02 자전거 한 대를 빌리는 데 10분에 1000원이므로 자전거 한 대를 1시간, 즉 60분 동안 빌리는 데 필요한 돈을 식으로 나타내면 $(60 \div 10) \times 1000$입니다.

자전거 5대의 대여료를 식으로 나타내면
$(60 \div 10) \times 1000 \times 5$이고, 이 대여료를 경민이와 친구 5명, 즉 총 6명이 똑같이 나누어 내므로 한 명이 내야 하는 돈은 자전거 5대의 대여료를 6으로 나누면 됩니다.

따라서 한 명이 내야 하는 돈은
$(60 \div 10) \times 1000 \times 5 \div 6 = 6 \times 1000 \times 5 \div 6$
$= 6000 \times 5 \div 6 = 30000 \div 6 = 5000$(원)입니다.

[다른 풀이]
(자전거 5대를 1시간 동안 빌리는 데 필요한 돈)
= (자전거 한 대를 1시간 동안 빌리는 데 필요한 돈)
$\quad \times$ (빌리는 자전거 수)
$= (60 \div 10) \times 1000 \times 5 = 6 \times 1000 \times 5$
$= 6000 \times 5 = 30000$(원)
(한 사람이 내야 하는 돈)
= (자전거 5대를 1시간 동안 빌리는 데 필요한 돈)
$\quad \div$ (사람 수)
$= (60 \div 10) \times 1000 \times 5 \div 6$
$= 30000 \div 6 = 5000$(원)

03 길이가 37 cm인 색 테이프 14장의 길이의 합을 식으로 나타내면 37×14입니다. 색 테이프를 4 cm씩 겹치고 겹쳐진 부분은 $14 - 1 = 13$(군데)이므로 겹쳐진 부분의 길이의 합을 식으로 나타내면 $4 \times (14 - 1)$입니다.

따라서 이어 붙인 색 테이프의 전체 길이는 색 테이프 14장의 길이의 합에서 겹쳐진 부분의 길이의 합을 **빼**면 되므로
$(37 \times 14) - 4 \times (14 - 1) = 518 - 4 \times 13$
$= 518 - 52 = 466$ (cm)입니다.

[다른 풀이]
겹쳐진 부분은 $14 - 1 = 13$(군데)입니다.
(이어 붙인 색 테이프의 전체 길이)
= (색 테이프 14장의 길이의 합)
$\quad -$ (겹쳐진 부분의 길이의 합)
$= (37 \times 14) - 4 \times (14 - 1)$
$= 518 - 4 \times 13 = 518 - 52 = 466$ (cm)

04 $7 \blacktriangledown 16 = (16 - 7) \div 3 + 7 = 9 \div 3 + 7 = 3 + 7 = 10$
$(7 \blacktriangledown 16) \blacktriangledown 70 = 10 \blacktriangledown 70$
$\qquad\qquad\qquad = (70 - 10) \div 3 + 10$
$\qquad\qquad\qquad = 60 \div 3 + 10$
$\qquad\qquad\qquad = 20 + 10 = 30$

05 어떤 수를 □라고 하면 잘못 계산한 식은 다음과 같습니다.

$(45+\square)\div3=18$

$45+\square=18\times3,\ 45+\square=54,\ \square=54-45,$

$\square=9$입니다.

따라서 바르게 계산하면

$(45-9)\times3=36\times3=108$입니다.

06 사과가 8개에 6400원이므로 사과 1개의 값을 식으로 나타내면 $6400\div8$입니다.

사과 5개의 값은 사과 1개의 값에 5를 곱하면 되므로 식으로 나타내면 $6400\div8\times5$입니다.

오렌지가 6개에 6000원이므로 오렌지 1개의 값을 식으로 나타내면 $6000\div6$입니다.

오렌지 5개의 값은 오렌지 1개의 값에 5를 곱하면 되므로 식으로 나타내면 $6000\div6\times5$입니다.

지민이는 사과 5개와 오렌지 5개를 샀으므로 지민이가 내야 할 돈이 얼마인지 알아보려면 사과 5개의 값과 오렌지 5개의 값을 더하면 됩니다.

따라서 지민이가 내야 할 돈은

$6400\div8\times5+6000\div6\times5$

$=4000+5000=9000$(원)입니다.

[다른 풀이]

(사과 5개의 값)$=6400\div8\times5$(원)

(오렌지 5개의 값)$=6000\div6\times5$(원)

(지민이가 내야 할 돈)

$=$(사과 5개의 값)$+$(오렌지 5개의 값)

$=6400\div8\times5+6000\div6\times5$

$=4000+5000=9000$(원)

07 계산 결과를 가장 작게 하려면 189를 나누는 수가 가장 커야 하므로 □ 안에 9, 7, 3 또는 7, 9, 3의 순서로 수 카드를 놓아야 합니다.

• □ 안에 9, 7, 3을 순서대로 써넣을 때:

$189\div(9\times7)+3=189\div63+3=3+3=6$

• □ 안에 7, 9, 3을 순서대로 써넣을 때:

$189\div(7\times9)+3=189\div63+3=3+3=6$

따라서 계산 결과가 가장 작을 때의 값은 6입니다.

08 계란 4인분이 1600원이므로 계란 1인분의 값을 식으로 나타내면 $1600\div4$이고, 계란 6인분의 값을 식으로 나타내면 $1600\div4\times6$입니다.

파 8인분이 6400원이므로 파 1인분의 값을 식으로 나타내면 $6400\div8$이고, 파 6인분의 값을 식으로 나타내면 $6400\div8\times6$입니다.

볶음밥 6인분을 만드는 데 필요한 재료비는 양파 6인분의 값, 계란 6인분의 값, 파 6인분의 값을 더하면 되므로 식으로 나타내면

$3720+1600\div4\times6+6400\div8\times6$입니다.

따라서 볶음밥 6인분을 만드는 데 필요한 재료를 사고 남은 돈은 처음에 있던 돈 15000원에서 볶음밥 6인분을 만드는 데 필요한 재료비를 빼면 되므로

$15000-(3720+1600\div4\times6+6400\div8\times6)$

$=15000-(3720+2400+4800)$

$=15000-10920=4080$(원)입니다.

LEVEL 3 　　　　　　　　　　　16~17쪽

01 딸기 맛 아이스크림, 15개　　　　**02** 23명

03 200 g　　　　**04** 7900원

05 식 $1+20\times8=161$　답 161개

06 식 $3640\div4\times3-3150\div5\times4=210$　답 210원

07 식 $25\div5\times2+25\times2=60$　답 60 cm

08 식 $175\times2+40\div2+215\times2=800$

　　답 800킬로칼로리

01 ㉮ 기계 4대가 7시간 동안 336개의 딸기 맛 아이스크림을 만들므로 ㉮ 기계 1대가 1시간 동안 만드는 딸기 맛 아이스크림의 수를 식으로 나타내면

$336\div4\div7$입니다.

➡ ㉮ 기계 15대가 1시간 동안 만드는 딸기 맛 아이스크림의 수는

$336\div4\div7\times15=84\div7\times15$

$\qquad\qquad\qquad=12\times15=180$(개)입니다.

㉯ 기계 3대가 11시간 동안 363개의 초콜릿 맛 아이스크림을 만들므로 ㉯ 기계 1대가 1시간 동안 만드는 초콜릿 맛 아이스크림의 수를 식으로 나타내면 $363 \div 3 \div 11$입니다.

➡ ㉯ 기계 15대가 1시간 동안 만드는 초콜릿 맛 아이스크림의 수는
$363 \div 3 \div 11 \times 15 = 121 \div 11 \times 15 = 11 \times 15$
$= 165$(개)입니다.
따라서 $180 > 165$이므로 ㉮ 기계가 딸기 맛 아이스크림을 $180 - 165 = 15$(개) 더 많이 만듭니다.

02 예서네 반 학생 수를 □명이라고 하면 한 사람에게 9개씩 나누어 주면 초콜릿이 10개 모자라므로 초콜릿의 수는 $9 \times □ - 10$(개)이고, 8개씩 나누어 주면 초콜릿이 13개 남으므로 초콜릿의 수는
$8 \times □ + 13$(개)입니다.
한 사람에게 9개씩 나누어 줄 때 초콜릿의 수와 8개씩 나누어 줄 때 초콜릿의 수는 같으므로
$9 \times □ - 10 = 8 \times □ + 13$입니다.
$9 \times □$는 □를 9번 더한 것과 같고 $8 \times □$는 □를 8번 더한 것과 같으므로
□+□+□+□+□+□+□+□+□−10
=□+□+□+□+□+□+□+□+13,
□=13+10=23입니다.
따라서 예서네 반 학생은 모두 23명입니다.

03 인형 한 개를 더 넣었을 때 상자의 무게는
$340 - 320$ (g)만큼 늘어났으므로 인형 1개의 무게는
$340 - 320 = 20$ (g)입니다. 빈 상자의 무게는 인형 6개가 든 상자의 무게 320 g에서 인형 6개의 무게를 빼면 되므로
$320 - 20 \times 6 = 320 - 120 = 200$ (g)입니다.

[다른 풀이]
(인형 한 개의 무게)
=(인형 한 개를 더 넣은 상자의 무게)
 −(인형 6개가 들어 있는 상자의 무게)
=340−320=20 (g)
(빈 상자의 무게)
=(인형 6개가 들어 있는 상자의 무게)
 −(인형 6개의 무게)
=320−20×6
=320−120=200 (g)

04 지수는 매일 200원씩 7일 동안 저금하였으므로 지수가 저금한 돈을 식으로 나타내면 200×7입니다. 현아는 지수가 저금한 돈의 3배보다 1200원 더 많이 저금했으므로 현아가 저금한 돈을 식으로 나타내면 $200 \times 7 \times 3 + 1200$입니다. 예진이는 매일 700원씩 3주 동안 저금했으므로 예진이가 저금한 돈을 식으로 나타내면 $700 \times 7 \times 3$입니다.
예진이가 저금한 돈은 지수와 현아가 저금한 돈의 합보다 얼마나 더 많은지 알아보려면 예진이가 저금한 돈에서 지수와 현아가 저금한 돈을 빼면 됩니다.
따라서 예진이가 저금한 돈은 지수와 현아가 저금한 돈의 합보다
$700 \times 7 \times 3 - (200 \times 7) - (200 \times 7 \times 3 + 1200)$
$= 700 \times 7 \times 3 - 1400 - 5400$
$= 14700 - 1400 - 5400 = 13300 - 5400$
$= 7900$(원) 더 많습니다.

05 ①
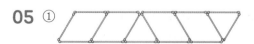
②

①과 ② 모양은 모두 삼각형이 2개이지만 필요한 면봉의 수를 최소로 하는 것은 ① 모양입니다.

따라서 사각형 2개와 삼각형 1개가 붙어 있는 것을 하나의 모양으로 보고 모양의 수와 필요한 면봉의 수를 표로 나타내면 다음과 같습니다.

모양의 수(개)	1	2	3	4
면봉의 수(개)	$1+1\times8$ $=9$	$1+2\times8$ $=17$	$1+3\times8$ $=25$	$1+4\times8$ $=33$

(★개의 모양을 만드는 데 필요한 면봉의 수)
$=1+$★$\times8$(개)
모양을 ★개 만들 때 삼각형도 ★개 만들어집니다.
따라서 위의 규칙에 따라 삼각형 20개를 만드는 데 최소로 필요한 면봉의 수는
$1+20\times8=1+160=161$(개)입니다.

06 아이스크림이 4개에 3640원이므로 아이스크림 한 개의 값을 식으로 나타내면 $3640\div4$입니다. 초콜릿이 5개에 3150원이므로 초콜릿 한 개의 값을 식으로 나타내면 $3150\div5$입니다.
➡ 아이스크림 3개의 값을 식으로 나타내면 $3640\div4\times3$이고, 초콜릿 4개의 값을 식으로 나타내면 $3150\div5\times4$입니다.
아이스크림 3개의 값은 초콜릿 4개의 값보다 얼마나 더 비싼지 알아보려면 아이스크림 3개의 값에서 초콜릿 4개의 값을 빼면 됩니다.
따라서 아이스크림 3개의 값은 초콜릿 4개의 값보다
$3640\div4\times3-3150\div5\times4=2730-2520=210$(원) 더 비쌉니다.
[다른 풀이]
(아이스크림 3개의 값)=(아이스크림 1개의 값)$\times3$
$=3640\div4\times3$(원)
(초콜릿 4개의 값)=(초콜릿 1개의 값)$\times4$
$=3150\div5\times4$(원)
(아이스크림 3개의 값)−(초콜릿 4개의 값)
$=3640\div4\times3-3150\div5\times4$
$=2730-2520=210$(원)

07 한 변의 길이가 25 cm인 정사각형 모양의 나무판을 똑같이 5개의 직사각형 모양으로 잘랐으므로 자른 직사각형 모양 한 개의 가로는 $25\div5$ (cm), 세로는 25 cm입니다.
따라서 자른 직사각형 모양 한 개의 네 변의 길이는 $25\div5$ (cm)가 2개, 25 cm가 2개이므로 네 변의 길이의 합은
$25\div5\times2+25\times2=10+50=60$ (cm)입니다.

08 은정이는 점심 때 주스 2잔, 귤 50 g, 애플파이 2개를 먹었습니다. 주스 한 잔의 열량이 175킬로칼로리이므로 주스 2잔의 열량은 175×2(킬로칼로리)입니다. 귤 100 g의 열량이 40킬로칼로리이므로 귤 50 g의 열량은 $40\div2$(킬로칼로리)입니다. 애플파이 한 개의 열량이 215킬로칼로리이므로 애플파이 2개의 열량은 215×2(킬로칼로리)입니다.
은정이가 점심 때 먹은 간식의 열량은 모두 몇 킬로칼로리인지 알아보려면 주스 2잔의 열량, 귤 50 g의 열량, 애플파이 2개의 열량을 더하면 됩니다.
따라서 은정이가 점심 때 먹은 간식의 열량은 모두
$175\times2+40\div2+215\times2$
$=350+40\div2+215\times2$
$=350+20+215\times2=350+20+430$
$=370+430=800$(킬로칼로리)입니다.
[다른 풀이]
주스 2잔의 열량은 주스 1잔의 열량의 2배이고, 귤 50 g의 열량은 귤 100 g의 열량의 절반이고, 애플파이 2개의 열량은 애플파이 한 개의 열량의 2배입니다. 따라서 은정이가 먹은 간식의 열량은 모두
$175\times2+40\div2+215\times2$
$=350+40\div2+215\times2$
$=350+20+215\times2$
$=350+20+430=370+430$
$=800$(킬로칼로리)입니다.

01 6　　　　　　02 6

03 식 예 $(15-4)+12\times4=59$　답 59 cm

04 식 예 $(36\times11-3\times10)\times2+12\times2=756$
　　답 756 cm

05 79　　　　06 25상자　　　07 76

08 3월 20일　　09 486 km 250 m

---

01 ♥와 ★의 규칙을 찾으면 다음과 같습니다.
$3♥4=3+4-2=5$
$6♥5=6+5-2=9$
$7♥8=7+8-2=13$
$10♥9=10+9-2=17$
$4★10=10-4-4=2$
$6★16=16-6-4=6$
$9★15=15-9-4=2$
$8★16=16-8-4=4$
따라서 ♥의 규칙은 (앞의 수)+(뒤의 수)−2이고,
★의 규칙은 (뒤의 수)−(앞의 수)−4입니다.
➡ $(4♥3)★15=(4+3-2)★15$
$\qquad\qquad\quad =5★15$
$\qquad\qquad\quad =15-5-4$
$\qquad\qquad\quad =6$

[참고]
★의 규칙은 (뒤의 수)−((앞의 수)+4)도 가능합니다.

02 $42\div3\times2\div7=14\times2\div7=28\div7=4$이므로
$4>\square$입니다.
따라서 □ 안에 들어갈 수 있는 자연수는 4보다 작은
수인 1, 2, 3이므로 모두 더하면 $1+2+3=6$입니다.

03 추의 수와 용수철의 길이를 표로 나타내면 다음과 같
습니다.

추의 수(개)	1	2	3	……
용수철의 길이(cm)	15	19	23	……

추를 한 개 더 매달 때마다 용수철의 길이는 4 cm씩
늘어남을 알 수 있습니다.
추를 매달기 전 용수철의 길이를 식으로 나타내면
15−4입니다.
추를 12개 매달았을 때 용수철의 길이를 알아보려면
추를 매달기 전 용수철의 길이와 늘어난 길이를 더하
면 됩니다.
따라서 추를 12개 매달았을 때 용수철의 길이는
$(15-4)+12\times4=11+12\times4$
$\qquad\qquad\qquad\qquad =11+48=59\,(cm)$입니다.

04 색 테이프 11장을 3 cm씩 겹치게 이어 붙이면 겹쳐
진 부분은 $11-1=10$(군데)입니다. 이어 붙인 색 테
이프의 긴 변의 길이는 $36\times11-3\times10$ (cm)이고,
짧은 변의 길이는 12 cm입니다.
이어 붙인 색 테이프 전체의 네 변은 긴 변이 2개, 짧
은 변이 2개입니다.
따라서 이어 붙인 색 테이프 전체의 네 변의 길이의
합은
$(36\times11-3\times10)\times2+12\times2$
$=(396-30)\times2+12\times2$
$=366\times2+12\times2$
$=732+12\times2$
$=732+24$
$=756\,(cm)$
입니다.

05 계산 결과가 가장 크려면 가장 큰 수를 곱하고 가장
작은 수로 나누어야 하므로 27에 8을 곱하고 3으로
나누어 준 후 7을 더합니다.
➡ $27\times8\div3+7=216\div3+7=72+7=79$

06 곰 인형 한 개를 팔 때 얻는 이익은
(곰 인형 1개를 판매한 금액)−(곰 인형 1개를 구입
한 금액)이므로 $9600\div8-16200\div18$(원)입니다.
혜민이네 가게에서 판 곰 인형의 수를 □개라 하고 하
나의 식으로 나타내면
$\square\times(9600\div8-16200\div18)=60000$입니다.

$\square \times (1200-900)=60000$, $\square \times 300=60000$,
$\square=60000 \div 300=200$입니다.
따라서 혜민이네 가게에서 판 곰 인형의 수는 200개
이고 한 상자에 곰 인형이 8개씩 들어가므로 혜민이네
가게에서 판 곰 인형은 $200 \div 8=25$(상자)입니다.

07 $(16+5) \times 8 \div 4-6=21 \times 8 \div 4-6$
$\qquad\qquad\qquad\quad =168 \div 4-6$
$\qquad\qquad\qquad\quad =42-6=36$
$80-(3+2) \times 8=80-5 \times 8$
$\qquad\qquad\qquad =80-40=40$
➡ $36<\square<40$에서 $\square$ 안에 들어갈 수 있는 자연수
는 37, 38, 39이므로 이 중 가장 큰 수는 39, 가
장 작은 수는 37입니다.
따라서 $\square$ 안에 들어갈 수 있는 가장 큰 자연수와 가
장 작은 자연수의 합은 $39+37=76$입니다.

08 3월은 31일까지 있으므로 요구르트의 값이 오르지 않
았다면 3월 한 달 동안 내야 하는 요구르트의 값을 식
으로 나타내면 900×31이고, 가격이 올라서 추가로
더 낸 요구르트의 값을 식으로 나타내면
$28500-900 \times 31$입니다.
요구르트 한 개는 900원에서 950원으로 가격이 올랐
으므로 오른 금액을 식으로 나타내면 $950-900$입니다.
요구르트의 값이 오른 후 요구르트를 배달 받은 날수
는 가격이 올라서 추가로 더 낸 요구르트의 값을 오른
금액으로 나누면 되므로
$(28500-900 \times 31) \div (950-900)$
$=(28500-27900) \div (950-900)$
$=600 \div 50=12$(일)입니다.
따라서 요구르트의 값이 오르기 전까지 태우네 집에
서 요구르트를 배달 받은 날수는 $31-12=19$(일)이
므로 요구르트의 값이 오른 날은 3월 20일입니다.

09 1시간은 60분이므로 4시간 10분은
$240+10=250$(분)입니다.
기차를 탄 시간이 자전거를 탄 시간보다 200분 더 걸

렸으므로 자전거를 탄 시간을 $\square$분이라고 하면
$(\square+200)+\square=250$, $\square=25$입니다.
즉, 자전거를 타고 간 시간은 25분이고, 기차를 탄 시
간은 $200+25$(분)입니다. 기차는 15분에 32 km를
가므로 기차로 이동한 거리는
$(200+25) \div 15 \times 32$ (km)
$=(200+25) \div 15 \times 32 \times 1000$ (m)입니다.
자전거를 타고 간 시간은 25분이므로 자전거로 이동
한 거리는 25×250 (m)입니다.
(서울역~숙소까지 재석이가 이동한 거리)
$=$(기차로 이동한 거리)$+$(자전거로 이동한 거리)
$=(200+25) \div 15 \times 32 \times 1000+25 \times 250$
$=225 \div 15 \times 32 \times 1000+25 \times 250$
$=480000+6250$
$=486250$ (m)
따라서 서울역에서 숙소까지 재석이가 이동한 거리는
486250 m $=486$ km 250 m입니다.

LEVEL 종합   20~22쪽

01 식 $32-(21+17-9)=3$ 답 3 cm
02 3개   **03** 199   **04** $69-6 \times (7+2)=15$
05 식 $2000-(70 \times 5+61 \times 12+79 \times 8)=286$
    답 286킬로칼로리
06 50봉지
07 식 $600-(72 \div 3) \times 6 \times 4=24$ 답 24개
08 53개   **09** 16, 6   **10** $\times$, $-$, $\div$, $+$
11 20   **12** 14750 m   **13** 38명

01 겹치게 이어 붙인 파란색 리본의 길이는
$21+17-9$ (cm)이고 빨간색 리본의 길이는
32 cm입니다.
빨간색 리본의 길이가 이어 붙인 파란색 리본의 길이
보다 얼마나 더 긴지 알아보려면 빨간색 리본의 길이
에서 이어 붙인 파란색 리본의 길이를 빼면 됩니다.
따라서 빨간색 리본의 길이는 이어 붙인 파란색 리본의
길이보다 $32-(21+17-9)=32-29=3$ (cm)
더 깁니다.

02 $28 \times 6 \div 12 = 14$이므로 $14 > 96 \div 24 \times \square$,
$14 > 4 \times \square$입니다.
따라서 $\square$ 안에 들어갈 수 있는 자연수는 1, 2, 3이므로 모두 3개입니다.

03 $10 \copyright 19 = 19 - 10 + 10 \times 19$
$\qquad = 19 - 10 + 190$
$\qquad = 9 + 190$
$\qquad = 199$

04 $(69 - 6) \times 7 + 2 = 63 \times 7 + 2 = 441 + 2 = 443 \; (\times)$
$(69 - 6 \times 7) + 2 = (69 - 42) + 2 = 27 + 2 = 29 \; (\times)$
$69 - (6 \times 7) + 2 = 69 - 42 + 2 = 27 + 2 = 29 \; (\times)$
$69 - (6 \times 7 + 2) = 69 - (42 + 2) = 69 - 44 = 25 \; (\times)$
$69 - 6 \times (7 + 2) = 69 - 6 \times 9 = 69 - 54 = 15 \; (\bigcirc)$

05 도영이가 이번 주에 소모한 운동별 열량을 식으로 나타내면 다음과 같습니다.
등산 50분: 70×5
달리기 2시간: 61×12
수영 1시간 20분: 79×8
도영이가 이번 주에 더 소모해야 되는 열량을 알아보려면 2000킬로칼로리에서 이번 주에 소모한 운동별 열량의 합을 빼면 됩니다.
따라서 도영이가 이번 주에 더 소모해야 되는 열량은
$2000 - (70 \times 5 + 61 \times 12 + 79 \times 8)$
$= 2000 - (350 + 732 + 632) = 286$(킬로칼로리)
입니다.

06 바게트 빵 한 개를 만드는 데 $1800 \div 6$(원)이 들고, 바게트 빵 한 개의 가격은 $2800 \div 4$(원)입니다.
준호네 빵집에서 바게트 빵을 한 개 팔 때 얻는 이익은 (바게트 빵 한 개의 가격)-(바게트 빵 한 개를 만드는 데 드는 비용)이므로 $2800 \div 4 - 1800 \div 6$(원)입니다.

준호네 빵집에서 판 바게트 빵을 $\square$봉지라 하고 식을 세우면
$\square \times 4 \times (2800 \div 4 - 1800 \div 6) = 80000$입니다.
$\square \times 4 \times (700 - 300) = 80000$,
$\square \times 4 \times 400 = 80000$,
$\square \times 4 = 80000 \div 400 = 200$,
$\square = 200 \div 4 = 50$
따라서 준호네 빵집에서 바게트 빵을 모두 50봉지 팔았습니다.

07 요리사 한 명이 3시간에 고기만두를 72개 만들 수 있으므로 요리사 한 명이 1시간에 만들 수 있는 고기만두는 $72 \div 3$(개)입니다.
요리사 6명이 4시간 동안 만든 고기만두의 수는 $(72 \div 3) \times 6 \times 4$(개)입니다.
따라서 고기만두가 600개 필요하므로 더 만들어야 하는 고기만두의 수는 600개에서 요리사 6명이 4시간 동안 만든 고기만두의 수를 빼면 됩니다.
따라서 더 만들어야 하는 고기만두의 수는
$600 - (72 \div 3) \times 6 \times 4 = 600 - 24 \times 6 \times 4$
$\qquad\qquad\qquad\qquad = 600 - 576 = 24$(개)
입니다.

08 타일이 늘어나는 순서대로 타일의 수를 표로 나타내면 다음과 같습니다.

순서	첫째	둘째	셋째	넷째
식	$5+4 \times$ $(1-1)$	$5+4 \times$ $(2-1)$	$5+4 \times$ $(3-1)$	$5+4 \times$ $(4-1)$
타일의 수 (개)	5	9	13	17

★째에 놓일 타일의 수를 하나의 식으로 나타내면 다음과 같습니다.
(★째에 놓일 타일의 수)$= 5 + 4 \times ($★$- 1)$(개)
따라서 열셋째에 놓일 타일은 모두
$5 + 4 \times (13 - 1) = 5 + 4 \times 12 = 5 + 48 = 53$(개)
입니다.

[다른 풀이]

타일이 늘어나는 순서대로 타일의 수를 다음과 같이 표로 나타낼 수도 있습니다.

순서	첫째	둘째	셋째	넷째
식	$1+4\times1$	$1+4\times2$	$1+4\times3$	$1+4\times4$
타일의 수 (개)	5	9	13	17

★째에 놓일 타일의 수를 하나의 식으로 나타내면 다음과 같습니다.

(★째에 놓일 타일의 수)$=1+4\times$★(개)

따라서 열셋째에 놓일 타일은 모두

$1+4\times13=1+52=53$(개)입니다.

09 세 장의 수 카드로 만들 수 있는 식을 모두 쓰고 계산해 봅니다.

- $120\div(3\times5)+8=16$
- $120\div(5\times3)+8=16$
- $120\div(8\times3)+5=10$
- $120\div(3\times8)+5=10$
- $120\div(5\times8)+3=6$
- $120\div(8\times5)+3=6$

따라서 $6<10<16$이므로 계산 결과가 가장 클 때의 값은 16이고, 가장 작을 때의 값은 6입니다.

10 $26\times(8-4)\div2+6=26\times4\div2+6$
$\qquad\qquad\qquad\quad=104\div2+6$
$\qquad\qquad\qquad\quad=52+6=58$

따라서 □ 안에 알맞은 기호를 차례대로 쓰면 ×, −, ÷, +입니다.

11 $10>㉮>㉣>㉯>㉰$이므로 ㉮, ㉯, ㉰, ㉣는 한 자리의 자연수입니다.

㉮$-$㉣$=3$을 만족하는 (㉮, ㉣)를 모두 찾으면
$(9, 6), (8, 5), (7, 4), (6, 3), (5, 2), (4, 1)$입니다.

- (㉮, ㉣)$=(9, 6)$인 경우: ㉮$\times$㉯$\times$㉰$\times$㉣$=168$에서 $9\times$㉯$\times$㉰$\times6=54\times$㉯$\times$㉰$=168$을 만족하는 자연수 ㉯, ㉰는 없습니다. ($\times$)
- (㉮, ㉣)$=(8, 5)$인 경우: ㉮$\times$㉯$\times$㉰$\times$㉣$=168$에서 $8\times$㉯$\times$㉰$\times5=40\times$㉯$\times$㉰$=168$을 만족하는 자연수 ㉯, ㉰는 없습니다. ($\times$)
- (㉮, ㉣)$=(7, 4)$인 경우: ㉮$\times$㉯$\times$㉰$\times$㉣$=168$에서 $7\times$㉯$\times$㉰$\times4=168$, $28\times$㉯$\times$㉰$=168$, ㉯$\times$㉰$=6$입니다. 이때 ㉣$=4$이므로 $10>㉮>㉣>㉯>㉰$를 만족하는 자연수 ㉯, ㉰는 3, 2입니다.
- (㉮, ㉣)$=(6, 3)$인 경우: ㉮$\times$㉯$\times$㉰$\times$㉣$=168$에서 $6\times$㉯$\times$㉰$\times3=18\times$㉯$\times$㉰$=168$을 만족하는 자연수 ㉯, ㉰는 없습니다. ($\times$)
- (㉮, ㉣)$=(5, 2)$인 경우: ㉮$\times$㉯$\times$㉰$\times$㉣$=168$에서 $5\times$㉯$\times$㉰$\times2=10\times$㉯$\times$㉰$=168$을 만족하는 자연수 ㉯, ㉰는 없습니다. ($\times$)
- (㉮, ㉣)$=(4, 1)$인 경우: ㉮$\times$㉯$\times$㉰$\times$㉣$=168$에서 $4\times$㉯$\times$㉰$\times1=4\times$㉯$\times$㉰$=168$이므로 ㉯$\times$㉰$=42$입니다. 이때 ㉣$=1$이므로 $10>㉮>㉣>㉯>㉰$를 만족하는 자연수 ㉯, ㉰는 없습니다. ($\times$)

따라서 ㉮$=7$, ㉯$=3$, ㉰$=2$, ㉣$=4$이므로
㉮$\times$㉯$-$㉰$\div$(㉣$-$㉰)$=7\times3-2\div(4-2)$
$\qquad\qquad\qquad\qquad\quad=21-2\div2=21-1$
$\qquad\qquad\qquad\qquad\quad=20$입니다.

12 $1\,km=1000\,m$이므로 KTX가 1시간 동안 달리는 거리는 $300\,km=300000\,m$입니다.

KTX가 1분 동안 달리는 거리는 KTX가 1시간 동안 달리는 거리를 60분으로 나누면 되므로 $300000\div60\,(m)$입니다.

KTX가 3분 동안 달리는 거리는 $300000\div60\times3\,(m)$이고, 터널의 길이는 KTX가 달리는 거리에서 KTX 전체 차량의 길이인 $250\,m$만큼 빼면 됩니다.

따라서 터널의 길이는

$300000\div60\times3-250=5000\times3-250$
$=15000-250=14750\,(m)$입니다.

3분 동안 달린 거리: $300000\div60\times3\,(m)$

13 인원수별 어린이 한 명당 박물관의 입장료는 다음과 같습니다.

1명~15명: 3500원

16명~30명: 3500−500(원)

30명이 넘는 인원: 3500−500−800(원)

유정이네 반에서 체험 학습 입장료로 낸 115100원에서 15명까지의 입장료와 16명부터 30명까지의 입장료를 뺀 후, 30명이 넘는 경우의 입장료로 나누면 유정이네 반 학생 수 중에서 30명이 넘는 인원수를 구할 수 있습니다.

① (유정이네 반에서 체험 학습 입장료로 낸 115100원에서 15명까지의 입장료와 16명부터 30명까지의 입장료를 뺀 금액)

$=115100-3500\times15-(3500-500)\times15$

$=115100-3500\times15-3000\times15$

$=115100-52500-3000\times15$

$=115100-52500-45000$

$=17600$(원)

② (30명이 넘는 경우의 입장료)

$=3500-500-800$

$=3000-800$

$=2200$(원)

따라서 어린이 박물관으로 체험 학습을 간 유정이네 반 학생 수 중에서 30명이 넘는 인원수는

①÷②$=17600\div2200=8$(명)입니다.

따라서 어린이 박물관으로 체험 학습을 간 유정이네 반 학생은 모두 $15+15+8=38$(명)입니다.

약수와 배수

2 단원

개념알기 개념 **1**   24쪽

1 4와 16, 7과 35   **2** 5가지

1 $4\times4=16$ ➡ 4는 16의 약수이고, 16은 4의 배수입니다.

$7\times5=35$ ➡ 7은 35의 약수이고, 35는 7의 배수입니다.

2 연필 36자루를 남김없이 똑같이 나누어야 하므로 36의 약수를 구합니다.

36의 약수는 1, 2, 3, 4, 6, 9, 12, 18, 36이고, 나누어 담는 필통이 5개보다 많으므로

36의 약수 중에서 5보다 큰 수를 찾으면 6, 9, 12, 18, 36입니다.

따라서 연필 36자루를 나누어 담을 수 있는 방법은 모두 5가지입니다.

개념 응용하기 응용 **1**   25쪽

25, 25, 49, 49, 49, 25, 24

1 3개   **2** 4개   **3** 5

1 28의 약수: 1, 2, 4, 7, 14, 28

➡ 두 자리 수: 14, 28

28의 배수: 28, 56, 84, 112……

➡ 두 자리 수: 28, 56, 84

따라서 □ 안에 들어갈 수 있는 28이 아닌 두 자리 수는 14, 56, 84로 모두 3개입니다.

2 만들 수 있는 세 자리 수는 456, 465, 546, 564, 645, 654입니다. 이 중에서 6의 배수는 456, 546, 564, 654로 모두 4개입니다.

3 주사위를 던져 나올 수 있는 눈의 수는 1, 2, 3, 4, 5, 6입니다. 이 중 3과 약수와 배수의 관계인 수는 1, 3, 6입니다. 여진이가 던져 나온 눈의 수는 3과 약수와 배수의 관계인 수가 아니므로 2, 4, 5 중 하나입니다. 따라서 이 중에서 홀수인 수이므로 여진이의 주사위 눈의 수는 5입니다.

개념알기 **개념 2**   26쪽

1 1, 2, 3, 4, 6, 8, 12, 24   **2** 나리

1 두 수의 공약수는 두 수의 최대공약수의 약수이므로 24의 약수를 구합니다.
$1 \times 24 = 24$, $2 \times 12 = 24$, $3 \times 8 = 24$, $4 \times 6 = 24$
이므로 24의 약수는 1, 2, 3, 4, 6, 8, 12, 24입니다.
따라서 두 수의 공약수는 1, 2, 3, 4, 6, 8, 12, 24입니다.

2 채연: $27 = 3 \times 3 \times 3$
　　　$63 = 3 \times 3 \times 7$
　　　➡ 최대공약수: $3 \times 3 = 9$
　　승호: $18 = 2 \times 3 \times 3$
　　　$45 = 3 \times 3 \times 5$
　　　➡ 최대공약수: $3 \times 3 = 9$
　　나리: $32 = 2 \times 2 \times 2 \times 2 \times 2$
　　　$72 = 2 \times 2 \times 2 \times 3 \times 3$
　　　➡ 최대공약수: $2 \times 2 \times 2 = 8$
따라서 두 수의 최대공약수가 나머지와 다른 사람은 나리입니다.

개념응용하기 응용 **2**   27쪽

56, 5, 70, 56, 70, 14, 14, 5, 7, 14, 7

1 3, 9　　　**2** 4　　　**3** 4개　　　**4** 24 cm

1 27의 약수: 1, 3, 9, 27
36의 약수: 1, 2, 3, 4, 6, 9, 12, 18, 36
➡ 27과 36의 공약수: 1, 3, 9
따라서 27과 36의 공약수 중에서 3의 배수는 3, 9입니다.

2
$$3 \overline{)\ 18\quad 45}$$
$$3 \overline{)\ \ \ 6\quad 15}$$
$$\quad\ \ 2\quad\ \ 5 \ \Rightarrow \text{최대공약수: } 3 \times 3 = 9$$
18과 45의 최대공약수는 9이고 두 수의 공약수는 최대공약수의 약수입니다.
18과 45의 공약수는 9의 약수인 1, 3, 9이므로 현서가 구한 합은 $1 + 3 + 9 = 13$입니다.
따라서 현서가 구한 합과 최대공약수의 차는 $13 - 9 = 4$입니다.

3 최대한 많은 바구니에 남김없이 똑같이 나누어 담으므로 바구니의 수는 24와 72의 최대공약수입니다.
$24 = 2 \times 2 \times 2 \times 3$, $72 = 2 \times 2 \times 2 \times 3 \times 3$이므로 최대공약수는 $2 \times 2 \times 2 \times 3 = 24$입니다.
(한 바구니에 담는 야구공의 수) $= 24 \div 24 = 1$(개)
(한 바구니에 담는 테니스공의 수) $= 72 \div 24 = 3$(개)
따라서 한 바구니에 담는 야구공과 테니스공의 수의 합은 $1 + 3 = 4$(개)입니다.

4 120과 168의 최대공약수를 구합니다.
[방법 1] $120 = 2 \times 2 \times 2 \times 3 \times 5$
　　　　$168 = 2 \times 2 \times 2 \times 3 \times 7$
　　　120의 곱셈식과 168의 곱셈식에 공통으로 들어 있는 곱셈식은 $2 \times 2 \times 2 \times 3$이므로 최대공약수는 $2 \times 2 \times 2 \times 3 = 24$입니다.

[방법 2]

$$
\begin{array}{r|rr}
2 & 120 & 168 \\ \hline
2 & 60 & 84 \\ \hline
2 & 30 & 42 \\ \hline
3 & 15 & 21 \\ \hline
& 5 & 7
\end{array}
$$
➡ 최대공약수: $2 \times 2 \times 2 \times 3 = 24$

따라서 가장 큰 정사각형 모양으로 잘랐을 때 한 변의 길이는 24 cm입니다.

개념알기 개념 3 28쪽

1 8 **2** 42군데

1 $24 \blacktriangle 36 =$ (24와 36의 최소공배수) $= 72$
$(24 \blacktriangle 36) \blacklozenge 80 = 72 \blacklozenge 80$
$\qquad\qquad\qquad = $ (72와 80의 최대공약수)
$\qquad\qquad\qquad = 8$

2 $6 = 2 \times 3$, $9 = 3 \times 3$이므로 6과 9의 최소공배수는 $2 \times 3 \times 3 = 18$입니다.
6과 9의 공배수는 최소공배수인 18의 배수와 같고, $360 \div 18 = 20$이므로 길의 한쪽에 처음부터 개나리와 벚꽃나무가 같이 심어지는 곳은 $20 + 1 = 21$(군데)입니다.
따라서 길의 양쪽에 개나리와 벚꽃나무가 같이 심어지는 곳은 $21 \times 2 = 42$(군데)입니다.

개념 응용하기 응용 3 29쪽

최대공약수, 20, 20, 60, 60, 60, 120, 180, 240, 180

1 3개 **2** 5월 18일 **3** 7번

1 (어떤 수)$\div 4 = \bullet \cdots 3$, (어떤 수)$\div 7 = \blacksquare \cdots 3$이므로 (어떤 수)$- 3$은 4와 7의 공배수입니다. 즉, 어떤 수는 4와 7의 공배수에 3을 더한 수입니다.

4와 7의 공배수: 28, 56, 84, 112……
➡ 어떤 수: $28 + 3 = 31$, $56 + 3 = 59$,
$\qquad\qquad 84 + 3 = 87$, $112 + 3 = 115$……
따라서 어떤 수 중 두 자리 수는 31, 59, 87로 모두 3개입니다.

2 동욱이가 다음번에 처음으로 테니스장과 수영장에 모두 가는 날은 4월 24일에서 6과 8의 최소공배수만큼 날이 지난 후입니다.
$6 = 2 \times 3$, $8 = 2 \times 2 \times 2$이므로 6과 8의 최소공배수는 $2 \times 3 \times 2 \times 2 = 24$이고, 4월은 30일까지 있습니다.
따라서 동욱이가 다음번에 처음으로 테니스장과 수영장에 모두 가는 날은 4월 24일에서 24일 후인 5월 18일입니다.

3 ㉮ 항공사의 비행기는 30분마다, ㉯ 항공사의 비행기는 40분마다 출발하므로 30과 40의 최소공배수만큼 시간이 지날 때마다 ㉮와 ㉯ 항공사의 비행기는 동시에 출발합니다.

$$
\begin{array}{r|rr}
2 & 30 & 40 \\ \hline
5 & 15 & 20 \\ \hline
& 3 & 4
\end{array}
$$
➡ 최소공배수: $2 \times 5 \times 3 \times 4 = 120$

30과 40의 최소공배수는 120이고 120분 = 2시간이므로 두 비행기는 2시간마다 동시에 출발합니다.
따라서 4월 11일 오전 10시부터 오후 10시까지 ㉮와 ㉯ 항공사의 비행기가 동시에 출발하는 시각은 오전 10시, 낮 12시, 오후 2시, 오후 4시, 오후 6시, 오후 8시, 오후 10시로 모두 7번입니다.

LEVEL 1 30~31쪽

01 61, 67, 71, 73, 79 **02** 5번
03 72세 **04** 72 **05** 24그루
06 42 **07** 56, 112, 168 **08** 28개
09 7바퀴, 3바퀴

01 짝수는 2의 배수이므로 2로 나누어떨어집니다. 따라서 60부터 80까지의 자연수 중에서 짝수를 제외한 홀수는 61, 63, 65, 67, 69, 71, 73, 75, 77, 79이고 이 중에서 약수가 1과 자기 자신뿐인 수, 즉 소수는 61, 67, 71, 73, 79입니다.

02 오전 9시부터 13분 간격으로 출발하므로 13의 배수가 출발 시각이 됩니다.
따라서 출발 시각은 오전 9시, 오전 9시 13분, 오전 9시 26분, 오전 9시 39분, 오전 9시 52분으로 오전 10시까지 셔틀버스는 모두 5번 출발합니다.

03 같은 띠는 12년마다 돌아오고, 할아버지의 띠는 12살인 선종이와 같은 띠이므로 할아버지의 연세는 12의 배수입니다. 12의 배수는 12, 24, 36, 48, 60, 72, 84……이고 이 중 61보다 크고 73보다 작은 수는 72입니다. 따라서 할아버지의 연세는 72세입니다.

04 183과 99를 어떤 수로 나누면 나머지가 모두 3이 되므로 (183−3)과 (99−3)을 어떤 수로 나누면 나누어떨어집니다. 즉, 어떤 수는 180과 96의 공약수이므로 두 수의 최대공약수의 약수 중에서 3보다 큰 수를 구해 봅니다.

$$
\begin{array}{r|ll}
2 & 180 & 96 \\
\hline
2 & 90 & 48 \\
\hline
3 & 45 & 24 \\
\hline
 & 15 & 8
\end{array}
$$
➡ 최대공약수: $2 \times 2 \times 3 = 12$

180과 96의 최대공약수는 12이고 12의 약수는 1, 2, 3, 4, 6, 12이므로 어떤 수는 12의 약수 중에서 나머지 3보다 큰 수인 4, 6, 12입니다.
따라서 어떤 수 중에서 가장 큰 수는 12이고, 두 번째로 큰 수는 6이므로 두 수의 곱은 $12 \times 6 = 72$입니다.

05 나무를 될 수 있는 대로 적게 심어야 하므로 나무와 나무 사이의 간격은 105 m와 75 m의 최대공약수인 15 m 간격으로 심습니다.
밭의 테두리의 길이는
$105 + 75 + 105 + 75 = 360$ (m)이고 네 모퉁이에는 반드시 나무를 심어야 하므로 $360 \div 15 = 24$에서 나무는 모두 24그루 필요합니다.

06 가$= \bigcirc \times \bigcirc \times \triangle \times 5$, 나$= \bigcirc \times \triangle \times 7$이므로 가와 나의 최소공배수는 $\bigcirc \times \bigcirc \times \triangle \times 5 \times 7$입니다.
두 수의 최소공배수가 420이므로
$\bigcirc \times \bigcirc \times \triangle \times 5 \times 7 = 420$,
$\bigcirc \times \bigcirc \times \triangle \times 35 = 420$,
$\bigcirc \times \bigcirc \times \triangle = 12 = 2 \times 2 \times 3$입니다.
따라서 $\bigcirc$는 2, $\triangle$는 3이므로
나$= \bigcirc \times \triangle \times 7 = 2 \times 3 \times 7 = 42$입니다.

07 장구의 채편과 북편을 동시에 치는 수는 8과 14의 공배수입니다. 두 수의 공배수는 두 수의 최소공배수의 배수와 같으므로 8과 14의 최소공배수를 구합니다.

$$
\begin{array}{r|ll}
2 & 8 & 14 \\
\hline
 & 4 & 7
\end{array}
$$
➡ 최소공배수: $2 \times 4 \times 7 = 56$

따라서 1부터 200까지의 수 중 장구의 채편과 북편을 동시에 치는 수는 56, 112, 168입니다.

08 직사각형 모양의 타일을 겹치지 않게 빈틈없이 붙여 가장 작은 정사각형 모양을 만들어야 하므로 정사각형의 한 변의 길이는 직사각형 모양의 타일의 가로와 세로의 최소공배수입니다.

$$
\begin{array}{r|ll}
2 & 16 & 28 \\
\hline
2 & 8 & 14 \\
\hline
 & 4 & 7
\end{array}
$$
➡ 최소공배수: $2 \times 2 \times 4 \times 7 = 112$

만들 수 있는 가장 작은 정사각형의 한 변의 길이는 112 cm이므로 직사각형 모양의 타일을 가로로 $112 \div 16 = 7$(개), 세로로 $112 \div 28 = 4$(개)씩 놓아야 합니다.
따라서 타일은 모두 $7 \times 4 = 28$(개) 필요합니다.

09 톱니의 수가 다른 두 톱니바퀴가 처음 맞물렸던 곳에서 다시 만나려면 두 톱니바퀴의 톱니의 수의 최소공배수만큼 맞물려야 합니다.

$$5 \underline{)\ 15\ \ 35}$$
$$\qquad 3\ \ \ 7 \quad \Rightarrow \text{최소공배수}: 5 \times 3 \times 7 = 105$$

따라서 두 톱니바퀴의 톱니가 최소 105개 맞물려야 처음 맞물렸던 곳에서 다시 만나므로 톱니바퀴 ㉠는 $105 \div 15 = 7$(바퀴), 톱니바퀴 ㉡는 $105 \div 35 = 3$(바퀴) 돌아야 합니다.

LEVEL 2 32~33쪽

01 90개	**02** 80	**03** 4개	**04** 54명
05 4개, 3개, 5개		**06** 660년 후	
07 낮 12시	**08** 63번	**09** 10바퀴	

01 1에서 180까지의 자연수 중에서 3의 배수는 $180 \div 3 = 60$(개)이고 4의 배수는 $180 \div 4 = 45$(개)입니다.
3의 배수이면서 4의 배수인 수는 3과 4의 최소공배수인 12의 배수이고, 12의 배수는 $180 \div 12 = 15$(개)입니다.
따라서 1에서 180까지의 자연수 중에서 3의 배수도 아니고 4의 배수도 아닌 수는
$180 - (60 + 45 - 15) = 180 - 90 = 90$(개)입니다.

02 그림 안의 두 수가 약수와 배수의 관계이므로 ㉠는 23의 배수, ㉡는 96의 약수입니다.

㉠가 될 수 있는 수는 23의 배수 중 두 자리 수이므로 $23 \times 1 = 23$, $23 \times 2 = 46$, $23 \times 3 = 69$, $23 \times 4 = 92$입니다. ㉡가 될 수 있는 수는 96의 약수인 1, 2, 3, 4, 6, 8, 12, 16, 24, 32, 48, 96 중에서 두 자리 수인 12, 16, 24, 32, 48, 96입니다.
이때 ㉠와 ㉡의 차가 가장 커야 하므로 ㉠가 가장 큰 수이고 ㉡가 가장 작은 수일 때와 ㉠가 가장 작은 수이고 ㉡가 가장 큰 수일 때의 차를 비교해 봅니다.
㉠ $= 92$, ㉡ $= 12$일 때: ㉠ $-$ ㉡ $= 92 - 12 = 80$
㉠ $= 23$, ㉡ $= 96$일 때: ㉡ $-$ ㉠ $= 96 - 23 = 73$
따라서 $80 > 73$이므로 ㉠와 ㉡의 차가 가장 클 때 두 수의 차는 80입니다.

03 16의 배수도 되고 20의 배수도 되므로 16과 20의 공배수입니다.

$$2 \underline{)\ 16\ \ 20}$$
$$2 \underline{)\ \ 8\ \ 10}$$
$$\qquad 4\ \ \ 5 \quad \Rightarrow \text{최소공배수}: 2 \times 2 \times 4 \times 5 = 80$$

16과 20의 공배수는 16과 20의 최소공배수의 배수이므로 80, 160, 240, 320, 400, 480, 560……입니다. 따라서 이 중에서 180보다 크고 500보다 작은 수는 240, 320, 400, 480이므로 모두 4개입니다.
[다른 풀이]
16의 배수도 되고 20의 배수도 되므로 16과 20의 공배수입니다. 16과 20의 공배수는 16과 20의 최소공배수인 80의 배수입니다.
1부터 180까지의 자연수 중에서 80의 배수의 개수: $180 \div 80 = 2 \cdots 20 \Rightarrow 2$개
1부터 499까지의 자연수 중에서 80의 배수의 개수: $499 \div 80 = 6 \cdots 19 \Rightarrow 6$개
따라서 180보다 크고 500보다 작은 자연수 중에서 80의 배수는 $6 - 2 = 4$(개)입니다.

04 자를 수 있는 정사각형의 한 변의 길이는 모눈종이의 가로와 세로 눈금 칸 수의 공약수입니다.
$54 = 2 \times 3 \times 3 \times 3$
$36 = 2 \times 2 \times 3 \times 3 \Rightarrow \text{최대공약수}: 2 \times 3 \times 3 = 18$

18 만점왕 수학 고난도 5-1

54와 36의 공약수는 54와 36의 최대공약수인 18의 약수이므로 1, 2, 3, 6, 9, 18입니다.

18의 약수 중 세 번째로 큰 것은 6이므로 자를 수 있는 세 번째로 큰 정사각형의 한 변의 길이는 모눈 6칸입니다.

따라서 모눈종이를 가로로 $54 \div 6 = 9$(등분), 세로로 $36 \div 6 = 6$(등분)하면 정사각형은 모두 $9 \times 6 = 54$(장) 만들 수 있으므로 54명의 친구에게 나누어 줄 수 있습니다.

05 64, 48, 80의 최대공약수를 구하면 다음과 같습니다.

$64 = 2 \times 2 \times 2 \times 2 \times 2 \times 2$

$48 = 2 \times 2 \times 2 \times 2 \times 3$

$80 = 2 \times 2 \times 2 \times 2 \times 5$

➡ 최대공약수: $2 \times 2 \times 2 \times 2 = 16$

따라서 최대 16명에게 나누어 줄 수 있고, 막대 사탕은 $64 \div 16 = 4$(개), 초콜릿은 $48 \div 16 = 3$(개), 젤리는 $80 \div 16 = 5$(개)씩 똑같이 나누어 줄 수 있습니다.

[다른 풀이]

세 수의 최대공약수를 구할 때는 세 수를 동시에 공약수로 나누어 더 이상 나눌 수 없을 때까지 계산한 후 공약수(나눈 수)를 모두 곱합니다.

```
2 ) 64  48  80
2 ) 32  24  40
2 ) 16  12  20
2 )  8   6  10
     4   3   5
```

➡ 최대공약수: $2 \times 2 \times 2 \times 2 = 16$

따라서 최대 16명에게 똑같이 나누어 줄 수 있고, 막대 사탕은 $64 \div 16 = 4$(개), 초콜릿은 $48 \div 16 = 3$(개), 젤리는 $80 \div 16 = 5$(개)씩 나누어 줄 수 있습니다.

06 목성의 공전주기는 12년이고 해왕성의 공전주기는 165년이므로 태양, 목성, 해왕성이 일직선을 이룬 때로부터 다시 같은 순서로 일직선을 이루는 때는 12와 165의 최소공배수만큼 지난 후입니다.

```
3 ) 12  165
     4   55
```
➡ 최소공배수: $3 \times 4 \times 55 = 660$

따라서 태양, 목성, 해왕성이 다시 같은 순서로 일직선을 이루는 때는 660년 후입니다.

07 30과 24의 최소공배수를 구합니다.

```
2 ) 30  24
3 ) 15  12
     5   4
```
➡ 최소공배수: $2 \times 3 \times 5 \times 4 = 120$

두 문제집은 30과 24의 최소공배수인 120분마다 동시에 인쇄합니다.

따라서 다음번에 처음으로 두 문제집을 동시에 인쇄하는 시각은 오전 10시에서 120분, 즉 2시간 후인 낮 12시입니다.

08 재경이는 검은 바둑돌 3개, 흰 바둑돌 1개로 4개씩 반복되는 규칙에 따라 놓고 있고, 샛별이는 검은 바둑돌 4개, 흰 바둑돌 2개로 6개씩 반복되는 규칙에 따라 놓고 있습니다.

따라서 재경이과 샛별이가 동시에 규칙이 시작되는 것은 4와 6의 최소공배수인 12의 배수 자리입니다. 12개씩 규칙이 반복될 때마다 동시에 다른 색 바둑돌을 놓는 경우는 5번입니다.

[재경] ●●●○●●●○●●●○……

[샛별] ●●●●○○●●●●○○……

따라서 $150 \div 12 = 12 \cdots 6$이므로 바둑돌 150개를 놓을 때 같은 자리에 다른 색 바둑돌을 놓는 경우는 모두 $5 \times 12 + 3 = 63$(번)입니다.

09 40, 50, 60의 최소공배수를 구합니다.

$40 = 2 \times 2 \times 2 \times 5$

$50 = 2 \times 5 \times 5$

$60 = 2 \times 2 \times 3 \times 5$

➡ 최소공배수: $2 \times 2 \times 2 \times 3 \times 5 \times 5 = 600$

따라서 세 사람이 다시 처음으로 출발점에서 만나는 것은 600초 후이므로 해인이가 호수를 $600 \div 60 = 10$(바퀴) 돈 후입니다.

[다른 풀이]

세 수의 최소공배수를 구할 때는 두 수 또는 세 수를 공약수로 나누어 더 이상 나눌 수 없을 때까지 계산한 후, 공약수(나눈 수)와 밑에 남은 몫을 모두 곱합니다.

$$\begin{array}{r}
2\ )\ \underline{40\ \ 50\ \ 60} \\
5\ )\ \underline{20\ \ 25\ \ 30} \\
2\ )\ \underline{4\ \ \ \ 5\ \ \ \ 6} \\
2\ \ \ \ 5\ \ \ \ 3
\end{array}$$

➡ 최소공배수: $2 \times 5 \times 2 \times 2 \times 5 \times 3 = 600$

따라서 세 사람이 다시 처음으로 출발점에서 만나는 것은 600초 후이므로 해인이가 호수를 $600 \div 60 = 10$(바퀴) 돈 후입니다.

LEVEL 3 `34~35쪽`

01 5가지 **02** 49350

03 1, 2, 3, 4, 6, 12 **04** 173 g

05 9개 **06** 45송이, 45송이

07 오전 11시 28분 **08** 96일 후

---

01 (가로에 놓이는 타일 수) × (세로에 놓이는 타일 수) $=36$을 만족해야 합니다.

36의 약수: 1, 2, 3, 4, 6, 9, 12, 18, 36이므로 36을 두 수의 곱으로 나타내면 다음과 같습니다.

$1 \times 36 = 36$, $2 \times 18 = 36$, $3 \times 12 = 36$,
$4 \times 9 = 36$, $6 \times 6 = 36$, $9 \times 4 = 36$, $12 \times 3 = 36$,
$18 \times 2 = 36$, $36 \times 1 = 36$

이때 $1 \times 36 = 36$과 $36 \times 1 = 36$, $2 \times 18 = 36$과 $18 \times 2 = 36$, $3 \times 12 = 36$과 $12 \times 3 = 36$, $4 \times 9 = 36$과 $9 \times 4 = 36$은 같은 경우로 봅니다.

따라서 서로 다른 직사각형 모양을 5가지 만들 수 있습니다.

---

02 지성이네 집 비밀번호를 4㉠35㉡이라고 하면 5의 배수는 일의 자리 숫자가 0 또는 5인 수이므로 ㉡은 0 또는 5입니다.

즉, 구하려는 비밀번호 다섯 자리 수는 4㉠350 또는 4㉠355입니다.

3의 배수는 각 자리 숫자의 합이 3의 배수이어야 합니다.

- 4㉠350일 때: $4+㉠+3+5+0=12+㉠$은 3의 배수이므로 ㉠$=0, 3, 6, 9$입니다.
  ➡ 40350, 43350, 46350, 49350

- 4㉠355일 때: $4+㉠+3+5+5=17+㉠$은 3의 배수이므로 ㉠$=1, 4, 7$입니다.
  ➡ 41355, 44355, 47355

따라서 이 중 가장 큰 수는 49350이므로 지성이네 집 비밀번호는 49350입니다.

[참고]
3의 배수는 각 자리 숫자의 합이 3의 배수이어야 합니다.

---

03 어떤 두 수의 최대공약수를 □라 하고 어떤 두 수를 □×㉠, □×㉡이라고 하면 두 수의 최소공배수가 72이므로 □×㉠×㉡$=72$입니다.

두 수의 곱이 864이므로 □×㉠×□×㉡$=864$, □×$72=864$, □$=864 \div 72 = 12$입니다.

따라서 어떤 두 수의 최대공약수는 12이므로 공약수는 12의 약수인 1, 2, 3, 4, 6, 12입니다.

---

04 사탕을 최대한 많은 상자에 남김없이 똑같이 나누어 담을 때 몇 개의 상자에 나누어 담게 되는지 구하려면 126, 144, 162의 최대공약수를 구해야 합니다.

$126 = 2 \times 3 \times 3 \times 7$, $144 = 2 \times 3 \times 3 \times 8$,
$162 = 2 \times 3 \times 3 \times 9$

➡ 최대공약수: $2 \times 3 \times 3 = 18$

사탕을 최대한 많은 상자에 남김없이 똑같이 담으려면 18개의 상자에 나누어 담아야 합니다.

➡ (한 상자에 담는 딸기 맛 사탕의 수)
 $= 126 \div 18 = 7$(개)

➡ (한 상자에 담는 초콜릿 맛 사탕의 수)
　＝144÷18＝8(개)
➡ (한 상자에 담는 딸기 맛 사탕의 수)
　＝162÷18＝9(개)
따라서 한 상자에 담는 사탕의 무게는
$9 \times 7 + 7 \times 8 + 6 \times 9 = 63 + 56 + 54 = 173$ (g)입니다.
[다른 풀이]
세 수의 최대공약수를 구할 때는 세 수를 동시에 공약수로 나누어 더 이상 나눌 수 없을 때까지 계산한 후 공약수(나눈 수)를 모두 곱합니다.

```
3) 126  144  162
6)  42   48   54
     7    8    9
```
➡ 최대공약수: $3 \times 6 = 18$

따라서 한 상자에 담는 사탕의 무게는
$9 \times 7 + 7 \times 8 + 6 \times 9 = 63 + 56 + 54 = 173$ (g)입니다.

05 빨간색 구슬은 4개가 부족하고, 파란색 구슬은 3개가 남고, 노란색 구슬은 6개가 부족하므로 만들려고 했던 팔찌의 수는 $41 + 4 = 45$, $66 - 3 = 63$, $75 + 6 = 81$의 공약수 중에서 6보다 큰 수입니다.
$45 = 3 \times 3 \times 5$, $63 = 3 \times 3 \times 7$,
$81 = 3 \times 3 \times 3 \times 3$
➡ 최대공약수: $3 \times 3 = 9$
45, 63, 81의 공약수는 최대공약수인 9의 약수이므로 1, 3, 9이고 이 중 6보다 큰 수는 9입니다.
따라서 이 공방에서는 팔찌를 9개 만들려고 하였습니다.
[다른 풀이]
세 수의 최대공약수를 구할 때는 세 수를 동시에 공약수로 나누어 더 이상 나눌 수 없을 때까지 계산한 후 공약수(나눈 수)를 모두 곱합니다.

```
3) 45  63  81
3) 15  21  27
    5   7   9
```
➡ 최대공약수: $3 \times 3 = 9$

45, 63, 81의 공약수는 최대공약수인 9의 약수이므로 1, 3, 9이고 이 중 6보다 큰 수는 9입니다.
따라서 이 공방에서는 팔찌를 9개 만들려고 하였습니다.

06 장미는 8 m, 튤립은 6 m 간격으로 심으므로 8 m와 6 m의 최소공배수인 간격마다 두 꽃이 겹쳐집니다. 이때는 장미만 심습니다.

```
2) 8  6
   4  3
```
➡ 최소공배수: $2 \times 4 \times 3 = 24$

장미와 튤립이 겹쳐지는 곳이어서 장미만 심게 되는 곳은 $360 \div 24 = 15$(군데)입니다.
따라서 장미는 연못 전체에 $360 \div 8 = 45$(송이)를 심고, 튤립은 $360 \div 6 = 60$(송이)에서 겹쳐지는 15송이를 빼면 $60 - 15 = 45$(송이)를 심게 됩니다.

07 오전 10시 이후에 두 버스가 새롬이네 집 앞 버스 정류장에 도착하는 시각은 '서울01'번 버스가 오전 10시 4분, '서울15'번 버스가 오전 10시 7분입니다.
배차 간격이 '서울01'번 버스는 12분, '서울15'번 버스는 9분이므로 두 버스가 새롬이네 버스 정류장에 동시에 도착하는 시각을 그림으로 나타내면 다음과 같습니다.

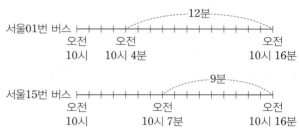

새롬이네 집 앞 버스 정류장에 두 버스가 오전 10시 16분에 동시에 도착한 후 두 버스의 배차 간격의 최소공배수만큼 시간이 지날 때마다 동시에 도착합니다.

```
3) 12  9
    4  3
```
➡ 최소공배수: $3 \times 4 \times 3 = 36$

12, 9의 최소공배수가 36이므로 두 버스는 10시 16분에 동시에 새롬이네 집 앞 버스 정류장에 도착한 후 36분마다 동시에 새롬이네 집 앞 버스 정류장에 도착합니다. 즉, 두 버스는 오전 10시 16분, 오전 10시 52분, 오전 11시 28분, 오후 12시 4분……에 동시에 새롬이네 집 앞 버스 정류장에 도착합니다.

따라서 두 버스가 오전 10시 이후 세 번째로 동시에 새롬이네 집 앞 버스 정류장에 도착하는 시각은 오전 11시 28분입니다.

08 12, 8, 6의 최소공배수를 구합니다.
12의 배수: 12, 24, 36, 48……
8의 배수: 8, 16, 24, 32, 40, 48……
6의 배수: 6, 12, 18, 24, 30, 36, 42, 48……
➡ 최소공배수: 24
준규는 12일마다, 재현이는 8일마다, 현진이는 6일마다 줄넘기를 하므로 세 사람이 모두 24일마다 줄넘기를 합니다.
따라서 오늘 이후 네 번째로 세 사람이 모두 줄넘기를 하는 날은 $24 \times 4 = 96$(일) 후입니다.
[다른 풀이]
세 수의 최소공배수를 구할 때는 두 수 또는 세 수를 공약수로 나누어 더 이상 나눌 수 없을 때까지 계산한 후, 공약수(나눈 수)와 밑에 남은 몫을 모두 곱합니다.

$$
\begin{array}{r|l}
2 & 12\ 8\ 6 \\ \hline
2 & 6\ 4\ 3 \\ \hline
3 & 3\ 2\ 3 \\ \hline
& 1\ 2\ 1
\end{array}
$$

➡ 최소공배수: $2 \times 2 \times 3 \times 1 \times 2 \times 1 = 24$
따라서 오늘 이후 네 번째로 세 사람이 모두 줄넘기를 하는 날은 $24 \times 4 = 96$(일) 후입니다.

LEVEL 4

36~37쪽

01 24개	**02** 7개	**03** 84
04 2	**05** 9000원	**06** 120초
07 126000원	**08** 240일 후	

01 조건을 1가지씩 따져 보며 네 자리 수 □□□□를 구해 봅니다.

· 일의 자리 숫자는 6입니다. ➡ □□□6
· 각 자리 숫자는 0이 아닌 서로 다른 수입니다.
➡ □□□6의 □ 안에 들어갈 수 있는 수는 서로 다른 세 수입니다.
· 각 자리 숫자 중 짝수는 1개입니다.
➡ □□□6의 □ 안에 들어갈 수 있는 수는 1, 3, 5, 7, 9입니다.
· 3의 배수입니다.
➡ 각 자리 숫자의 합이 3의 배수인 15, 18, 21, 24, 27이 될 수 있습니다.
□□□6의 □ 안에 들어갈 세 수의 합은 $15-6=9$, $18-6=12$, $21-6=15$, $24-6=18$, $27-6=21$입니다.
이때 1, 3, 5, 7, 9 중 서로 다른 세 수의 합이 9, 12, 15, 18, 21이 되는 경우는 (1, 3, 5), (1, 5, 9), (3, 5, 7), (5, 7, 9)입니다.
따라서 조건에 맞는 네 자리 수는
1356, 1536, 3156, 3516, 5136, 5316,
1596, 1956, 5196, 5916, 9156, 9516,
3576, 3756, 5376, 5736, 7356, 7536,
5796, 5976, 7596, 7956, 9576, 9756
으로 모두 24개입니다.

02

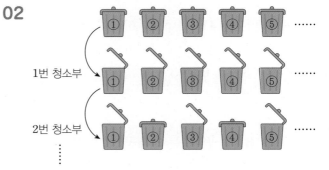

각 쓰레기통의 약수의 개수만큼 덮개가 열렸다가 닫혔다가 하는 것을 알 수 있습니다.
예를 들어 8번 쓰레기통의 경우 약수가 1, 2, 4, 8이므로 1번 청소부가 열고 2번 청소부가 닫고 4번 청소부가 열고 8번 청소부가 닫으므로 덮개가 닫혀 있음을 알 수 있습니다.
따라서 약수의 개수가 홀수인 쓰레기통만이 덮개가 열려 있음을 알 수 있습니다.

9의 약수는 1, 3, 9의 3개로 홀수입니다. $9=3\times3$
과 같이 같은 수의 곱으로 표현되는 수의 약수의 개수
는 홀수입니다.
1부터 50까지의 수 중에서 같은 수의 곱으로 표현되
는 수를 찾아보면 다음과 같습니다.
$1\times1=1$, $2\times2=4$, $3\times3=9$, $4\times4=16$,
$5\times5=25$, $6\times6=36$, $7\times7=49$
따라서 덮개가 열려 있는 쓰레기통의 수는 7개입니다.

03 세 수의 크기는 ㉮>㉯>㉰입니다.
㉮, ㉯의 최대공약수가 48이므로 다음과 같이 나타낼
수 있습니다.

$48\overline{)\ \text{㉮}\quad\text{㉯}}$
$\qquad\ \ \Box\quad\triangle$

이때 ㉮와 ㉯의 최소공배수가 288이므로
$48\times\Box\times\triangle=288$에서 $\Box\times\triangle=288\div48=6$
이므로 $\Box=6$, $\triangle=1$일 때와 $\Box=3$, $\triangle=2$일 때
로 나누어 생각해 봅니다.

• $\Box=6$, $\triangle=1$일 때, ㉮$=48\times6=288$,
㉯$=48\times1=48$입니다.

$12\overline{)\ 48\quad\text{㉰}}$
$\qquad\ \ 4\quad\bigstar$

㉯, ㉰의 최소공배수가 672이므로
$12\times4\times\bigstar=672$에서 $\bigstar=14$입니다.
➡ ㉰$=12\times14=168$
㉮$=288$, ㉯$=48$, ㉰$=168$이므로 ㉮>㉯>㉰
의 조건에 맞지 않습니다. (×)

• $\Box=3$, $\triangle=2$일 때, ㉮$=48\times3=144$,
㉯$=48\times2=96$입니다.

$12\overline{)\ 96\quad\text{㉰}}$
$\qquad\ \ 8\quad\bigstar$

㉯, ㉰의 최소공배수가 672이므로
$12\times8\times\bigstar=672$에서 $\bigstar=7$입니다.
➡ ㉰$=12\times7=84$
㉮$=144$, ㉯$=96$, ㉰$=84$이므로 ㉮>㉯>㉰의
조건에 맞습니다. (○)
따라서 ㉰$=84$입니다.

04 26, 13의 최대공약수가 13이고 13의 약수는 1, 13
으로 2개입니다. ➡ 26▲13$=2$
72, 32의 최대공약수가 8이고 8의 약수는 1, 2, 4, 8
로 4개입니다. ➡ 72▲32$=4$
240, 336의 최대공약수가 48이고 48의 약수는 1,
2, 3, 4, 6, 8, 12, 16, 24, 48로 10개입니다.
➡ 240▲336$=10$
(26▲13)$+$(72▲32)$\times$(㉠▲14)$=$(240▲336)
에서 $2+4\times$(㉠▲14)$=10$, $4\times$(㉠▲14)$=8$,
㉠▲14$=2$이므로 ㉠과 14의 공약수의 개수는 2개
입니다.
따라서 ㉠과 14의 최대공약수는 2 또는 7이고 이 중에
서 ㉠은 1보다 크고 5보다 작은 자연수이므로 2입니다.

05 500원짜리 동전이 5개 부족하므로 필요한 500원짜
리 동전은 $49+5=54$(개)이고, 100원짜리 동전이
4개 남으므로 필요한 100원짜리 동전은
$94-4=90$(개)입니다.
따라서 45, 54, 90의 최대공약수를 구해야 합니다.
$45=3\times3\times5$
$54=2\times3\times3\times3$
$90=2\times3\times3\times5$
➡ 최대공약수: $3\times3=9$
따라서 알뜰시장 수익금을 9명에게 똑같이 나누어 주
려고 했고, 한 사람에게 나누어 주려고 했던 금액은
$1000\times(45\div9)+500\times(54\div9)+100\times(90\div9)$
$=9000$(원)입니다.

[다른 풀이]
세 수의 최대공약수를 구할 때는 세 수를 동시에 공약
수로 나누어 더 이상 나눌 수 없을 때까지 계산한 후,
공약수(나눈 수)를 모두 곱합니다.

$3\overline{)\ 45\quad54\quad90}$
$3\overline{)\ 15\quad18\quad30}$
$\qquad\ 5\quad\ \ 6\quad10$ ➡ 최대공약수: $3\times3=9$

따라서 알뜰시장 수익금을 9명에게 똑같이 나누어 주
려고 했고, 한 사람에게 나누어 주려고 했던 금액은
$1000\times(45\div9)+500\times(54\div9)+100\times(90\div9)$
$=9000$(원)입니다.

06 전구가 켜진 1초를 ●로, 꺼진 1초를 ○로 나타내면 다음과 같습니다.

[빨간색 전구] ●●●●○○●●●●○○●●●●○○ ……

[초록색 전구] ●●●○○○○○●●●○○○○○●●● ……
○○○○ ……

[노란색 전구] ●●●●●○○○○○●●●●●○○○○○ ……
……

빨간색 전구는 4초 동안 켜졌다가 2초 동안 꺼지므로
4+2=6(초)마다 다시 켜지고,
초록색 전구는 3초 동안 켜졌다가 5초 동안 꺼지므로
3+5=8(초)마다 다시 켜지고,
노란색 전구는 5초 동안 켜졌다가 5초 동안 꺼지므로
5+5=10(초)마다 다시 켜집니다.
다음번에 처음으로 세 전구가 모두 꺼져 있다가 동시에 켜지는 때는 6초, 8초, 10초의 최소공배수만큼 시간이 지난 후입니다.

$$2)\underline{6810}$$
$$345 \Rightarrow \text{최소공배수: } 2\times3\times4\times5=120$$

따라서 다음번에 처음으로 세 전구가 모두 꺼져 있다가 동시에 켜지는 때는 지금부터 120초 후입니다.

07 서환이는 크림빵과 도넛을 같은 개수만큼 샀으므로 가지고 있던 돈은 500+900=1400의 배수입니다.
효정이는 크림빵과 도넛을 각각 같은 금액만큼 샀으므로 크림빵과 도넛을 500과 900의 최소공배수인 4500의 배수만큼씩 샀습니다. 그러므로 효정이가 가지고 있던 돈은 4500+4500=9000의 배수입니다.
서환이가 가지고 있던 돈은 효정이가 가지고 있던 돈의 2배이므로 1400과 9000의 최소공배수, 즉 63000의 공배수인 63000, 126000, 189000…… 중에서 150000보다 작은 63000, 126000입니다.
서환이가 가지고 있던 돈을 63000원이라고 하면 효정이가 가지고 있던 돈은 31500원이므로 9000의 배수가 되지 않습니다. (×)
서환이가 가지고 있던 돈을 126000원이라고 하면 효정이가 가지고 있던 돈은 63000원으로 9000의 배수가 됩니다. (○)
따라서 서환이가 가지고 있던 돈은 126000원입니다.

08 세 친구의 집에서 모두 우유를 배달 받는 날은 8일, 5일, 6일의 공배수만큼 날이 지난 후입니다.
8의 배수: 8, 16, 24, 32, 40……112, 120……
5의 배수: 5, 10, 15, 20, 25……115, 120……
6의 배수: 6, 12, 18, 24, 30……114, 120……
➡ 최소공배수: 120
120일마다 세 집 모두 우유를 배달 받습니다.
120÷7=17…1이므로 120일 후는 월요일에서 1일 후인 화요일입니다.
240÷7=34…2이므로 240일 후는 월요일에서 2일 후인 수요일입니다.
따라서 다음번에 처음으로 세 집 모두 우유를 배달 받는 날이 수요일인 날은 240일 후입니다.

[다른 풀이]
세 수의 최소공배수를 구할 때는 두 수 또는 세 수를 공약수로 나누어 더 이상 나눌 수 없을 때까지 계산한 후 공약수(나눈 수)와 밑에 남은 몫을 모두 곱합니다.

$$2)\underline{856}$$
$$453 \Rightarrow \text{최소공배수: } 2\times4\times5\times3=120$$

120일마다 세 집 모두 우유를 배달 받습니다.
120÷7=17…1이므로 120일 후는 월요일에서 1일 후인 화요일입니다.
240÷7=34…2이므로 240일 후는 월요일에서 2일 후인 수요일입니다.
따라서 다음번에 처음으로 세 집 모두 우유를 배달 받는 날이 수요일인 날은 240일 후입니다.

LEVEL 종합   38~40쪽

01 30개	**02** 46살	**03** 24명	**04** 58
05 112200	**06** 32가지	**07** 12	
08 6권, 4자루, 5개		**09** 22가지	**10** 360
11 703	**12** 6일	**13** 9시 19분 12초	
14 12바퀴	**15** 201쪽		

01 $45600 \div 3 = 15200$이므로 45600은 3의 배수입니다.

3의 배수인 두 수를 더한 값도 3의 배수가 됩니다.

따라서 $45600 + \square$가 3의 배수가 되려면 $\square$도 3의 배수이어야 합니다.

1부터 99까지의 수 중 3의 배수의 개수:

$99 \div 3 = 33 \rightarrow$ 33개

1부터 9까지의 수 중 3의 배수의 개수:

$9 \div 3 = 3 \rightarrow$ 3개

따라서 10부터 99까지의 수 중 3의 배수는 $33 - 3 = 30$(개)이므로 $\square$ 안에 들어갈 수 있는 두 자리 수는 모두 30개입니다.

02 20보다 크고 60보다 작은 수 중에서 17의 배수는 34, 51이고 이 중에서 8을 더하여 6의 배수가 되는 수는 34입니다.

따라서 석진이의 형은 올해 34살이고 12년 후의 나이는 $34 + 12 = 46$(살)이 됩니다.

03 (초콜릿의 수)$= 24 \times 3 = 72$(개)

초콜릿 72개를 남김없이 똑같이 나누어야 하므로 72의 약수를 구합니다.

➡ 72의 약수: 1, 2, 3, 4, 6, 8, 9, 12, 18, 24, 36, 72

초콜릿을 30명보다 적은 친구들에게 나누어 주므로 72의 약수 중 30보다 작은 수를 찾으면 1, 2, 3, 4, 6, 8, 9, 12, 18, 24이고, 최대한 많은 친구들에게 나누어 주려고 하므로 이 중 가장 큰 수를 찾으면 24입니다.

따라서 초콜릿을 24명에게 나누어 줄 수 있습니다.

04 25부터 35까지 자연수의 약수를 모두 구하면 다음과 같습니다.

- 25의 약수: 1, 5, 25 ➡ $1 + 5 = 6$ (×)
- 26의 약수: 1, 2, 13, 26 ➡ $1 + 2 + 13 = 16$ (×)
- 27의 약수: 1, 3, 9, 27 ➡ $1 + 3 + 9 = 13$ (×)
- 28의 약수: 1, 2, 4, 7, 14, 28
  ➡ $1 + 2 + 4 + 7 + 14 = 28$ (완전수)
- 29의 약수: 1, 29 ➡ 1 (×)

- 30의 약수: 1, 2, 3, 5, 6, 10, 15, 30
  ➡ $1 + 3 + 5 + 6 + 15 = 30$ 또는
     $2 + 3 + 10 + 15 = 30$ 또는
     $5 + 10 + 15 = 30$ (반완전수)
- 31의 약수: 1, 31 ➡ 1 (×)
- 32의 약수: 1, 2, 4, 8, 16, 32
  ➡ $1 + 2 + 4 + 8 + 16 = 31$ (×)
- 33의 약수: 1, 3, 11, 33 ➡ $1 + 3 + 11 = 15$ (×)
- 34의 약수: 1, 2, 17, 34 ➡ $1 + 2 + 17 = 20$ (×)
- 35의 약수: 1, 5, 7, 35 ➡ $1 + 5 + 7 = 13$ (×)

따라서 25부터 35까지의 자연수 중에서 완전수는 28, 반완전수는 30이므로 $28 + 30 = 58$입니다.

05 주어진 수 카드를 한 번씩 사용하여 만든 다섯 자리 수는 항상 각 자리 숫자의 합이 $0 + 3 + 5 + 6 + 7 = 21$이므로 3의 배수가 됩니다.

6의 배수가 되려면 3의 배수 중 짝수이어야 하므로 일의 자리 숫자는 0 또는 6이어야 합니다.

또한, 만든 다섯 자리 수가 5의 배수이려면 일의 자리 숫자가 0 또는 5이어야 하므로 두 조건을 모두 만족하는 일의 자리 숫자는 0이 되고, 이를 카드로 표현하면 $\boxed{}\boxed{}\boxed{}\boxed{0}$ 입니다.

- 가장 작은 수를 만들려면 3을 가장 높은 자리에 놓아야 하므로 일의 자리 숫자가 0인 가장 작은 수를 만들면 $\boxed{3}\boxed{5}\boxed{6}\boxed{7}\boxed{0}$ 입니다.

- 가장 큰 수를 만들려면 7을 가장 높은 자리에 놓아야 하므로 일의 자리 숫자가 0인 가장 큰 수를 만들면 $\boxed{7}\boxed{6}\boxed{5}\boxed{3}\boxed{0}$ 입니다.

따라서 가장 작은 수와 가장 큰 수의 합은 $35670 + 76530 = 112200$입니다.

06 연속한 다섯 개의 수의 합을 나타낼 때 가운데 수를 $\square$라고 하면 다음과 같이 나타낼 수 있습니다.

$(\square - 2) + (\square - 1) + \square + (\square + 1) + (\square + 2)$
$= \square \times 5$

따라서 연속한 다섯 개의 수의 합은 5의 배수이고 15의 배수가 되려면 가운데 수 □가 3의 배수가 되어야 합니다.

따라서 3부터 98까지 수 중 가운데 수 □가 3의 배수인 수는 $98 \div 3 = 32 \cdots 2$에서 32개이므로 모두 32가지 경우가 나옵니다.

07 ㉮를 이용하여 ㉯와 ㉰를 나타내면 다음과 같습니다. ㉮는 ㉯보다 24만큼 크므로 ㉯는 ㉮보다 24만큼 작습니다. ➡ ㉯ = ㉮ − 24

㉰는 ㉮보다 36만큼 작으므로 ㉰ = ㉮ − 36입니다.

세 수의 합이 300이므로

㉮ + (㉮ − 24) + (㉮ − 36) = 300,

㉮ + ㉮ + ㉮ − 60 = 300, ㉮ × 3 = 360이므로

㉮ = 120입니다.

㉮ = 120, ㉯ = 96, ㉰ = 84이므로 세 수의 최대공약수를 구해 봅니다.

```
2) 120  96  84
2)  60  48  42
3)  30  24  21
    10   8   7   ➡ 최대공약수: 2 × 2 × 3 = 12
```

따라서 ㉮, ㉯, ㉰의 최대공약수는 12입니다.

08 공책이 $100 - 4 = 96$(권), 연필이 $66 - 2 = 64$(자루), 지우개가 $74 + 6 = 80$(개) 있으면 똑같이 나누어 줄 수 있습니다.

96, 64, 80의 최대공약수를 구합니다.

```
2) 96  64  80
2) 48  32  40
2) 24  16  20
2) 12   8  10
    6   4   5
```

➡ 최대공약수: $2 × 2 × 2 × 2 = 16$

나누어 줄 수 있는 학생 수는 96, 64, 80의 최대공약수와 같으므로 16명입니다.

따라서 한 학생에게 나누어 주려고 했던 공책은 $96 \div 16 = 6$(권), 연필은 $64 \div 16 = 4$(자루), 지우개는 $80 \div 16 = 5$(개)입니다.

09 24의 약수는 1, 2, 3, 4, 6, 8, 12, 24이고, 가로의 길이를 나타내는 수가 2보다 큰 자연수가 되어야 하므로 직사각형 모양의 종이의 가로를 3 cm, 4 cm, 6 cm, 8 cm, 12 cm, 24 cm가 되도록 자를 수 있습니다.

18의 약수는 1, 2, 3, 6, 9, 18이고 세로의 길이를 나타내는 수가 2보다 큰 자연수가 되어야 하므로 직사각형 모양의 종이의 세로를 3 cm, 6 cm, 9 cm, 18 cm가 되도록 자를 수 있습니다.

자른 직사각형의 가로와 세로가 될 수 있는 경우를 모두 찾아보면

(3 cm, 3 cm), (3 cm, 6 cm), (3 cm, 9 cm),
(3 cm, 18 cm), (4 cm, 3 cm), (4 cm, 6 cm),
(4 cm, 9 cm), (4 cm, 18 cm), (6 cm, 3 cm),
(6 cm, 6 cm), (6 cm, 9 cm), (6 cm, 18 cm),
(8 cm, 3 cm), (8 cm, 6 cm), (8 cm, 9 cm),
(8 cm, 18 cm), (12 cm, 3 cm), (12 cm, 6 cm),
(12 cm, 9 cm), (12 cm, 18 cm),
(24 cm, 3 cm), (24 cm, 6 cm),
(24 cm, 9 cm), (24 cm, 18 cm)

인데 처음 직사각형과 같은 경우인 (24 cm, 18 cm)와 돌렸을 때 같은 모양이 되는 경우인

(3 cm, 6 cm) 또는 (6 cm, 3 cm)를 제외하면 모두 $6 × 4 - 2 = 22$(가지)입니다.

10 12와 40의 공배수 중 400에 가장 가까운 수를 찾습니다.

```
4) 12  40
    3  10   ➡ 최소공배수: 4 × 3 × 10 = 120
```

12와 40의 공배수는 최소공배수인 120의 배수이므로 120, 240, 360, 480……입니다.

따라서 이 중 400에 가장 가까운 수는 360입니다.

11 어떤 수를 □라고 하면 □−3은 28과 35의 공배수이므로 그중 가장 작은 수인 28과 35의 최소공배수를 구하면 다음과 같습니다.

```
7 ) 28   35
     4    5   ➡ 최소공배수: 7×4×5＝140
```

□－3은 최소공배수인 140의 배수이므로 어떤 수 □는 140의 배수에 3을 더한 수가 되고 이 중 세 자리 수를 구하면 다음과 같습니다.

➡ 140＋3＝143, 280＋3＝283,
   420＋3＝423, 560＋3＝563,
   700＋3＝703, 840＋3＝843, 980＋3＝983

따라서 이 중 다섯 번째로 작은 수는 703입니다.

12 세 사람은 3, 7, 9의 최소공배수인 63일마다 동시에 도서관에 갑니다.

따라서 364÷63＝5…49이므로 세 사람이 동시에 도서관에 가서 만난 날은 1년 동안 모두 1＋5＝6(일)입니다.

13 6과 7의 최소공배수인 42초마다 동시에 불이 켜지고 알림음이 울립니다.

따라서 9시 15분 42초, 9시 16분 24초, 9시 17분 6초, 9시 17분 48초, 9시 18분 30초 이후 여섯 번째로 동시에 불이 켜지고 알림음이 울리는 시각은 9시 19분 12초입니다.

14 64, 72, 48의 최소공배수만큼 톱니가 맞물려야 처음 맞물렸던 곳에서 다시 만나게 됩니다. 세 수의 최소공배수를 구할 때는 두 수 이상을 공약수로 나누어 더 이상 나눌 수 없을 때까지 계산한 후 공약수(나눈 수)와 밑에 남은 몫을 모두 곱합니다.

```
2 ) 64   72   48
2 ) 32   36   24
2 ) 16   18   12
3 )  8    9    6
2 )  8    3    2
     4    3    1
```

➡ 최소공배수: 2×2×2×3×2×4×3×1
            ＝576

세 톱니바퀴의 톱니가 최소 576개 맞물려야 처음 맞물렸던 곳에서 다시 만나게 됩니다.

따라서 톱니바퀴 ㉯는 최소한 576÷48＝12(바퀴) 돌아야 합니다.

15 지환: 매일 12쪽씩 읽으면 9쪽이 남았으므로
          (책의 쪽수)＝(12의 배수)＋9(쪽)입니다.
     한서: 매일 9쪽씩 읽으면 3쪽이 남았으므로
          (책의 쪽수)＝(9의 배수)＋3(쪽)입니다.
     현희: 매일 7쪽씩 읽었더니 한 달 안에 읽었으므로 5월
          한 달인 31일 안에 읽을 수 있습니다.
          따라서 책의 쪽수는 7×31＝217(쪽)을 넘지
          않습니다.

(12의 배수)＋9: 21, 33, 45, 57, 69, 81……
(9의 배수)＋3: 12, 21, 30, 39, 48, 57……

처음으로 같은 수가 되는 것은 21이고 12와 9의 최소공배수는 36이므로 책의 쪽수는

36×1＋21＝57, 36×2＋21＝93,
36×3＋21＝129, 36×4＋21＝165,
36×5＋21＝201, 36×6＋21＝237…… 중의 하나입니다.

따라서 이 중에서 200을 넘으면서 217을 넘지 않는 것은 201이므로 지환이네 반 학급 도서는 201쪽입니다.

개념알기 개념 1

42쪽

1 104개   2 4

1 삼각형의 수는 사각형의 수보다 항상 4개가 많습니다. 따라서 사각형이 100개이면 삼각형은 104개 필요합니다.

2 사각형의 수에 4를 더하면 삼각형의 수와 같습니다.

개념 응용하기 응용 1

43쪽

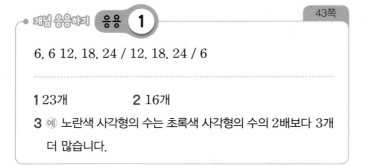

6, 6 12, 18, 24 / 12, 18, 24 / 6

1 23개   2 16개
3 예 노란색 사각형의 수는 초록색 사각형의 수의 2배보다 3개 더 많습니다.

1 배열에서 변하지 않는 부분은 가장 왼쪽의 노란색 사각형 3개입니다. 그 외의 노란색 사각형의 수는 초록색 사각형이 1개 늘어날 때마다 2개씩 늘어납니다.
이와 같은 규칙으로 초록색 사각형의 수와 노란색 사각형의 수 사이의 관계를 알아보면 다음과 같습니다.

초록색 사각형의 수 (개)	1	2	3	4	5	6	7	8	9	10
노란색 사각형의 수 (개)	5	7	9	11	13	15	17	19	21	23

따라서 초록색 사각형이 10개일 때 노란색 사각형은 23개 필요합니다.

2 앞과 같은 규칙으로 초록색 사각형의 수와 노란색 사각형의 수 사이의 관계를 알아보면 다음과 같습니다.

초록색 사각형의 수 (개)	……	10	11	12	13	14	15	16	17	……
노란색 사각형의 수 (개)	……	23	25	27	29	31	33	35	37	……

따라서 노란색 사각형이 35개일 때 초록색 사각형은 16개 필요합니다.

3 초록색 사각형이 1개 늘어날 때마다 노란색 사각형은 2개씩 늘어납니다. 처음에 변하지 않는 부분이 노란색 사각형 3개였으므로 노란색 사각형의 수는 초록색 사각형의 수의 2배보다 3개 더 많습니다.

개념알기 개념 2

44쪽

1 4, 8, 12, 16, 20, 40
2 □×4=○ (또는 ○÷4=□)

1 양 한 마리는 다리가 4개이므로 양이 한 마리 늘어날 때마다 양의 다리의 수는 4개씩 늘어남을 알 수 있습니다. 양의 수와 양의 다리의 수 사이의 대응 관계를 표를 이용하여 알아보면 다음과 같습니다.

양의 수(마리)	1	2	3	4	5	……	10	……
다리의 수(개)	4	8	12	16	20	……	40	……

2 양 한 마리의 다리는 4개이므로 양의 수가 1마리 늘어날 때마다 다리의 수는 4개씩 늘어납니다.
양의 수를 □, 양의 다리의 수를 ○라고 할 때, 두 양 사이의 대응 관계를 기호를 사용하여 식으로 나타내면 □×4=○ 또는 ○÷4=□입니다.

7, 10, 13 / 3, 1, 3, 1, 3, 1, 58

---

1 희정   2 ○+1=△ (또는 △−1=○)

1 희정: 한 모둠에 6명씩 앉으므로 모둠의 수와 학생의 수 사이의 대응 관계를 나타낸 식 □÷6=△ 에서 □는 학생의 수, △는 모둠의 수를 나타냅니다.
따라서 잘못 말한 사람은 희정이입니다.

2 사진의 수와 누름 못의 수 사이의 대응 관계를 표를 이용하여 알아보면 다음과 같습니다.

사진의 수(장)	1	2	3	……
누름 못의 수(개)	2	3	4	……

누름 못의 수는 사진의 수보다 항상 1개 더 많습니다. 사진의 수를 ○, 누름 못의 수를 △라고 할 때, 두 양 사이의 대응 관계를 식으로 나타내면
○+1=△ 또는 △−1=○입니다.

1 □×25=△ (또는 △÷25=□)
2 □×13000=○ (또는 ○÷13000=□)
3 △×520=○ (또는 ○÷520=△)

1 귤 한 상자에 귤을 25개씩 담고, 귤 한 상자의 값은 13000원이므로 귤 상자의 수, 귤의 수, 귤의 값 사이의 대응 관계를 표를 이용하여 알아보면 다음과 같습니다.

귤 상자의 수 (상자)	1	2	3	4	5	……
귤의 수(개)	25	50	75	100	125	……
귤의 값(원)	13000	26000	39000	52000	65000	……

귤의 수는 귤 상자의 수의 25배이므로 귤의 수를 △, 귤 상자의 수를 □라고 할 때, 두 양 사이의 대응 관계를 기호를 사용하여 식으로 나타내면 □×25=△ 또는 △÷25=□입니다.

2 귤이 한 상자에 13000원이므로 귤의 값을 ○, 귤 상자의 수를 □라고 할 때, 두 양 사이의 대응 관계를 기호를 사용하여 식으로 나타내면 □×13000=○ 또는 ○÷13000=□입니다.

3 귤 25개의 값이 13000원이므로 귤 한 개의 값은 13000÷25=520(원)입니다.
따라서 귤의 수를 △, 귤의 값을 ○라고 할 때, 두 양 사이의 대응 관계를 기호를 사용하여 나타내면 △×520=○ 또는 ○÷520=△입니다.

7, 7, 7, 7, 147

---

1 (위에서부터) 2500, 3000 / 3000, 3500 /
□+500=△ (또는 △−500=□)
2 ☆×120=□ (또는 □÷120=☆)

1

	민영이가 모은 돈 (원)	유정이가 모은 돈 (원)
저금을 시작했을 때	1500	2000
10일 후	2000	2500
20일 후	2500	3000
30일 후	3000	3500
⋮	⋮	⋮

따라서 민영이가 모은 돈을 □, 유정이가 모은 돈을 △라고 할 때, 두 양 사이의 대응 관계를 기호를 사용하여 식으로 나타내면 □+500=△ 또는 △−500=□입니다.

2 과자 1개의 무게는 $80 \div 4 = 20$ (g)이고 과자 20 g의 가격은 120원입니다.

따라서 과자 1개의 가격은 120원입니다.

과자의 수를 ☆, 과자의 가격을 □라고 할 때, 두 양 사이의 대응 관계를 기호를 사용하여 식으로 나타내면 ☆$\times 120 =$□ 또는 □$\div 120 =$☆입니다.

수학 상자에 넣은 수를 □, 나온 수를 △라고 할 때, 두 수 사이의 대응 관계를 기호를 사용하여 식으로 나타내면 □$\times 4 + 3 =$△입니다.

나온 수가 75, 즉 △$= 75$일 때 □$\times 4 + 3 = 75$이므로 □$\times 4 = 75 - 3$, □$\times 4 = 72$, □$= 72 \div 4$, □$= 18$입니다.

따라서 18이 쓰인 공을 넣었습니다.

48~49쪽

LEVEL 1

01 15명　　　　　**02** 18

03 □$\times 6 =$△ (또는 △$\div 6 =$□)

04 열여덟째　　**05** 65접시　　**06** 34살

07 $800 -$□$\times 7 =$○ (또는 □$\times 7 +$○$= 800$)

08 30 cm　　　**09** 800 g

---

01 초코케이크를 자르는 횟수와 초코케이크 조각의 수 사이의 대응 관계를 표를 이용하여 알아보면 다음과 같습니다.

자르는 횟수(번)	1	2	3	……
케이크 조각 수(조각)	2	4	6	……

초코케이크를 한 번 자를 때마다 초코케이크 조각의 수는 2조각씩 늘어납니다.

자르는 횟수를 □, 초코케이크 조각의 수를 △라고 할 때, 두 양 사이의 대응 관계를 기호를 사용하여 식으로 나타내면 □$\times 2 =$△ 또는 △$\div 2 =$□입니다.

초코케이크를 8번 자르면 초코케이크 조각의 수는 16조각이므로 나연이는 초코케이크를 친구 15명과 함께 나누어 먹을 수 있습니다.

02 수학 상자에 넣은 수와 나온 수 사이의 대응 관계를 표를 이용하여 알아보면 다음과 같습니다.

넣은 수	3	6	8	……
나온 수	15 ($3 \times 4 + 3$)	27 ($6 \times 4 + 3$)	35 ($8 \times 4 + 3$)	……

---

03 배열 순서와 점의 수 사이의 대응 관계를 표를 이용하여 알아보면 다음과 같습니다.

배열 순서	1	2	3	4	5	……
점의 수(개)	6	12	18	24	30	……

(배열 순서)$\times 6 =$(점의 수)이므로 배열 순서를 □, 점의 수를 △라고 할 때, 두 양 사이의 대응 관계를 기호를 사용하여 식으로 나타내면 □$\times 6 =$△ 또는 △$\div 6 =$□입니다.

04 육각형 조각의 수는 배열 순서의 3배입니다.

➡ (배열 순서)$\times 3 =$(육각형 조각의 수)

육각형 조각이 54개일 때 (배열 순서)$\times 3 = 54$이므로 (배열 순서)$= 18$입니다.

따라서 육각형 조각 54개로 만든 모양은 열여덟째입니다.

05 (떡볶이 한 접시를 팔 때의 이익)

$= 3500 \div 7 = 500$(원)

떡볶이 접시의 수와 이익 사이의 대응 관계를 표를 이용하여 알아보면 다음과 같습니다.

접시의 수(접시)	1	2	3	4	……
이익(원)	500	1000	1500	2000	……

떡볶이 접시의 수를 □, 이익을 △라고 할 때, 두 양 사이의 대응 관계를 기호를 사용하여 식으로 나타내면 □$\times 500 =$△ 또는 △$\div 500 =$□입니다.

△$= 32500$일 때, $32500 \div 500 =$□, □$= 65$입니다.

따라서 하루에 판 떡볶이 접시의 수는 65접시입니다.

06 태형이는 2015년에 6살이었으므로 2019년에는 10살입니다.

2019년에 태형이가 10살일 때 아버지의 나이는 $10 \times 4 = 40$(살)입니다.

2021년에 태형이는 12살이고 아버지의 나이는 42살이므로 어머니의 나이는 $80 - 42 = 38$(살)입니다.

어머니의 나이는 태형이의 나이보다 $38 - 12 = 26$(살) 더 많습니다.

➡ (어머니의 나이)$-26=$(태형이의 나이)

따라서 어머니가 60살이 되는 해에 태형이는 $60 - 26 = 34$(살)이 됩니다.

[다른 풀이]

태형이, 아버지, 어머니의 연도별 나이 사이의 대응 관계를 표를 이용하여 알아보면 다음과 같습니다.

연도(년)	2015	2016	2017	2018	2019	2020	2021	……
태형이 나이(살)	6	7	8	9	10	11	12	……
아버지 나이(살)				……	40	41	42	……
어머니 나이(살)						……	38	……

태형이의 나이를 $\square$, 어머니의 나이를 $\triangle$라고 할 때, 두 양 사이의 대응 관계를 기호를 사용하여 식으로 나타내면 $\square + 26 = \triangle$ 또는 $\triangle - 26 = \square$입니다.

$\triangle = 60$일 때, $60 - 26 = \square$, $\square = 60 - 26 = 34$입니다.

07 물이 빠진 시간과 물탱크에 남아 있는 물의 양 사이의 대응 관계를 표를 이용하여 알아보면 다음과 같습니다.

물이 빠진 시간(분)	0	1	2	3	4	5	……
물탱크에 남아 있는 물의 양 (L)	800	793	786	779	772	765	……

물이 1분에 7 L씩 빠지므로 물이 빠진 시간이 $\square$라고 할 때 빠진 물의 양은 $\square \times 7$입니다.

(처음에 들어 있던 물의 양)$-$(빠진 물의 양)

$=$(물탱크에 남아 있는 물의 양) 또는

(빠진 물의 양)$+$(물탱크에 남아 있는 물의 양)

$=$(처음에 들어 있던 물의 양)이므로 물이 빠진 시간을 $\square$, 물탱크에 남아 있는 물의 양을 $\bigcirc$라고 할 때, 두 양 사이의 대응 관계를 기호를 사용하여 식으로 나타내면 $800 - \square \times 7 = \bigcirc$ 또는 $\square \times 7 + \bigcirc = 800$입니다.

08 용수철에 20 g짜리 추를 1개씩 매달 때마다 용수철의 길이가 3 cm씩 늘어나므로 용수철에 추를 매달지 않았을 때 용수철의 길이는 $18 - 3 = 15$ (cm)입니다.

20 g짜리 추의 수를 $\bigcirc$, 용수철의 길이를 $\square$라고 할 때, 두 양 사이의 대응 관계를 기호를 사용하여 식으로 나타내면 $\bigcirc \times 3 + 15 = \square$입니다.

따라서 100 g의 추는 20 g짜리 추를 5개 매달았을 때이므로 용수철의 길이는

$5 \times 3 + 15 = 15 + 15 = 30$ (cm)입니다.

09 $\bigcirc \times 3 + 15 = \square$에서 $\square = 135$이므로

$\bigcirc \times 3 + 15 = 135$, $\bigcirc \times 3 = 135 - 15$,

$\bigcirc \times 3 = 120$, $\bigcirc = 120 \div 3 = 40$입니다.

따라서 20 g짜리 추를 40개 매달았을 때이므로 추의 무게는 $20 \times 40 = 800$ (g)입니다.

50~51쪽

LEVEL 2

01 (위에서부터) 20, 9 / 예 $\square \times (\square + 1) = \bigcirc$

02 88　　**03** 6561개　**04** $\square \times 4 + 2 = \triangle$

05 189개　**06** 5월 7일 오후 9시　　**07** 8700원

08 236, 230　**09** 오후 5시 7분

01 아래 표에서 규칙을 살펴보면
$3 \times (3+1) = 12$, $5 \times (5+1) = 30$,
$8 \times (8+1) = 72$, $10 \times (10+1) = 110$임을 알 수 있습니다.

준호가 말한 수	우영이가 답한 수
3	12
5	30
8	72
10	110
4	㉮
㉯	90

따라서 $4 \times (4+1) = 20$이고 ㉮$=20$입니다.
㉯$\times$(㉯$+1) = 90$이고 $9 \times 10 = 90$이므로 ㉯$=9$입니다.
따라서 준호가 말한 수를 □, 우영이가 답한 수를 ○라고 할 때, 두 수 사이의 대응 관계를 기호를 사용하여 식으로 나타내면 □$\times$(□$+1) = $○입니다.

02 $1 \times 144 = 144$, $3 \times 48 = 144$, $6 \times 24 = 144$, $8 \times 18 = 144$이므로 ○와 △ 사이의 대응 관계를 식으로 나타내면 ○$\times$△$= 144$입니다.
$2 \times$㉮$= 144$에서 ㉮$= 144 \div 2 = 72$,
㉯$\times 36 = 144$에서 ㉯$= 144 \div 36 = 4$,
$12 \times$㉰$= 144$에서 ㉰$= 144 \div 12 = 12$입니다.
따라서 ㉮$+$㉯$+$㉰$= 72 + 4 + 12 = 88$입니다.

03 배열 순서와 가장 작은 정사각형의 수 사이의 대응 관계를 표를 이용하여 알아보면 다음과 같습니다.

배열 순서	1	2	3	4	……
가장 작은 정사각형의 수(개)	1	$9 = 1 \times 9$	$81 = 9 \times 9$	$729 = 81 \times 9$	……

위의 규칙에 따르면 가장 작은 정사각형의 수는 앞 순서의 가장 작은 정사각형의 수에 9를 곱하면 됩니다.
따라서 다섯째 그림에서 만들어지는 가장 작은 정사각형은 $729 \times 9 = 6561$(개)입니다.

[다른 풀이]
앞의 규칙에 따르면 ★째에서 가장 작은 정사각형의 수는 9를 ★-1(번) 곱한 것과 같습니다.
따라서 다섯째 그림에서 가장 작은 정사각형의 수는 9를 4번 곱하면 되므로 가장 작은 정사각형은
$9 \times 9 \times 9 \times 9 = 6561$(개)입니다.

04 식탁의 수와 사람의 수 사이의 대응 관계를 표를 이용하여 알아보면 다음과 같습니다.

식탁의 수(개)	1	2	3	4	……
사람의 수(명)	$6 = 1 \times 4 + 2$	$10 = 2 \times 4 + 2$	$14 = 3 \times 4 + 2$	$18 = 4 \times 4 + 2$	……

따라서 식탁의 수를 □, 사람의 수를 △라고 할 때, 두 양 사이의 대응 관계를 기호를 사용하여 식으로 나타내면 □$\times 4 + 2 = $△입니다.

05 배열 순서와 가장 작은 정삼각형의 수 사이의 대응 관계를 표를 이용하여 알아보면 다음과 같습니다.

배열 순서	1	2	3	4	……
가장 작은 정삼각형의 수(개)	1 (1×1)	4 (2×2)	9 (3×3)	16 (4×4)	……

위의 규칙에 따라 □째에 올 모양에서 가장 작은 정삼각형의 수는 □$\times$□임을 알 수 있습니다.
열째에 올 모양에서 가장 작은 정삼각형의 수:
$10 \times 10 = 100$(개)
열일곱째에 올 모양에서 가장 작은 정삼각형의 수:
$17 \times 17 = 289$(개)
따라서 열째와 열일곱째에 올 모양에서 가장 작은 정삼각형의 수의 차는 $289 - 100 = 189$(개)입니다.

06 워싱턴의 시각은 서울의 시각보다
(오후 3시)$-$(오전 1시)$= 14$(시간)이 느립니다.
서울이 5월 8일 오전 10시일 때 워싱턴의 시각은
(8일 오전 10시)$-$(14시간)$= $(7일 오후 8시)입니다.

따라서 성윤이가 1시간 동안 오빠와 통화를 마쳤을 때 워싱턴의 시각은 5월 7일 오후 9시입니다.

07 사진의 수와 누름 못의 수 사이의 대응 관계를 표를 이용하여 알아보면 다음과 같습니다.

사진의 수(장)	1	2	3	4	……
누름 못의 수(개)	6	9	12	15	……

$6=1\times3+3$, $9=2\times3+3$, $12=3\times3+3$,
$15=4\times3+3$이므로
(누름 못의 수)=(사진의 수)$\times3+3$입니다.
(사진을 12장 붙이는 데 필요한 누름 못의 수)
$=12\times3+3=36+3=39$(개)
누름 못이 한 통에 9개씩 들어 있으므로 5통을 사야 합니다.
사진이 한 장에 600원이고, 누름 못이 한 통에 300원 이므로 필요한 돈은
(사진 12장의 값)+(누름 못 5통의 값)
$=600\times12+300\times5=7200+1500=8700$(원)
입니다.

08 1분 후 양초의 길이가 242 mm이므로 양초의 길이 는 1분이 지날 때마다 $245-242=3$ (mm)씩 줄어 듭니다.
따라서 3분 후의 길이는 $239-3=236$ (mm), 5분 후의 길이는 $233-3=230$ (mm)입니다.

09 처음 양초의 길이가 245 mm이므로 태운 시간과 남 은 양초의 길이 사이의 대응 관계를 식으로 나타내면
$245-3\times$(태운 시간)=(남은 양초의 길이)입니다.
남은 양초의 길이가 14 mm이므로
$245-3\times$(태운 시간)$=14$,
$3\times$(태운 시간)$=245-14$,
$3\times$(태운 시간)$=231$이므로
(태운 시간)$=231\div3=77$(분)입니다.

77분=60분+17분이므로 77분은 1시간 17분입니 다. 따라서 남은 양초의 길이가 14 mm일 때의 시각 은 처음 양초를 태우기 시작한 시각인 오후 3시 50분 에서 1시간 17분이 지난 오후 5시 7분입니다.

52~53쪽

LEVEL 3

01 166번 **02** 124개 **03** 231번 **04** 168장
05 136개 **06** 75 **07** 32분 37초
08 야간권, 25000원 **09** 오후 4시 33분

01 오른쪽 그림과 같이 6명의 학생이 원 모양으로 둘러앉았다고 하면 1번 의 맞은편은 4번이고, 2번의 맞은 편은 5번이고, 3번의 맞은편은 6번입니다.

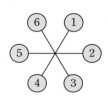

서로 맞은편에 앉은 사람의 번호의 차는
(전체 인원의 수)$\div2=6\div2=3$임을 알 수 있습니다.
이와 같은 규칙으로 선아네 학교 5학년 학생 186명이 원 모양으로 둘러앉았을 때 서로 맞은편에 앉은 사람 의 번호 차는 $186\div2=93$입니다.
따라서 선아의 번호는 전체 번호의 반인 93보다 작은 번호이므로 맞은편에 앉은 학생의 번호는
$73+93=166$(번)입니다.

02 정육각형 2개가 붙어 있는 것 을 하나의 모양으 로 보면 모양의 수와 필요한 성냥개비의 수 사이의 대 응 관계를 표를 이용하여 알아보면 다음과 같습니다.

모양의 수(개)	1	2	3	4	……
성냥개비 의 수(개)	11 (3+ 1×8)	19 (3+ 2×8)	27 (3+ 3×8)	35 (3+ 4×8)	……

모양을 한 개 만드는 데 성냥개비가 11개 필요하고, 모양이 1개 늘어날 때마다 성냥개비가 8개씩 더 필요합니다. 따라서 정육각형 2개가 붙어 있는 모양이 □개일 때, 필요한 성냥개비의 수는 $3+\square\times8$(개)입니다.

□=62일 때, 필요한 성냥개비의 수는 $3+62\times8=3+496=499$(개)이고,

□=63일 때, 필요한 성냥개비의 수는 $3+63\times8=3+504=507$(개)이므로 성냥개비 500개로 정육각형 2개가 붙어 있는 모양을 62개 만들고 성냥개비 1개가 남습니다.

따라서 성냥개비 500개로 만들 수 있는 정육각형의 수는 $62\times2=124$(개)입니다.

03 악수한 사람의 수와 악수한 횟수 사이의 대응 관계를 표를 이용하여 알아보면 다음과 같습니다.

악수한 사람의 수(명)	2	3	4	5	……
악수한 횟수(번)	1 $(2\times1\div2)$	3 $(3\times2\div2)$	6 $(4\times3\div2)$	10 $(5\times4\div2)$	……

악수한 사람의 수를 ★, 악수한 횟수를 ▲라고 할 때, 두 양 사이의 대응 관계를 기호를 사용하여 식으로 나타내면 $▲=★\times(★-1)\div2$입니다.

희철이와 21명의 친구들이 악수를 한 것이므로 모두 22명이 악수를 한 것과 같습니다.

$▲=★\times(★-1)\div2$에서 ★=22일 때 $▲=22\times(22-1)\div2=231$입니다.

따라서 희철이와 친구들은 악수를 모두 231번 했습니다.

04 배열 순서와 작은 정사각형의 수 사이의 대응 관계를 표를 이용하여 알아보면 다음과 같습니다.

배열 순서	1	2	3	……
정사각형 모양 색종이의 수(장)	3 (1×3)	8 (2×4)	15 (3×5)	……

배열 순서를 ○, 정사각형 모양 색종이의 수를 △라고 할 때, 두 양 사이의 대응 관계를 기호를 사용하여 식으로 나타내면 $○\times(○+2)=△$입니다.

따라서 열두째 모양을 만드는 데 필요한 정사각형 모양의 색종이는 $12\times(12+2)=168$(장)입니다.

05

직선의 수(개)	2	3	4	5	……
만나는 점의 수(개)	1	1+2	1+2 +3	1+2 +3+4	……

직선의 수가 1개씩 늘어날 때 만나는 점의 수는 2개, 3개, 4개……씩 늘어납니다.

직선의 수가 □일 때 만나는 점의 수는 $1+2+3+\cdots\cdots+(\square-2)+(\square-1)$입니다.

따라서 직선을 17개 그었을 때 만나는 점의 수는 $1+2+3+\cdots\cdots+15+16=(1+16)\times16\div2$
$=136$(개)입니다.

06 배열 순서, 검은색 바둑돌의 수, 흰색 바둑돌의 수 사이의 대응 관계를 표를 이용하여 알아보면 다음과 같습니다.

배열 순서	1	2	3	4	……
검은색 바둑돌의 수(개)	6= 2×3	9= 3×3	12= 4×3	15= 5×3	……
흰색 바둑돌의 수(개)	4= $1+3$	6= $(1+2)$ $+3$	9= $(1+2+3)$ $+3$	13= $(1+2+3$ $+4)+3$	……

위의 규칙에 따르면 ★째에 놓일 모양에서 검은색 바둑돌의 수는 $(★+1)\times3$(개)이고, 흰색 바둑돌의 수는 $(1+2+\cdots\cdots+★)+3$(개)입니다.

따라서 열다섯째에 놓일 검은색 바둑돌의 수는 $(15+1)\times3=48$(개)이고, 흰색 바둑돌의 수는 $(1+2+\cdots+15)+3=120+3=123$(개)입니다.

따라서 ▲=48, ■=123이므로 $■-▲=123-48=75$입니다.

07 8 m=800 cm이므로 800÷40=20에서 40 cm짜리 통나무 도막을 20도막까지 만들 수 있습니다.

통나무를 자른 횟수와 통나무 도막의 수 사이의 대응 관계를 표를 이용하여 알아보면 다음과 같습니다.

자른 횟수(번)	1	2	3	4	5	……
도막의 수 (도막)	2	3	4	5	6	……

(자른 횟수)=(도막의 수)−1이므로 20도막으로 자르려면 19번 잘라야 합니다.

(일반 톱으로 자르는 데 걸리는 시간)=2×19
=38(분)

(전기톱으로 자르는 데 걸리는 시간)
=17×19=323(초) ➡ 323÷60=5…23
➡ 5분 23초

따라서 일반 톱과 전기톱으로 자르는 데 걸리는 시간의 차는 38분−5분 23초=32분 37초입니다.

08 일반 주차권은 주차 시간과 요금 사이에 0~30분까지의 기본요금 6000원에 이후 10분에 1000원을 지불하는 대응 관계를 가지고 있습니다.

이를 식으로 나타내면
(주차 요금)=1000×(주차 시간−30)÷10+6000
입니다.

세진이네 가족은 오후 6시 30분에 주차하여 오후 10시 47분에 주차장에서 나오므로 주차 시간은
4시간 17분이고,
4시간 17분=4×60+17=240+17=257(분)입니다.

257분을 주차한 것은 260분 주차했을 때와 주차 요금이 동일합니다. 따라서 일반 주차권의 주차 요금은
1000×(260−30)÷10+6000
=1000×230÷10+6000=29000(원)입니다.

세진이네 가족은 오후 6시 이후에 주차하여 야간권을 사용할 수 있으므로 야간권을 사용하는 것이 일반 주차권을 사용하는 것보다 더 유리하고, 주차 요금은 25000원입니다.

09 세진이네 가족은 오전 10시 23분에 주차장에 도착하였으므로 야간 주차권은 사용하지 못합니다. 종일 주차권의 경우 주차 요금이 40000원이므로 일반 주차권을 사용했을 때 주차 요금이 40000원이 나오는 주차 시간을 구하여 비교하면 됩니다.

일반 주차권의 주차 시간을 $\square$분이라고 하면
40000=1000×($\square$−30)÷10+6000이므로
34000=100×($\square$−30),
34000÷100=$\square$−30, $\square$=370입니다.

따라서 주차 요금이 40000원이 나오는 일반 주차권의 주차 시간은 370분입니다.

60분은 1시간이고 370÷60=6…10이므로
370분=6시간 10분입니다.

세진이네 가족이 오전 10시 23분에 도착했으므로
6시간 10분 뒤는 오후 4시 33분입니다.

따라서 오후 4시 33분을 넘어서까지 주차해야 종일권을 사용하는 것이 더 유리합니다.

54~55쪽

LEVEL 4

01 10　　**02** 63개, 9상자　　**03** 1399개
04 4시간 7분　　**05** 55개　　**06** 62개
07 열일곱째　　**08** 600개　　**09** 322개

01

지찬이가 말한 수	4	5	7	8	
성현이가 답한 수	36	44	60	68	84

지찬이가 말한 수가 1만큼 차이가 날 때 성현이가 답한 수는 8만큼 차이가 납니다. 지찬이가 말한 수와 성현이가 답한 수 사이의 대응 관계는 8의 배수와 관련이 있음을 알 수 있습니다.

지찬이가 말한 수를 $\square$, 성현이가 답한 수를 △라고 할 때, 두 수 사이의 대응 관계를 기호를 사용하여 식으로 나타내면 △=$\square$×8+4입니다.

따라서 성현이가 84라고 답했다면 △=84이므로
84=$\square$×8+4에서 $\square$×8=84−4, $\square$×8=80,
$\square$=80÷8=10입니다.

02 무지개떡의 수, 쌀가루의 양, 무지개떡을 포장한 상자의 수 사이의 대응 관계를 표를 이용하여 알아보면 다음과 같습니다.

무지개떡의 수(개)	7	14	21	28	35	42	49	56	63
쌀가루의 양(g)	500	1000	1500	2000	2500	3000	3500	4000	4500
상자의 수(상자)	1	2	3	4	5	6	7	8	9

예찬이네 떡집에서 만든 무지개떡이 7개 늘어날 때마다 사용한 쌀가루의 양은 500 g씩 늘어나고, 무지개떡을 포장한 상자의 수는 1상자씩 늘어납니다.
쌀가루 4.7 kg은 4700 g이고 4700 g은 4500 g과 5000 g 사이이므로 4500 g까지 사용할 수 있습니다.
따라서 쌀가루 4.7 kg으로는 무지개떡을 63개까지 만들 수 있고, 9상자까지 포장할 수 있습니다.

03 타일 1개당 크고 작은 정사각형의 수를 구하면 다음과 같습니다.

모양	정사각형의 수(개)
	$4 \times 200 = 800$
	$1 \times 200 = 200$
	$1 \times 200 = 200$
	199 ➡ 타일 ☐개를 이어 붙일 때 ☐−1(개)만큼 왼쪽 정사각형이 생깁니다.

따라서 정사각형 모양의 타일 200개를 이어 붙였을 때 찾을 수 있는 크고 작은 정사각형은 모두
$800 + 200 + 200 + 199 = 1399$(개)입니다.

04 철사를 자른 횟수, 철사 도막의 수, 쉬는 횟수 사이의 대응 관계를 표를 이용하여 알아보면 다음과 같습니다.

철사를 자른 횟수(번)	1	2	3	4	……
철사 도막의 수(도막)	2	4	6	8	……
쉬는 횟수(번)	0	1	2	3	……

(철사를 자른 횟수)=(철사 도막의 수)÷2,
(쉬는 횟수)=(철사를 자른 횟수)−1이므로
철사를 50도막으로 자르려면 $50 \div 2 = 25$(번) 자르고, $25 - 1 = 24$(번) 쉬어야 합니다.
철사를 한 번 자르는 데 7분이 걸리고 한 번 자를 때마다 3분씩 쉬므로 철사를 50도막으로 자르는 데 걸리는 시간은 모두
$7 \times 25 + 3 \times 24 = 175 + 72 = 247$(분), 즉 4시간 7분입니다.

05 도형의 배열 순서, 빨간색 정사각형의 수, 파란색 정사각형의 수 사이의 대응 관계를 표를 이용하여 알아보면 다음과 같습니다.

배열 순서	1	2	3	4	……
빨간색 정사각형의 수(개)	$5 = (1+2) \times 2 - 1$	$7 = (2+2) \times 2 - 1$	$9 = (3+2) \times 2 - 1$	$11 = (4+2) \times 2 - 1$	……
파란색 정사각형의 수(개)	1	$3 = 1+2$	$6 = 1+2+3$	$10 = 1+2+3+4$	……

만들어진 도형의 배열 순서를 ☐째라고 할 때 빨간색 정사각형의 수는 (☐+2)×2−1(개)이고 파란색 정사각형의 수는 1+2+3+……+☐(개)입니다.
만들어진 도형에 사용된 빨간색 정사각형의 수는 23개이므로 (☐+2)×2−1=23,
(☐+2)×2=23+1=24, ☐+2=24÷2=12,
☐=12−2=10입니다.

따라서 사용된 빨간색 정사각형의 수가 23개일 때 만들어진 도형은 열째 도형이고, 이 도형에 사용된 파란색 정사각형의 수는 $1+2+3+\cdots\cdots+10=55$(개)입니다.

06 배열 순서, 면봉의 수, 가장 작은 정삼각형의 수 사이의 대응 관계를 표를 이용하여 알아보면 다음과 같습니다.

배열 순서	1	2	3	4	……
면봉의 수(개)	12	$19=$ $12+7$	$26=$ $12+7$ $\times 2$	$33=$ $12+7$ $\times 3$	……
가장 작은 정삼각형의 수(개)	6	$10=$ $6+4$	$14=$ $6+4$ $\times 2$	$18=$ $6+4$ $\times 3$	……

위의 규칙에 따르면 배열 순서가 하나씩 늘어날 때마다 사용한 면봉의 수는 7개씩 늘어나고, 가장 작은 정삼각형의 수는 4개씩 늘어남을 알 수 있습니다.

따라서 $\square$째 모양에 사용한 면봉의 수는 $12+7\times(\square-1)$(개)이고 가장 작은 정삼각형의 수는 $6+4\times(\square-1)$(개)입니다.

시현이가 가진 면봉의 수는 110개이므로

$110=12+7\times(\square-1)$,

$7\times(\square-1)=110-12=98$,

$\square-1=98\div7=14$, $\square=14+1=15$입니다.

따라서 시현이가 만든 모양은 열다섯째 모양이고, 이때 가장 작은 정삼각형의 수는

$6+4\times(15-1)=6+4\times14=6+56=62$(개)입니다.

[다른 풀이]

첫째 모양에 사용한 면봉의 수를 $12(=5+7)$개, 가장 작은 정삼각형의 수를 $6(=2+4)$개로 나타낼 수 있습니다. 이와 같은 규칙에 따르면 배열 순서, 면봉의 수, 가장 작은 정삼각형의 수 사이의 대응 관계를 표를 이용하여 알아보면 다음과 같습니다.

배열 순서	1	2	3	4	……
면봉의 수(개)	$12=$ $5+7$	$19=$ $5+7\times2$	$26=$ $5+7\times3$	$33=$ $5+7\times4$	……
가장 작은 정삼각형의 수(개)	$6=$ $2+4$	$10=$ $2+4\times2$	$14=$ $2+4\times3$	$18=$ $2+4\times4$	……

위의 규칙에 따르면 $\square$째 모양에 사용한 면봉의 수는 $5+7\times\square$(개)이고 가장 작은 정삼각형의 수는 $2+4\times\square$(개)입니다.

시현이가 가진 면봉의 수는 110개이므로

$110=5+7\times\square$, $7\times\square=110-5=105$,

$\square=105\div7=15$입니다.

따라서 시현이가 만든 모양은 열다섯째 모양이고, 이때 가장 작은 정삼각형의 수는

$2+4\times15=2+60=62$(개)입니다.

07 배열 순서와 정사각형 모양의 붙임 종이의 수 사이의 대응 관계를 표를 이용하여 알아보면 다음과 같습니다.

배열 순서	1	2	3	4	……
붙임 종이의 수(장)	$5=$ $1+3$ $+1$	$13=$ $1+3$ $+5$ $+3+1$	$25=$ $1+3+5$ $+7+5$ $+3+1$	$41=$ $1+3+5$ $+7+9+7$ $+5+3+1$	……

첫째: $5=1+3+1$

$\qquad=1\times2+(1\times2+1)$

$\qquad=(1\times1)\times2+(1\times2+1)$

둘째: $13=1+3+5+3+1$

$\qquad=(1+3)\times2+(2\times2+1)$

$\qquad=(2\times2)\times2+(2\times2+1)$

셋째: $25=1+3+5+7+5+3+1$

$\qquad=(1+3+5)\times2+(3\times2+1)$

$\qquad=(3\times3)\times2+(3\times2+1)$

넷째: $41=1+3+5+7+9+7+5+3+1$

$\qquad=(1+3+5+7)\times2+(4\times2+1)$

$\qquad=(4\times4)\times2+(4\times2+1)$

$\vdots$

앞의 규칙에 따르면 □째 모양에서 정사각형 모양의 붙임 종이의 수는

$1+3+5+7+\cdots+(□\times2-1)+(□\times2+1)+$
$(□\times2-1)+\cdots+7+5+3+1$
$=(□\times□)\times2+(□\times2+1)(장)$입니다.

열여섯째 모양에서 정사각형 모양의 붙임 종이의 수:
$(16\times16)\times2+(16\times2+1)=512+33=545(장)$
열일곱째 모양에서 정사각형 모양의 붙임 종이의 수:
$(17\times17)\times2+(17\times2+1)=578+35=613(장)$
따라서 정사각형 모양의 붙임 종이의 수와 600의 차가 가장 적을 때는 열일곱째 모양입니다.

08 점의 번호와 선과 선이 만나 생기는 점의 수 사이의 대응 관계를 표를 이용하여 알아보면 다음과 같습니다.

점의 번호(번)	2	3	4	5	......
점의 수(개)	2=1×2	6=(1+2)×2	12=(1+2+3)×2	20=(1+2+3+4)×2	......

위의 규칙에 따르면 점의 번호가 ★번까지 있을 때 선과 선이 만나 생기는 점의 수는
$(1+2+\cdots+(★-1))\times2(개)$입니다.
따라서 점의 번호가 25번까지 있을 때 선과 선이 만나 생기는 점의 수는
$(1+2+\cdots+24)\times2(개)$입니다.
$(1+2+\cdots+24)\times2$를 계산하면 다음과 같습니다.
$(1+2+3+\cdots+22+23+24)\times2$

$=(25\times12)\times2=300\times2=600$
따라서 번호가 25번까지 있을 때 선과 선이 만나 생기는 점은 600개입니다.

09 배열 순서, 검은색 바둑돌의 수, 흰색 바둑돌의 수 사이의 대응 관계를 표를 이용하여 알아보면 다음과 같습니다.

배열 순서	첫째	둘째	셋째	......
검은색 바둑돌의 수(개)	3=(1×2−1)×3	9=(2×2−1)×3	15=(3×2−1)×3	......
흰색 바둑돌의 수(개)	3=(1×2−1)×(1−1)+3	6=(2×2−1)×(2−1)+3	13=(3×2−1)×(3−1)+3	......

검은색 바둑돌은 삼각형이 세 변으로 이루어져 있으므로 첫째는 1×3, 둘째는 3×3, 셋째는 5×3입니다.
따라서 ★째라고 했을 때
(★째에 놓인 검은색 바둑돌의 수)
$=(★\times2-1)\times3(개)$입니다.
흰색 바둑돌 중 꼭짓점에 있는 바둑돌 3개는 변하지 않으므로 변하지 않는 3개의 바둑돌을 제외한 안쪽의 흰색 바둑돌을 생각해 보면 다음과 같습니다.
첫째는 0,
둘째는 $1+2$,
셋째는 $1+2+3+4$,
넷째는 $1+2+3+4+5+6$
으로 나타낼 수 있으며,
★째는 $1+2+3+4+\cdots+(★\times2-3)$
$+(★\times2-2)$입니다. (단, ★=1일 때 성립하지 않으므로 ★은 1보다 큰 경우에만 성립합니다.)
이 식을 간단히 나타내면 다음과 같습니다.
$1+2+3+4+\cdots+(★\times2-3)+(★\times2-2)$
$(★\times2-2)+1=★\times2-1$
$(★\times2-3)+2=★\times2-1$

위와 같이 ★째에서 꼭짓점에 있는 3개의 흰색 바둑돌을 제외한 안쪽의 흰색 바둑돌의 수는 $(★\times2-1)$이 $(★-1)$번 더해진 $(★\times2-1)\times(★-1)(개)$입니다.
따라서 ★째라고 했을 때
(★째에 놓인 흰색 바둑돌의 수)
$=(★\times2-1)\times(★-1)+3(개)$입니다.
위의 규칙에 따르면 다음과 같습니다.
(열다섯째에 놓인 검은색 바둑돌의 수)
$=(15\times2-1)\times3=29\times3=87(개)$

(열다섯째에 놓인 흰색 바둑돌의 수)
$=(15\times2-1)\times(15-1)+3=29\times14+3$
$=409$(개)
따라서 열다섯째에 놓인 검은색 바둑돌과 흰색 바둑돌의 수의 차는 $409-87=322$(개)입니다.

LEVEL 종합

56~58쪽

01 (1) 풀이 참조 (2) 42개
02 $\Box\times4=\triangle$ (또는 $\triangle\div4=\Box$), 84개
03 $\bigcirc\times\bigcirc=\triangle$ 04 8번   05 25개
06 $1+\Box\times3=\triangle$, 열여덟째
07 $\bigcirc=6+4\times(\Box-1)$ (또는 $\bigcirc=2+4\times\Box$), 202개
08 3시간 59분   09 100위안   10 75°
11 47500원   12 10 cm   13 39개

01 (1)

(2) 노란색 삼각형의 수를 $\Box$, 파란색 삼각형의 수를 $\bigcirc$라고 할 때, 두 양 사이의 대응 관계를 기호를 사용하여 식으로 나타내면 $\Box\times2+1=\bigcirc$입니다.
노란색 삼각형이 7개일 때 필요한 파란색 삼각형의 수는 $7\times2+1=15$(개)입니다.
노란색 삼각형이 13개일 때 필요한 파란색 삼각형의 수는 $13\times2+1=27$(개)입니다.
따라서 노란색 삼각형이 7개일 때 필요한 파란색 삼각형의 수와 노란색 삼각형이 13개일 때 필요한 파란색 삼각형의 수의 합은 $15+27=42$(개)입니다.

02 탑의 층수와 나무 막대의 수 사이의 대응 관계를 표로 나타내면 다음과 같습니다.

탑의 층수(층)	1	2	3	……
나무 막대의 수(개)	4	8	12	……

탑이 한 층 올라갈 때마다 필요한 나무 막대의 수는 4개씩 늘어납니다.

탑의 층수를 $\Box$, 나무 막대의 수를 $\triangle$라고 할 때, 두 양 사이의 대응 관계를 기호를 사용하여 식으로 나타내면 $\Box\times4=\triangle$ 또는 $\triangle\div4=\Box$입니다.
따라서 21층으로 탑을 쌓으려면 나무 막대는 모두 $21\times4=84$(개) 필요합니다.

03 표에서 $\bigcirc$와 $\triangle$ 사이의 대응 관계를 생각하여 다음과 같은 규칙을 찾을 수 있습니다.
$3\times3=9$, $5\times5=25$, $7\times7=49$, $9\times9=81$, $11\times11=21$, $13\times13=169$
따라서 $\bigcirc$와 $\triangle$ 사이의 대응 관계를 기호를 사용하여 식으로 나타내면 $\bigcirc\times\bigcirc=\triangle$입니다.

04
종이를 자른 횟수(번)	1	2	3	4	……
잘린 종이의 수(장)	2	4	8	16	……

잘린 종이의 수는 바로 앞 종이의 수의 2배이므로 $1\times2=2$, $2\times2=4$, $4\times2=8$, $8\times2=16$, $16\times2=32$, $32\times2=64$, $64\times2=128$, $128\times2=256$입니다.
따라서 잘린 종이의 수가 256장이 되려면 종이를 8번 잘라야 합니다.

05 탁자의 수와 사람의 수 사이의 대응 관계를 표를 이용하여 알아보면 다음과 같습니다.

탁자의 수(개)	1	2	3	……
사람의 수(명)	$6=(4\times1)+2$	$10=(4\times2)+2$	$14=(4\times3)+2$	……

$\Box$째에 놓일 탁자의 수는 $\Box$개이고, 이때 앉을 수 있는 사람의 수는 $4\times\Box+2$(명)입니다.
스물넷째일 때 앉을 수 있는 사람의 수:
$4\times24+2=98$(명)
스물다섯째일 때 앉을 수 있는 사람의 수:
$4\times25+2=102$(명)
따라서 100명이 모두 앉으려면 탁자는 적어도 25개 필요합니다.

06

배열 순서	1	2	3	4	......
바둑돌의 수(개)	4	7	10	13	......

배열 순서를 □, 바둑돌의 수를 △라고 할 때, △는 □의 3배보다 하나가 더 많으므로 대응 관계를 기호를 사용하여 식으로 나타내면 $1+□×3=△$입니다.

바둑돌의 수가 55개, 즉 △=55일 때 배열 순서가 몇째인지 구하면 다음과 같습니다.

$1+□×3=55$, $□×3=54$이므로

$□=54÷3=18$입니다.

따라서 열여덟째 바둑돌의 배열입니다.

07 사각형의 수와 삼각형의 수 사이의 대응 관계를 표를 이용하여 알아보면 다음과 같습니다.

사각형의 수(개)	1	2	3	......
삼각형의 수(개)	6	10= 6+4	14= 6+4×2	......

변하지 않는 부분과 변하는 부분을 생각하면 사각형이 1개 늘어날 때마다 삼각형이 4개씩 늘어남을 알 수 있습니다.

사각형의 수를 □, 삼각형의 수를 ○라고 할 때, 두 양 사이의 대응 관계를 기호를 사용하여 식으로 나타내면 $○=6+4×(□-1)$입니다.

따라서 □=50일 때

$○=6+4×(50-1)=6+4×49=6+196$
$=202$이므로 삼각형은 202개입니다.

[다른 풀이]

첫째 배열에서 삼각형의 수를 6(=2+4)개로 나타낼 수 있습니다. 이와 같은 규칙에 따르면 사각형의 수와 삼각형의 수 사이의 대응 관계를 표를 이용하여 알아보면 다음과 같습니다.

사각형의 수(개)	1	2	3	......
삼각형의 수(개)	6= 2+4	10= 2+4×2	14= 2+4×3	......

사각형의 수를 □, 삼각형의 수를 ○라고 할 때, 두 양 사이의 대응 관계를 기호를 사용하여 식으로 나타내면 $○=2+4×□$입니다.

따라서 □=50일 때

$○=2+4×50=2+200=202$이므로 삼각형은 202개입니다.

08 양념 치킨 100 g의 열량이 286 kcal이므로 양념 치킨 500 g의 열량은 $286×5=1430$ (kcal)입니다.

달리기를 10분 하면 60 kcal를 소모하므로 달리기를 1분 할 때마다 6 kcal를 소모합니다.

(달리기를 하는 시간(분))×6=(달리기를 하면서 소모되는 열량)입니다.

$1430÷6=238…2$이므로 달리기로 1430 kcal를 소모하는 데 걸리는 시간은 적어도 $238+1=239$(분), 즉 3시간 59분입니다.

따라서 진혁이는 적어도 3시간 59분 동안 달리기를 해야 합니다.

09 일본 돈 1엔이 대한민국 돈 10원이므로 일본 돈을 □, 대한민국 돈을 ○라고 할 때, 두 양 사이의 대응 관계를 식으로 나타내면 $□×10=○$ 또는 $○÷10=□$입니다.

$□×10=○$에서 □=1500일 때 $1500×10=○$, ○=15000이므로 일본 돈 1500엔은 대한민국 돈으로 15000원입니다.

중국 돈 1위안이 대한민국 돈 150원이므로 중국 돈을 △, 대한민국 돈을 ○라고 할 때, 두 양 사이의 대응 관계를 식으로 나타내면 $△×150=○$ 또는 $○÷150=△$입니다.

$○÷150=△$에서 ○=15000일 때

$15000÷150=△$, △=100이므로 대한민국 돈 15000원은 중국 돈으로 100위안입니다.

따라서 일본 돈 1500엔은 대한민국 돈으로 15000원이고, 중국 돈으로 100위안입니다.

10 오전 7시에서 오전 11시까지 4시간 동안 태양의 고도는 60° 높아졌으므로 1시간 동안 $60°÷4=15°$씩 오후 1시까지 높아지다가 오후 1시 이후에 낮아집니다.

시각	오전 7시	오전 8시	오전 9시	오전 10시	오전 11시	낮 12시	오후 1시	오후 2시	……
태양의 고도	0°	15°	30°	45°	60°	75°	90°	75°	……

따라서 오전 9시의 태양의 고도는 30°이고, 오후 4시의 태양의 고도는 $75° - 15° - 15° = 45°$이므로 두 시각의 태양의 고도의 합은 $30° + 45° = 75°$입니다.

11 360분을 초 단위로 나타내면 $360 \times 60 = 21600$(초)입니다. 은석이의 이번 달 통화 시간은 9시간 45분이고 이를 분 단위로 나타내면
$9 \times 60 + 45 = 540 + 45 = 585$(분)이며 585분을 초 단위로 나타내면 $585 \times 60 = 35100$(초)입니다.
21600초까지는 기본요금 25000원을 내고, 21600초가 넘는 시간부터는 15초에 25원을 내므로 통화 요금은 $25000 + (35100 - 21600) \div 15 \times 25$
$= 25000 + 13500 \div 15 \times 25 = 25000 + 22500$
$= 47500$(원)입니다.

[다른 풀이]
360분은 6시간이므로 은석이의 통화 시간 9시간 45분에서 6시간을 제외하면 3시간 45분입니다. 6시간, 즉 360분까지는 기본요금 25000원이므로 3시간 45분에 대한 요금을 계산합니다. 15초에 25원씩이므로 1분에 100원입니다. 3시간 45분은 225분이므로 22500원입니다.
따라서 은석이가 내야 할 통화 요금은
$25000 + 22500 = 47500$(원)입니다.

12 1시간 후의 물의 높이의 차가 4 cm에서 2시간 후의 물의 높이의 차가 0 cm로 동일하였다가 다시 3시간 후의 물의 높이의 차가 4 cm로 되는 결과를 통해서 물탱크 ㉮의 물의 높이가 물탱크 ㉯의 물의 높이보다 높았다가 2시간이 지나면서 물탱크 ㉯의 물의 높이보다 낮아지는 것을 알 수 있습니다. 1시간에 물탱크 ㉮와 물탱크 ㉯의 물의 높이가 4 cm씩 차이가 나야 하는데 4시간 이후에 2 cm가 차이 나므로 물탱크 ㉮의 물이 3시간에서 4시간 사이에 모두 빠진 것입니다.

따라서 2시간 후에 물탱크 ㉯의 물의 높이가 18 cm이고 4시간 후에 물탱크 ㉯의 물의 높이가 2 cm이므로 1시간 동안 물탱크 ㉯의 물의 높이는 $(18 - 2) \div (4 - 2) = 16 \div 2 = 8$ (cm)씩 낮아지고, 3시간 후에 물탱크 ㉯의 물의 높이는 $18 - 8 = 10$ (cm)입니다.

13 주황색 타일은 둘째, 여덟째, 14째, 20째…… 줄에, 파란색 타일은 다섯째, 11째, 17째, 23째…… 줄에 붙였습니다.
□째에 붙인 타일의 수는 $□ \times 2 - 1$(개)입니다.
1600개의 타일을 붙였고, $40 \times 40 = 1600$이므로 타일을 한 줄에 40개씩 40줄을 붙였다는 것을 알 수 있습니다.
$40 \div 6 = 6 \cdots 4$이므로 각 줄마다 빨간색, 주황색, 노란색, 초록색, 파란색, 보라색 타일이 6번 반복되고, 빨간색 타일이 37째에, 주황색 타일이 38째에, 노란색 타일이 39째에, 초록색 타일이 40째에 붙여집니다.
즉, 주황색 타일을 7개의 줄에 붙일 수 있고, 파란색 타일은 6개의 줄에 붙일 수 있습니다.
주황색 타일의 배열 순서와 붙인 타일의 수 사이의 대응 관계를 표를 이용하여 알아보면 다음과 같습니다.

배열 순서	2	8	14	20	26	32	38
타일의 수(개)	3	15	27	39	51	63	75

(주황색 타일의 수)
$= 3 + 15 + 27 + 39 + 51 + 63 + 75$
$= 273$(개)
파란색 타일의 배열 순서와 붙인 타일의 수 사이의 대응 관계를 표를 이용하여 알아보면 다음과 같습니다.

배열 순서	5	11	17	23	29	35
타일의 수(개)	9	21	33	45	57	69

(파란색 타일의 수)
$= 9 + 21 + 33 + 45 + 57 + 69$
$= 234$(개)

➡ (화장실 벽에 붙인 주황색 타일과 파란색 타일의 수의 차)=273−234=39(개)

[다른 풀이]

다섯째 파란색 타일의 수는 5×2−1=9(개)이고 둘째 주황색 타일의 수는 2×2−1=3(개)입니다.

11째 파란색 타일의 수는 11×2−1=21(개)이고 여덟째 주황색 타일의 수는 8×2−1=15(개)입니다.

17째 파란색 타일의 수는 17×2−1=33(개)이고 14째 주황색 타일의 수는 14×2−1=27(개)입니다.

따라서 파란색 타일과 주황색 타일의 수의 차는 6으로 일정함을 알 수 있습니다.

1600개의 타일을 붙였고, 40×40=1600이므로 타일을 한 줄에 40개씩 40줄을 붙였습니다.

40÷6=6…4이므로 빨간색, 주황색, 노란색, 초록색, 파란색, 보라색 타일이 6번 반복되었습니다. 따라서 첫째부터 36째까지 파란색 타일이 주황색 타일보다 6×6=36(개) 많습니다. 다만 주황색 타일이 38째에 38×2−1=75(개)만큼 한 번 더 들어가므로 주황색 타일이 파란색 타일보다 75−36=39(개) 더 많습니다.

개념알기 개념 **1** 　　　　60쪽

1 풀이 참조, (왼쪽에서부터) 2, 2, 6 / 2, 2, 12

2 $\frac{16}{26}$, $\frac{24}{39}$, $\frac{32}{52}$, $\frac{40}{65}$, $\frac{48}{78}$

1 $\frac{12}{20}$

$\frac{6}{10}$

2 $\frac{8}{13}$의 분모와 분자에 0이 아닌 같은 수를 곱하여 크기가 같은 분수를 작은 것부터 5개 구합니다.

$\frac{8}{13} = \frac{8 \times 2}{13 \times 2} = \frac{16}{26}$, $\frac{8}{13} = \frac{8 \times 3}{13 \times 3} = \frac{24}{39}$,

$\frac{8}{13} = \frac{8 \times 4}{13 \times 4} = \frac{32}{52}$, $\frac{8}{13} = \frac{8 \times 5}{13 \times 5} = \frac{40}{65}$,

$\frac{8}{13} = \frac{8 \times 6}{13 \times 6} = \frac{48}{78}$

개념 응용하기 응용 **1** 　　　　61쪽

2, $\frac{12}{18}$ / 3, $\frac{8}{12}$ / 4, $\frac{6}{9}$ / 6, $\frac{4}{6}$ / 12, 12, 2 / $\frac{4}{6}$

1 5, 56　　2 $\frac{12}{20}$, $\frac{15}{25}$, $\frac{18}{30}$　　3 12

1 분모와 분자에 각각 0이 아닌 같은 수를 곱하거나 분모와 분자를 각각 0이 아닌 같은 수로 나누면 크기가 같은 분수가 됩니다.

$\frac{28}{35} = \frac{28 \div 7}{35 \div 7} = \frac{4}{5} = \frac{4}{\square}$ ➡ $\square = 5$

$\frac{28}{35} = \frac{28 \times 2}{35 \times 2} = \frac{56}{70} = \frac{\triangle}{70}$ ➡ $\triangle = 56$

2 $\frac{3}{5}$과 크기가 같은 분수를 찾기 위해 분모와 분자에 각각 0이 아닌 같은 수를 작은 수부터 차례로 곱해 보면 다음과 같습니다.

$$\frac{3}{5}=\frac{3\times2}{5\times2}=\frac{6}{10},\ \frac{3}{5}=\frac{3\times3}{5\times3}=\frac{9}{15},$$

$$\frac{3}{5}=\frac{3\times4}{5\times4}=\frac{12}{20},\ \frac{3}{5}=\frac{3\times5}{5\times5}=\frac{15}{25},$$

$$\frac{3}{5}=\frac{3\times6}{5\times6}=\frac{18}{30},\ \frac{3}{5}=\frac{3\times7}{5\times7}=\frac{21}{35}\cdots\cdots$$

이 중 분모와 분자의 합이 30보다 크고 50보다 작은 것은 $\frac{12}{20},\ \frac{15}{25},\ \frac{18}{30}$입니다.

3 분모와 분자에 각각 0이 아닌 같은 수를 곱하여 크기가 같은 분수를 만들 수 있습니다.

$$\frac{6}{7}=\frac{6+\square}{7+14}=\frac{6+\square}{21}$$

분모가 7에서 21이 되었으므로 분자에도 3을 곱해야 크기가 변하지 않습니다.

$$\frac{6}{7}=\frac{6\times3}{7\times3}=\frac{18}{21}=\frac{6+\square}{21}$$

따라서 $18=6+\square$이므로 $\square=18-6=12$입니다.

2 민경이네 가족이 만든 송편 320개 중 꿀 송편은 172개이므로 이를 분수로 나타내면 $\frac{172}{320}$입니다. 분자인 172와 분모인 320의 최대공약수는 4이므로 4로 분모와 분자를 각각 나눕니다.

$$\frac{172}{320}=\frac{172\div4}{320\div4}=\frac{43}{80}$$

따라서 꿀 송편은 전체 송편의 $\frac{43}{80}$입니다.

3 두 분수를 통분할 때 공통분모가 될 수 있는 수는 두 분모 6과 9의 공배수인 18, 36, 54, 72, 90, 108 ……입니다.
이 중 100에 가까운 수는 90, 108이고, 두 수 중 108이 100에 더 가까우므로 공통분모를 108로 하여 통분합니다.

$$\frac{5}{6}=\frac{5\times18}{6\times18}=\frac{90}{108},\ \frac{7}{9}=\frac{7\times12}{9\times12}=\frac{84}{108}$$

개념알기 **개념 2** 62쪽

1 $\frac{24}{27},\ \frac{16}{18},\ \frac{8}{9}$ **2** $\frac{43}{80}$ **3** $\frac{90}{108},\ \frac{84}{108}$

1 분수의 분모와 분자를 공약수로 나누는 것을 약분이라고 합니다. $\frac{48}{54}$의 분모와 분자의 공약수를 모두 찾으면 1, 2, 3, 6이므로 $\frac{48}{54}$의 분모와 분자를 2, 3, 6으로 각각 나누어 약분합니다.

$$\frac{48}{54}=\frac{48\div2}{54\div2}=\frac{24}{27},\ \frac{48}{54}=\frac{48\div3}{54\div3}=\frac{16}{18},$$

$$\frac{48}{54}=\frac{48\div6}{54\div6}=\frac{8}{9}$$

개념 응용하기 **응용 2** 63쪽

4, 4, $\frac{8}{20}$ / 2, 2, $\frac{14}{20}$ / $\frac{8}{20},\ \frac{14}{20}$ / 9, 11, 13

1 1, 5, 7, 11   **2** $\frac{5}{18},\ \frac{11}{12}$ **3** $\frac{24}{84},\ \frac{35}{84},\ \frac{70}{84}$

1 진분수 $\frac{\square}{12}$가 기약분수이므로 $\frac{\square}{12}$는 약분이 되지 않는 분수입니다. 약분이 되지 않으려면 분모와 분자의 공약수가 1 이외에는 없어야 하고, 진분수이므로 분자가 분모보다 작아야 합니다. 따라서 12와 공약수가 1뿐이고 12보다 작은 수는 1, 5, 7, 11입니다.

2 통분하기 전 기약분수를 구하려면 각 분수의 분모, 분자의 최대공약수로 분모와 분자를 각각 나눕니다.
$\frac{20}{72}$의 분모, 분자의 최대공약수는 4이므로
$\frac{20\div4}{72\div4}=\frac{5}{18}$, $\frac{66}{72}$의 분모, 분자의 최대공약수는 6이므로 $\frac{66\div6}{72\div6}=\frac{11}{12}$입니다.

3 세 분모의 최소공배수를 구하면 84입니다.
따라서 84를 공통분모로 하여 통분하면
$\frac{2\times12}{7\times12}=\frac{24}{84}$, $\frac{5\times7}{12\times7}=\frac{35}{84}$, $\frac{5\times14}{6\times14}=\frac{70}{84}$입니다.

개념알기 **개념 3** 64쪽

1 (1) < (2) <   2 포도, 귤, 사과

1 (1) $\left(1\frac{2}{7}, 1\frac{5}{8}\right) \Rightarrow \left(1\frac{16}{56}, 1\frac{35}{56}\right)$
$\Rightarrow 1\frac{2}{7} < 1\frac{5}{8}$
(2) $\frac{4}{5}=\frac{8}{10}=0.8$입니다.
$\left(\frac{4}{5}, 0.9\right) \Rightarrow (0.8, 0.9) \Rightarrow \frac{4}{5} < 0.9$

2 $\left(\frac{3}{4}, \frac{5}{9}\right) \Rightarrow \left(\frac{27}{36}, \frac{20}{36}\right) \Rightarrow \frac{3}{4}>\frac{5}{9}$
$\left(\frac{5}{9}, \frac{6}{7}\right) \Rightarrow \left(\frac{35}{63}, \frac{54}{63}\right) \Rightarrow \frac{5}{9}<\frac{6}{7}$
$\left(\frac{3}{4}, \frac{6}{7}\right) \Rightarrow \left(\frac{21}{28}, \frac{24}{28}\right) \Rightarrow \frac{3}{4}<\frac{6}{7}$
따라서 $\frac{6}{7}>\frac{3}{4}>\frac{5}{9}$이므로 무게가 무거운 과일부터 차례로 쓰면 포도, 귤, 사과입니다.

개념 응용하기 **응용 3** 65쪽

7, 2, 7, 2 / 7, 2, 1, 2, 3

1 준영   2 $\frac{5}{6}$ 3 1.3, $1\frac{6}{25}$, $\frac{17}{20}$, 0.8

1 $\frac{2}{9}$와 $\frac{3}{8}$을 두 분모의 최소공배수를 공통분모로 하여 통분하면 $\frac{16}{72}$, $\frac{27}{72}$이므로 준영이는 전체의
$1-\frac{16}{72}-\frac{27}{72}=\frac{72-16-27}{72}=\frac{29}{72}$를 가졌습니다.
따라서 $\frac{29}{72}>\frac{27}{72}>\frac{16}{72}$이므로 연필을 가장 많이 가진 사람은 준영이입니다.

2 분모가 2인 진분수: 수 카드 중 2보다 작은 카드가 없으므로 만들 수 없습니다.
분모가 3인 진분수: $\frac{2}{3}$
분모가 5인 진분수: $\frac{2}{5}$, $\frac{3}{5}$
분모가 6인 진분수: $\frac{2}{6}$, $\frac{3}{6}$, $\frac{5}{6}$
각 분모별로 가장 큰 진분수는 $\frac{2}{3}$, $\frac{3}{5}$, $\frac{5}{6}$이므로 세 분수의 크기를 비교합니다.
$\left(\frac{2}{3}, \frac{3}{5}\right) \Rightarrow \left(\frac{10}{15}, \frac{9}{15}\right) \Rightarrow \frac{2}{3}>\frac{3}{5}$
$\left(\frac{3}{5}, \frac{5}{6}\right) \Rightarrow \left(\frac{18}{30}, \frac{25}{30}\right) \Rightarrow \frac{3}{5}<\frac{5}{6}$
$\left(\frac{2}{3}, \frac{5}{6}\right) \Rightarrow \left(\frac{4}{6}, \frac{5}{6}\right) \Rightarrow \frac{2}{3}<\frac{5}{6}$
따라서 $\frac{5}{6}>\frac{2}{3}>\frac{3}{5}$이므로 만들 수 있는 가장 큰 진분수는 $\frac{5}{6}$입니다.

3 분수를 소수로 나타내어 크기를 비교해 봅니다.
$1\frac{6}{25}=1\frac{24}{100}=1.24$
$\frac{17}{20}=\frac{85}{100}=0.85$

$\Rightarrow 1.3 > 1.24 > 0.85 > 0.8$

$\Rightarrow 1.3 > 1\dfrac{6}{25} > \dfrac{17}{20} > 0.8$

66~67쪽

LEVEL 1

01 24

02 $\dfrac{32}{136}$, $\dfrac{36}{153}$

03 $\dfrac{5}{2}$

04 80

05 (왼쪽에서부터) 14 / 70, 30, $\dfrac{28}{70}$

06 $\dfrac{5}{21}$, $\dfrac{7}{15}$, $\dfrac{15}{23}$, $\dfrac{2}{3}$

07 12개

08 1.12, $\dfrac{21}{20}$

01 $\dfrac{8}{18} = \dfrac{8+\square}{18+54} = \dfrac{8+\square}{72}$ 이므로 $\dfrac{8+\square}{72}$ 는 $\dfrac{8}{18}$ 의 분자와 분모에 각각 4를 곱한 수와 같습니다.

$\dfrac{8 \times 4}{18 \times 4} = \dfrac{32}{72} = \dfrac{8+\square}{72}$

따라서 $32 = 8 + \square$ 이므로 $\square = 32 - 8 = 24$ 입니다.

02 $\dfrac{4}{17}$ 의 분모와 분자의 합은 $17 + 4 = 21$ 이므로 분모, 분자의 합이 150보다 크고 200보다 작은 경우를 찾기 위해 21의 배수 중 150보다 크고 200보다 작은 수를 찾아봅니다.

$21 \times 7 = 147$, $21 \times 8 = 168$, $21 \times 9 = 189$, $21 \times 10 = 210$ …… 이므로 21의 8배, 9배는 150보다 크고 200보다 작은 수입니다.

따라서 분모와 분자의 합이 150보다 크면서 200보다 작은 $\dfrac{4}{17}$ 와 크기가 같은 분수는 $\dfrac{4}{17}$ 의 분모와 분자에 각각 8, 9를 곱하면 되므로 구하는 분수는

$\dfrac{4 \times 8}{17 \times 8} = \dfrac{32}{136}$, $\dfrac{4 \times 9}{17 \times 9} = \dfrac{36}{153}$ 입니다.

03 $\dfrac{3}{8}$ 과 $\dfrac{5}{6}$ 를 24를 공통분모로 하여 통분하면 $\dfrac{9}{24}$, $\dfrac{20}{24}$ 입니다. 따라서 분모가 24이면서 $\dfrac{3}{8}$ 보다 크고 $\dfrac{5}{6}$ 보다 작은 분수는 $\dfrac{10}{24}$, $\dfrac{11}{24}$ …… $\dfrac{19}{24}$ 입니다. 이 중에서

기약분수는 $\dfrac{11}{24}$, $\dfrac{13}{24}$, $\dfrac{17}{24}$, $\dfrac{19}{24}$ 이므로 합은

$\dfrac{11 + 13 + 17 + 19}{24} = \dfrac{60}{24} = \dfrac{5}{2}$ 입니다.

04 분수 $\dfrac{60}{96}$ 을 약분할 수 있는 수는 60과 96의 공약수이므로 1, 2, 3, 4, 6, 12입니다. 이 중 1로 나누는 것을 제외하면 2, 3, 4, 6, 12의 5개이므로 ㉠＝5입니다.

$\dfrac{60}{96}$ 을 기약분수로 나타내면 $\dfrac{5}{8}$ 이므로

$\dfrac{5 \times \square}{8 \times \square} = \dfrac{㉡}{120}$ 에서 $\square = 120 \div 8 = 15$ 입니다. 즉,

$\dfrac{5 \times 15}{8 \times 15} = \dfrac{75}{120}$ 이므로 ㉡＝75입니다.

따라서 ㉠＋㉡＝5＋75＝80입니다.

05 $\left(\dfrac{11}{㉠}, \dfrac{3}{7}, \dfrac{2}{5} \right) \Rightarrow \left(\dfrac{55}{㉡}, \dfrac{㉢}{70}, \dfrac{㉣}{㉤} \right)$ 이라고 하면 통분한 세 분수의 공통분모는 70이므로 ㉡, ㉤은 70입니다.

$\dfrac{11}{㉠} = \dfrac{55}{70}$, $\dfrac{55 \div 5}{70 \div 5} = \dfrac{11}{14}$ 이므로 ㉠은 14입니다.

$\dfrac{3}{7} = \dfrac{㉢}{70}$, $\dfrac{3 \times 10}{7 \times 10} = \dfrac{30}{70}$ 이므로 ㉢은 30입니다.

$\dfrac{2}{5} = \dfrac{㉣}{70}$, $\dfrac{2 \times 14}{5 \times 14} = \dfrac{28}{70}$ 이므로 ㉣은 28입니다.

06 $\left(\dfrac{2}{3}, \dfrac{5}{21} \right) \Rightarrow \left(\dfrac{14}{21}, \dfrac{5}{21} \right) \Rightarrow \dfrac{2}{3} > \dfrac{5}{21}$

$\left(\dfrac{5}{21}, \dfrac{7}{15} \right) \Rightarrow \left(\dfrac{25}{105}, \dfrac{49}{105} \right) \Rightarrow \dfrac{5}{21} < \dfrac{7}{15}$

$\left(\dfrac{7}{15}, \dfrac{15}{23} \right) \Rightarrow \left(\dfrac{161}{345}, \dfrac{225}{345} \right) \Rightarrow \dfrac{7}{15} < \dfrac{15}{23}$

$\left(\dfrac{15}{23}, \dfrac{2}{3} \right) \Rightarrow \left(\dfrac{45}{69}, \dfrac{46}{69} \right) \Rightarrow \dfrac{15}{23} < \dfrac{2}{3}$

따라서 $\dfrac{5}{21} < \dfrac{7}{15} < \dfrac{15}{23} < \dfrac{2}{3}$ 입니다.

07 $\frac{5}{8}$를 소수로 나타내면

$\frac{5}{8}=\frac{5\times125}{8\times125}=\frac{625}{1000}=0.625$이고, $\frac{19}{25}$를 소수로

나타내면 $\frac{19}{25}=\frac{19\times4}{25\times4}=\frac{76}{100}=0.76$입니다.

0.625보다 크고 0.76보다 작은 소수 두 자리 수는

0.63, 0.64, 0.65, 0.66, 0.67, 0.68, 0.69, 0.71,

0.72, 0.73, 0.74, 0.75이므로 모두 12개입니다.

08 분수를 소수로 바꾸거나 소수를 분수로 바꾸어 크기

를 비교할 수 있습니다.

$\frac{3}{4}=\frac{3\times25}{4\times25}=\frac{75}{100}=0.75$,

$1\frac{1}{8}=1\frac{1\times125}{8\times125}=1\frac{125}{1000}=1.125$

이므로 주어진 수 중에서 조건을 모두 만족하는 수는

0.75보다 크고 1.125보다 작은 수입니다.

주어진 수 중 분수를 소수로 바꾸어 보면

$\overset{\scriptscriptstyle 3}{\frac{9}{15}}=\frac{3}{5}=\frac{3\times2}{5\times2}=\frac{6}{10}=0.6$,

$\frac{21}{20}=\frac{21\times5}{20\times5}=\frac{105}{100}=1.05$,

$1\overset{\scriptscriptstyle 1}{\frac{6}{24}}=1\frac{1}{4}=1\frac{1\times25}{4\times25}=1\frac{25}{100}=1.25$입니다.

따라서 0.6, 1.12, 1.05, 1.3, 1.25 중 0.75보다 크

고 1.125보다 작은 수는 1.12와 $1.05\left(=\frac{21}{20}\right)$입니

다.

68~69쪽

LEVEL 2

01 5개   **02** $\frac{15}{24}$ **03** $\frac{9}{13}$ **04** 8개

05 6, 12   **06** $\frac{45}{90}$, $\frac{30}{66}$, $\frac{15}{36}$, $\frac{40}{104}$, $\frac{35}{98}$

07 $\frac{6}{10}$, $\frac{7}{10}$ **08** 2

01 만들 수 있는 분수의 조건은 다음과 같습니다.

같은 카드를 두 번 사용할 수 없으므로 각 자리에 각

각 다른 숫자로 이루어져 있습니다.

분모는 분자의 2배가 되어야 하므로 짝수입니다.

분자도 두 자리 수이므로 분모는 20과 같거나 20보다

큰 수입니다.

1부터 6까지의 수만 사용할 수 있습니다.

따라서 분모가 될 수 있는 20과 같거나 20보다 큰 짝

수를 찾아보면 24, 26, 32, 34, 36, 42, 46, 52,

54, 56, 62, 64입니다. 이 중 2로 나누었을 때 숫자

가 겹치지 않고, 1부터 6까지의 숫자로만 이루어져

있는 것을 찾으면

$\frac{1}{2}=\frac{13}{26}=\frac{16}{32}=\frac{23}{46}=\frac{31}{62}=\frac{32}{64}$로 모두 5개입니다.

02 구하는 분수를 $\frac{5\times\square}{8\times\square}$라고 하면

$5\times\square\times8\times\square=360$, $40\times\square\times\square=360$,

$\square\times\square=360\div40=9$, $\square=3$입니다.

따라서 구하는 분수는 $\frac{5\times3}{8\times3}=\frac{15}{24}$입니다.

03 분모가 13인 분수 $\frac{\square}{13}$와 $\frac{6}{9}$을 통분하면

$\frac{\square\times9}{13\times9}=\frac{\square\times9}{117}$, $\frac{78}{117}$입니다.

$8\times9=72$, $9\times9=81$이므로 $\square\times9$가 78에 가장

가까우려면 $\square\times9=9\times9=81$로 $\square=9$입니다.

따라서 $\frac{6}{9}$에 가장 가까운 분수는 $\frac{9}{13}$입니다.

04 $\frac{30}{111}$을 기약분수로 나타내면 $\frac{10}{37}$입니다.

$\frac{10}{37}$의 분모와 분자의 합이 $37+10=47$이므로 $\frac{10}{37}$

과 크기가 같은 분수 중 분모와 분자의 합이 400보다

작은 분수의 개수는 400보다 작은 47의 배수의 개수

와 같습니다. 따라서 400보다 작은 47의 배수는

$47\times1=47$, $47\times2=94\cdots47\times8=376$으로 모

두 8개입니다.

05 $\frac{2}{5}$, $\frac{1}{3}$과 각각 크기가 같은 분수를 찾으면 다음과 같습니다.

$$\frac{2}{5}=\frac{4}{10}=\frac{6}{15}=\frac{8}{20}=\frac{10}{25}=\frac{12}{30}=\cdots\cdots$$

$$\frac{1}{3}=\frac{2}{6}=\frac{3}{9}=\frac{4}{12}=\frac{5}{15}=\frac{6}{18}=\cdots\cdots$$

$\frac{\blacktriangle}{\blacksquare+3}=\frac{2}{5}$, $\frac{\blacktriangle-2}{\blacksquare}=\frac{1}{3}$이므로 $\frac{2}{5}$와 크기가 같은 분수 중 $\frac{1}{3}$과 크기가 같은 분수보다 분모는 3이 크며, 분자는 2가 더 큰 분수는 $\frac{6}{15}$이고, 이때 $\frac{1}{3}$과 크기가 같은 분수는 $\frac{4}{12}$입니다.

따라서 $\blacktriangle$에 알맞은 수는 6, $\blacksquare$에 알맞은 수는 12입니다.

06 주어진 분수를 모두 기약분수로 바꾸어 봅니다.

$$\overset{5}{\underset{14}{\frac{35}{98}}}=\frac{5}{14},\ \overset{5}{\underset{11}{\frac{30}{66}}}=\frac{5}{11},\ \overset{5}{\underset{12}{\frac{15}{36}}}=\frac{5}{12},\ \overset{5}{\underset{13}{\frac{40}{104}}}=\frac{5}{13},$$

$$\overset{1}{\underset{2}{\frac{45}{90}}}=\frac{1}{2}$$

네 분수의 분자가 5이므로 $\frac{1}{2}$을 분자가 5인 분수로 바꾸어 주면 $\frac{5}{10}$입니다. 분자가 같은 분수는 분모가 작을수록 큰 분수이므로

$$\frac{5}{10}>\frac{5}{11}>\frac{5}{12}>\frac{5}{13}>\frac{5}{14}$$입니다.

따라서 주어진 분수를 크기가 큰 것부터 차례로 쓰면

$$\frac{45}{90},\ \frac{30}{66},\ \frac{15}{36},\ \frac{40}{104},\ \frac{35}{98}$$입니다.

07 $\frac{1}{2}$보다 크고 $\frac{5}{7}$보다 작은 분수 중에서 분모가 10인 분수를 $\frac{\square}{10}$라고 하면 $\frac{1}{2}<\frac{\square}{10}<\frac{5}{7}$입니다.

이 세 분수를 분모의 최소공배수인 70을 공통분모로 하여 통분하면 $\frac{1}{2}=\frac{35}{70}$, $\frac{\square\times7}{70}$, $\frac{5}{7}=\frac{50}{70}$이므로 $\frac{35}{70}<\frac{\square\times7}{70}<\frac{50}{70}$입니다.

따라서 35와 50 사이의 7의 배수는 42, 49이므로 $\frac{1}{2}$보다 크고 $\frac{5}{7}$보다 작은 분수 중에서 분모가 10인 분수는

$$\overset{6}{\underset{10}{\frac{42}{70}}}=\frac{6}{10},\ \overset{7}{\underset{10}{\frac{49}{70}}}=\frac{7}{10}$$입니다.

08 1.1보다 크고 2.1보다 작은 분수들 중 약분하여 분자가 3이 될 수 있는 분수를 모두 찾습니다.

소수를 분수로 나타내면 $1.1=\frac{11}{10}$, $2.1=\frac{21}{10}$이므로 $\frac{11}{10}$과 $\frac{21}{10}$ 사이에 들어갈 수 있는 분수는 $\frac{12}{10}$, $\frac{13}{10}$ $\cdots\cdots$ $\frac{20}{10}$입니다. 이 중 약분하여 분자가 3이 될 수 있는 분수는 $\frac{15}{10}$입니다. 따라서 $\frac{15}{10}=\frac{3}{2}$이므로 $\square$ 안에 들어갈 수 있는 자연수는 2입니다.

LEVEL 3 70~71쪽

01 71	02 $\frac{18}{24}$	03 $\frac{1}{3}$	04 $\frac{3}{4}$
05 5, 7	06 $\frac{5}{9}$	07 7	08 $\frac{9}{13}$

01 $\frac{9}{25}$의 분모와 분자에 어떤 수를 각각 더해도 분모와 분자의 차는 16입니다. $\frac{5}{6}$와 크기가 같은 분수 중에서 분모와 분자의 차가 16인 분수는 $\frac{5\times16}{6\times16}=\frac{80}{96}$입니다. 어떤 수를 $\square$라고 하면 $\frac{9+\square}{25+\square}=\frac{80}{96}$이므로 $\square=71$입니다.

따라서 어떤 수는 71입니다.

정답과 풀이 **47**

02 분모와 분자를 최대공약수로 약분하면 기약분수가 됩니다. 이 진분수의 기약분수를 $\dfrac{\blacktriangle}{\blacksquare}$라고 하면 원래의 분수는 $\dfrac{\blacktriangle \times 6}{\blacksquare \times 6}$이라고 할 수 있습니다.

$\blacktriangle + \blacksquare = 7$이고 $\dfrac{\blacktriangle}{\blacksquare}$가 진분수이므로 $\blacktriangle < \blacksquare$입니다. $\blacktriangle$와 $\blacksquare$가 될 수 있는 경우는 1과 6, 2와 5, 3과 4이므로 $\dfrac{\blacktriangle}{\blacksquare}$가 될 수 있는 분수는 $\dfrac{1}{6}$, $\dfrac{2}{5}$, $\dfrac{3}{4}$입니다.

$\dfrac{1}{6}$, $\dfrac{2}{5}$, $\dfrac{3}{4}$을 통분하면

$\dfrac{1}{6} = \dfrac{10}{60}$, $\dfrac{2}{5} = \dfrac{24}{60}$, $\dfrac{3}{4} = \dfrac{45}{60}$이므로

$\dfrac{10}{60} < \dfrac{24}{60} < \dfrac{45}{60}$입니다. 따라서 $\dfrac{3}{4}$이 가장 큰 분수이므로 원래의 분수는 $\dfrac{3 \times 6}{4 \times 6} = \dfrac{18}{24}$입니다.

03 (2부터 $\blacktriangle$까지의 수의 개수)=(6부터 $\blacksquare$까지의 수의 개수)입니다. 수의 배열을 보면 분자에 더해지는 수는 $2+4+6+\cdots\cdots$이고, 분모에 더해지는 수는 $6+12+18+\cdots\cdots = (2+2+2)+(4+4+4)+(6+6+6)+\cdots\cdots$으로 분자에 더해진 수의 3배임을 알 수 있습니다. 즉,

$6+12+18+\cdots\cdots+\blacksquare$
$=2+2+2+4+4+4+6+6+6+\cdots\cdots$
$\qquad +\blacktriangle+\blacktriangle+\blacktriangle$
$=(2+4+6+\cdots\cdots+\blacktriangle)+(2+4+6+\cdots\cdots+\blacktriangle)$
$\qquad +(2+4+6+\cdots\cdots+\blacktriangle)$
$=3\times(2+4+6+\cdots\cdots+\blacktriangle)$

따라서

$\dfrac{2+4+6+\cdots\cdots+\blacktriangle}{6+12+18+\cdots\cdots+\blacksquare} = \dfrac{(2+4+6+\cdots\cdots+\blacktriangle)}{3\times(2+4+6+\cdots\cdots+\blacktriangle)}$

이고, 분모와 분자의 공약수인 $(2+4+6+\cdots\cdots+\blacktriangle)$로 분모와 분자를 각각 나누면 $\dfrac{1}{3}$입니다.

04 분모와 분자가 각각 1씩 커지는 규칙이므로 49번째에 놓이는 분수는 $\dfrac{3+48}{20+48} = \dfrac{51}{68}$입니다.

따라서 이 분수를 기약분수로 나타내면 $\dfrac{\overset{3}{\cancel{51}}}{\underset{4}{\cancel{68}}} = \dfrac{3}{4}$입니다.

05 먼저 $\dfrac{6}{6}$, $\dfrac{\bigcirc\kern-0.6em\text{ㄴ}}{8}$, $\dfrac{7}{12}$을 세 분모의 최소공배수인 24를 공통분모로 하여 통분하여 ㉡의 값을 구합니다.

$\dfrac{6}{6} = 1 = \dfrac{24}{24}$, $\dfrac{\text{㉡}}{8} = \dfrac{\text{㉡}\times 3}{24}$, $\dfrac{7}{12} = \dfrac{14}{24}$이므로 분자를 비교하면 $24 > \text{㉡}\times 3 > 14$에서 ㉡에 알맞은 수는 5, 6, 7입니다.

$\dfrac{3}{2}$, $\dfrac{7}{\text{㉠}}$, $\dfrac{6}{6}$은 분모를 알지 못하므로 분자를 같은 수로 바꾸어 봅니다. 즉, 세 분수의 분모와 분자에 각각 같은 수를 곱하여 세 분수의 분자를 3, 7, 6의 최소공배수인 42로 바꿉니다.

$\dfrac{3}{2} = \dfrac{42}{28}$, $\dfrac{7}{\text{㉠}} = \dfrac{42}{\text{㉠}\times 6}$, $\dfrac{6}{6} = \dfrac{42}{42}$

분자가 같은 분수는 분모가 작을수록 큰 수이므로 $28 < \text{㉠}\times 6 < 42$에서 ㉠에 알맞은 자연수는 5, 6입니다.

따라서 ㉠과 ㉡에 알맞은 수의 차가 가장 클 때 ㉠=5, ㉡=7입니다.

06 수직선에서 선분 ㄱㄴ, 선분 ㄴㄷ, 선분 ㄷㄹ의 길이가 같으므로 $\dfrac{1}{2}$과 $\dfrac{2}{3}$ 사이의 거리가 3등분되어 있는 것을 알 수 있습니다.

두 분수 $\dfrac{1}{2}$과 $\dfrac{2}{3}$를 통분하면 $\dfrac{1}{2} = \dfrac{3}{6}$, $\dfrac{2}{3} = \dfrac{4}{6}$입니다.

$\dfrac{3}{6}$, $\dfrac{4}{6}$는 분자가 1 차이가 나고 수직선에서 $\dfrac{1}{2}$과 $\dfrac{2}{3}$ 사이는 3등분되어 있으므로 통분한 두 분수의 분모와 분자에 각각 3을 곱합니다.

$\dfrac{3}{6} = \dfrac{3\times 3}{6\times 3} = \dfrac{9}{18}$, $\dfrac{4}{6} = \dfrac{4\times 3}{6\times 3} = \dfrac{12}{18}$

따라서 $\square$ 안에 알맞은 분수는 $\dfrac{10}{18}$이고 기약분수로 나타내면 $\dfrac{5}{9}$입니다.

07 $\dfrac{1}{4}=\dfrac{2}{8}=\dfrac{3}{12}=\dfrac{4}{16}=\dfrac{5}{20}=\dfrac{6}{24}$ ……이고

$\dfrac{1}{3}=\dfrac{2}{6}=\dfrac{3}{9}=\dfrac{4}{12}=\dfrac{5}{15}=\dfrac{6}{18}$ ……입니다.

(ⓒ+8)−(ⓒ+5)=3이므로 분자가 같은 수 중에서 분모의 차가 3인 경우는 $\dfrac{3}{12}$, $\dfrac{3}{9}$입니다.

따라서 ㉠=3, ⓒ=12−8=4이므로

㉠+ⓒ=3+4=7입니다.

08 분모와 분자가 8로 나누어떨어지므로 분모와 분자는 8의 배수이고 약분했을 때 분모가 분자보다 8 크므로 진분수입니다.

조건을 만족하는 분수를 $\dfrac{㉠\times 8}{ⓒ\times 8}$이라고 하면 분모와 분자의 합이 352이므로

(㉠×8)+(ⓒ×8)=(㉠+ⓒ)×8=352,

㉠+ⓒ=352÷8=44입니다.

8로 약분하면 분모가 분자보다 8 크므로 ㉠=ⓒ−8 입니다.

㉠+ⓒ=44에서 (ⓒ−8)+ⓒ=44, ⓒ×2=52,

ⓒ=26이므로 ㉠=ⓒ−8=26−8=18입니다.

따라서 조건을 만족하는 분수는 $\dfrac{㉠\times 8}{ⓒ\times 8}=\dfrac{144}{208}$이므

로 기약분수로 나타내면 $\dfrac{9}{13}$입니다.

LEVEL 4 72~73쪽

01 24번째	02 441	03 38	04 16개
05 490, 70	06 $8\dfrac{4}{7}$	07 259	08 $\dfrac{3}{5}$

01 나열되어 있는 분수의 분자는 4부터 시작하여 2씩 늘어나고, 분모는 15부터 시작하여 5씩 늘어나는 규칙이 있습니다.

첫 번째 분수는 $\dfrac{2\times 2}{3\times 5}$, 두 번째 분수는 $\dfrac{3\times 2}{4\times 5}$와 같

이 나타낼 수 있으므로 □번째 분수는 $\dfrac{(□+1)\times 2}{(□+2)\times 5}$ 입니다.

$\dfrac{5}{13}=\dfrac{(□+1)\times 2}{(□+2)\times 5}$가 되려면 $\dfrac{(□+1)\times 2}{(□+2)\times 5}$를 약분 했을 때 $\dfrac{5}{13}$가 되어야 하므로 □+1은 5의 배수, □+2는 13의 배수가 되어야 합니다.

또한, $\dfrac{(□+1)\times 2}{(□+2)\times 5}$의 분자의 ×2와 분모의 ×5가 모두 약분되려면 □+1은 25(=5×5)의 배수, □+2는 13의 배수인 동시에 2의 배수인 26의 배수가 되어야 합니다.

따라서 □+1=25, □+2=26이므로 □=24, 즉, 24번째 분수입니다.

02 2보다 크고 5보다 작은 분수 중 분모가 7인 기약분수는 $\dfrac{14}{7}$보다 크고 $\dfrac{35}{7}$보다 작은 분수입니다. 이 분수들 중 기약분수는 분자가 7의 배수가 아닌 분수입니다. 14와 35 사이의 7의 배수는 21, 28이므로 $\dfrac{15}{7}$부터 $\dfrac{34}{7}$까지의 분수 중 $\dfrac{21}{7}$, $\dfrac{28}{7}$을 제외한 나머지 분수의 분자들을 모두 더해 줍니다.

따라서 15부터 34까지의 수를 모두 더한 후 21, 28을 다시 빼 주는 방법으로 계산하면

(15+16+17+……+32+33+34)−21−28

→ 49가 10개

=(49×10)−21−28=490−21−28=441 입니다.

03 분모인 12의 약수는 1, 2, 3, 4, 6, 12입니다. 이 중 분자가 2, 3, 4, 6, 12의 배수이면 약분할 수 있습니다.

4의 배수는 2의 배수와 겹치고, 6, 12의 배수 또한 2, 3의 배수와 겹치기 때문에 2의 배수, 3의 배수인 수의 개수를 세어 약분할 수 있는 분수의 개수를 알아봅니다.

1부터 10까지의 수: 2, 3, 4, 6, 8, 9, 10 ➡ 7개
11부터 20까지의 수: 12, 14, 15, 16, 18, 20
➡ 6개
21부터 30까지의 수: 21, 22, 24, 26, 27, 28, 30
➡ 7개
31부터 40까지의 수: 32, 33, 34, 36, 38, 39, 40
➡ 7개
위와 같이 약분할 수 있는 분자를 찾아보면 25번째에 오는 수는 38입니다.
따라서 □ 안에 들어갈 수 있는 가장 작은 수는 38입니다.

04 기약분수가 되려면 분자의 약수가 1을 제외하고 분모인 21의 약수와 같지 않아야 합니다.

21의 약수는 1, 3, 7, 21이므로 분자 중 3의 배수와 7의 배수를 제외하면 기약분수만 남습니다.

- 분자 21부터 48까지의 수의 개수:
$48-21+1=28$(개)
- 3의 배수의 개수: $3\times7=21$, $3\times16=48$이므로
$16-7+1=10$(개)
- 7의 배수의 개수: $7\times3=21$, $7\times6=42$이므로
$6-3+1=4$(개)
- 3의 배수이면서 7의 배수인 수의 개수:
21, 42의 2개

따라서 구하는 기약분수의 개수는
(21부터 48까지의 수의 개수)−(3의 배수의 개수)
−(7의 배수의 개수)
+(3의 배수이면서 7의 배수인 수의 개수)
$=28-10-4+2=16$(개)입니다.

05 $700=2\times2\times5\times5\times7$이므로
$$\frac{1}{700}=\frac{2\times5\times7\times7}{(2\times5\times7)\times(2\times5\times7)\times(2\times5\times7)}$$
입니다.
따라서 가$=2\times5\times7\times7=490$,
나$=2\times5\times7=70$입니다.

06 수 카드 3장을 사용하여 만들 수 있는 분수는 대분수, 가분수, 진분수가 있지만 8.74에 가까운 분수를 만들기 위해 진분수가 아닌 대분수와 가분수만 만들어 비교해 봅니다.

만들 수 있는 가분수: $\frac{47}{8}$, $\frac{74}{8}$, $\frac{48}{7}$, $\frac{84}{7}$, $\frac{78}{4}$, $\frac{87}{4}$

만들 수 있는 대분수: $4\frac{7}{8}$, $7\frac{4}{8}$, $8\frac{4}{7}$

이 중 8.74에 가까운 수는 $8\frac{4}{7}$, $\frac{74}{8}\left(=9\frac{1}{4}\right)$입니다.

8.74를 분수로 나타내면 $8\frac{74}{100}$이므로 세 분수 $8\frac{4}{7}$, $\frac{74}{8}\left(=9\frac{1}{4}\right)$, $8\frac{74}{100}$를 700을 공통분모로 하여 통분한 후 비교해 봅니다.

$8\frac{4}{7}=8\frac{400}{700}$, $9\frac{1}{4}=9\frac{175}{700}=8\frac{875}{700}$,

$8\frac{74}{100}=8\frac{518}{700}$이므로 $8\frac{875}{700}$와 $8\frac{400}{700}$ 중 $8\frac{518}{700}$에

더 가까운 분수는 $8\frac{400}{700}$입니다.

따라서 8.74에 가장 가까운 분수는 $8\frac{400}{700}$, 즉 $8\frac{4}{7}$입니다.

07 $\frac{8}{7}$과 $\frac{11}{7}$ 사이의 분모가 7인 분수는 $\frac{9}{7}$, $\frac{10}{7}$으로 모두 2개입니다.

$\frac{8}{7}$과 $\frac{11}{7}$의 분모와 분자에 각각 2를 곱하면 $\frac{16}{14}$, $\frac{22}{14}$이므로 $\frac{16}{14}$과 $\frac{22}{14}$ 사이의 분모가 14인 분수는

$\frac{17}{14}$, $\frac{18}{14}$, $\frac{19}{14}$, $\frac{20}{14}$, $\frac{21}{14}$로 모두 5개입니다.

$\frac{8}{7}$과 $\frac{11}{7}$의 분모와 분자에 각각 3을 곱하면 $\frac{24}{21}$, $\frac{33}{21}$이므로 $\frac{24}{21}$와 $\frac{33}{21}$ 사이의 분모가 21인 분수는

$\frac{25}{21}$, $\frac{26}{21}$ …… $\frac{32}{21}$로 모두 8개입니다.

$\dfrac{8}{7}$과 $\dfrac{11}{7}$의 분모와 분자에 각각 4를 곱하면 $\dfrac{32}{28}$,

$\dfrac{44}{28}$이므로 $\dfrac{32}{28}$와 $\dfrac{44}{28}$ 사이의 분모가 28인 분수는

$\dfrac{33}{28}$, $\dfrac{34}{28}$ …… $\dfrac{43}{28}$으로 모두 11개입니다.

따라서 $\dfrac{8}{7}$과 $\dfrac{11}{7}$의 분모와 분자에 □를 곱하면 $\dfrac{8}{7}$과

$\dfrac{11}{7}$ 사이에 $2+(□-1)\times3$(개)의 분수가 생기는 것

을 알 수 있습니다.

$2+(□-1)\times3=110$에서

$(□-1)\times3=110-2=108$,

$□-1=108\div3=36$,

$□=36+1=37$입니다.

따라서 분모인 ㉠ $=7\times37=259$입니다.

08 주사위를 두 번 던져서 나오는 경우는 $6\times6=36$(가

지)입니다. 이를 가지고 만들 수 있는 진분수 중 $\dfrac{4}{7}$보

다 큰 것을 찾습니다. 분모가 될 수 있는 수 2, 3, 4,

5, 6과 $\dfrac{4}{7}$의 분모 7의 최소공배수는 420이므로 진분

수를 420을 공통분모로 하여 통분하여 봅니다.

$\dfrac{4}{7}\left(=\dfrac{8}{14}\right)$는 $\dfrac{1}{2}\left(=\dfrac{7}{14}\right)$보다 크므로

(분자)$\times2>$(분모)인 분수만을 찾아 비교해 봅니다.

$\dfrac{4}{7}$ ➡ $\dfrac{240}{420}$

분모가 3인 분수: $\dfrac{2}{3}$ ➡ $\dfrac{280}{420}$

분모가 4인 분수: $\dfrac{3}{4}$ ➡ $\dfrac{315}{420}$

분모가 5인 분수: $\dfrac{3}{5}$, $\dfrac{4}{5}$ ➡ $\dfrac{252}{420}$, $\dfrac{336}{420}$

분모가 6인 분수: $\dfrac{4}{6}$, $\dfrac{5}{6}$ ➡ $\dfrac{280}{420}$, $\dfrac{350}{420}$

따라서 $\dfrac{4}{7}\left(=\dfrac{240}{420}\right)$보다 큰 진분수 중 가장 작은 분

수는 $\dfrac{3}{5}\left(=\dfrac{252}{420}\right)$입니다.

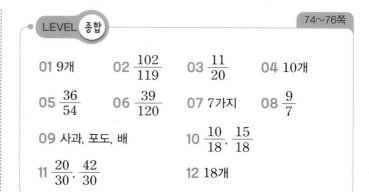

LEVEL 종합

01 9개	02 $\dfrac{102}{119}$	03 $\dfrac{11}{20}$	04 10개
05 $\dfrac{36}{54}$	06 $\dfrac{39}{120}$	07 7가지	08 $\dfrac{9}{7}$
09 사과, 포도, 배		10 $\dfrac{10}{18}$, $\dfrac{15}{18}$	
11 $\dfrac{20}{30}$, $\dfrac{42}{30}$		12 18개	

01 분자를 같게 만들어서 크기를 비교해 봅니다. 분자인

2, 7, 6의 최소공배수는 42이므로 분수의 분모와 분

자에 같은 수를 곱하여 분자가 모두 42가 되도록 만

들면

$\dfrac{2}{5}<\dfrac{7}{□}<\dfrac{6}{7}$ ➡ $\dfrac{42}{105}<\dfrac{42}{□\times6}<\dfrac{42}{49}$에서

$49<□\times6<105$가 되어야 합니다.

따라서 □ 안에 들어갈 수 있는 자연수는 9, 10……

17로 모두 9개입니다.

02 $\dfrac{24}{28}$를 기약분수로 나타내면 $\dfrac{6}{7}$입니다.

$\dfrac{6\times□}{7\times□}=\dfrac{㉠}{㉡}$이라고 하면 ㉠과 ㉡의 합이 221이므로

㉠$+$㉡$=(6\times□)+(7\times□)=13\times□=221$,

$□=221\div13=17$입니다.

따라서 $\dfrac{㉠}{㉡}=\dfrac{6\times17}{7\times17}=\dfrac{102}{119}$입니다.

03 분모인 3, 7, 8, 15, 20의 최소공배수는 840입니다.

주어진 분수들을 840을 공통분모로 하여 통분하면

$\dfrac{2}{3}=\dfrac{560}{840}$, $\dfrac{4}{7}=\dfrac{480}{840}$, $\dfrac{5}{8}=\dfrac{525}{840}$, $\dfrac{8}{15}=\dfrac{448}{840}$,

$\dfrac{11}{20}=\dfrac{462}{840}$이므로 두 번째로 작은 수는

$\dfrac{11}{20}\left(=\dfrac{462}{840}\right)$입니다.

04 $\dfrac{98}{126}$을 기약분수로 나타내면 $\dfrac{7}{9}$입니다. $\dfrac{7}{9}$과 크기가 같은 분수는 $\dfrac{7}{9}=\dfrac{14}{18}=\dfrac{21}{27}=\cdots\cdots=\dfrac{77}{99}=\cdots\cdots$입니다. 이 중 분모가 두 자리 수인 분수는 $\dfrac{14}{18}$, $\dfrac{21}{27}$ $\cdots\cdots$ $\dfrac{77}{99}$입니다. 이때 $9\times2=18$, $9\times11=99$이므로 분모가 두 자리 수인 분수는 모두 $11-2+1=10$(개)입니다.

05 분모와 분자의 최소공배수가 108인 분수의 분모와 분자의 최대공약수를 ☐로 하여 분수로 나타내면 $\dfrac{2}{3}\Rightarrow\dfrac{2\times☐}{3\times☐}$입니다.

$$☐\underline{)\ 2\times☐\quad 3\times☐\ }$$
$$\qquad\quad 2\qquad\quad 3$$

분모와 분자의 최소공배수가 108이므로 ☐$\times2\times3=108$, ☐$=18$입니다. 따라서 구하는 분수는 $\dfrac{2\times18}{3\times18}=\dfrac{36}{54}$입니다.

06 0.325를 분수로 나타내면 $\dfrac{325}{1000}$이고, 이 분수를 기약분수로 나타내면 $\dfrac{13}{40}$입니다. 원래의 분수는 $\dfrac{13\times☐}{40\times☐}$이고 분모와 분자의 합이 159이므로 $13\times☐+40\times☐=53\times☐=159$에서 ☐$=159\div53=3$입니다. 따라서 원래의 분수는 $\dfrac{13\times3}{40\times3}=\dfrac{39}{120}$입니다.

07 두 분수의 분모 16과 24의 최소공배수는 48이므로 이를 공통분모로 하여 통분하면 $\dfrac{㉠}{16}=\dfrac{㉠\times3}{16\times3}$, $\dfrac{㉡}{24}=\dfrac{㉡\times2}{24\times2}$입니다. 이때 두 분수의 크기가 같으므로 $㉠\times3=㉡\times2$이고, 두 분수는 모두 진분수이므로 $㉠<16$, $㉡<24$입니다.

따라서 조건을 만족하는 ($㉠$, $㉡$)은 (2, 3), (4, 6), (6, 9), (8, 12), (10, 15), (12, 18), (14, 21)로 모두 7가지입니다.

08 수직선에 주어진 두 분수 $\dfrac{5}{4}$와 $\dfrac{4}{3}$를 통분하면 $\dfrac{15}{12}$, $\dfrac{16}{12}$입니다.

$\dfrac{15}{12}$, $\dfrac{16}{12}$의 분자는 1 차이가 나고 수직선에서 $\dfrac{5}{4}\left(=\dfrac{15}{12}\right)$와 $\dfrac{4}{3}\left(=\dfrac{16}{12}\right)$ 사이는 7칸으로 나누어져 있으므로 분모와 분자에 각각 7을 곱하여 크기가 같은 분수를 만듭니다.

$\dfrac{15}{12}=\dfrac{15\times7}{12\times7}=\dfrac{105}{84}$, $\dfrac{16}{12}=\dfrac{16\times7}{12\times7}=\dfrac{112}{84}$이므로 ☐ 안에 알맞은 분수는 $\dfrac{108}{84}$이고, 기약분수로 나타내면 $\dfrac{9}{7}$입니다.

09 전체의 무게를 1이라고 하면 사과와 포도의 무게가 $\dfrac{5}{6}$이므로 배의 무게는 $1-\dfrac{5}{6}=\dfrac{1}{6}$, 포도와 배의 무게가 $\dfrac{3}{8}$이므로 사과의 무게는 $1-\dfrac{3}{8}=\dfrac{5}{8}$, 사과와 배의 무게가 $\dfrac{19}{24}$이므로 포도의 무게는 $1-\dfrac{19}{24}=\dfrac{5}{24}$입니다.

세 과일의 무게를 통분하면 $\dfrac{1}{6}=\dfrac{4}{24}$, $\dfrac{5}{8}=\dfrac{15}{24}$, $\dfrac{5}{24}$이므로 무게가 무거운 과일부터 차례로 쓰면 사과, 포도, 배입니다.

10 $\dfrac{1}{2}$보다 큰 분수가 되려면 (분자)$\times2>$(분모)가 되어야 하므로 이를 만족하는 분수를 만들면 다음과 같습니다.

분모가 3인 분수: $\dfrac{2}{3}$

분모가 5인 분수: $\dfrac{3}{5}$

분모가 6인 분수: $\dfrac{5}{6}$

분모가 8인 분수: $\dfrac{5}{8}$, $\dfrac{6}{8}$

분모가 9인 분수: $\dfrac{5}{9}$, $\dfrac{6}{9}$, $\dfrac{8}{9}$

분모 3, 5, 6, 8, 9의 최소공배수가 360이므로 360을 공통분모로 하여 분수를 통분하면

$$\dfrac{2}{3}=\dfrac{240}{360}, \dfrac{3}{5}=\dfrac{216}{360}, \dfrac{5}{6}=\dfrac{300}{360}, \dfrac{5}{8}=\dfrac{225}{360},$$

$$\dfrac{6}{8}=\dfrac{270}{360}, \dfrac{5}{9}=\dfrac{200}{360}, \dfrac{6}{9}=\dfrac{240}{360}, \dfrac{8}{9}=\dfrac{320}{360}$$

입니다. 이 중 가장 작은 진분수는 $\dfrac{5}{9}\left(=\dfrac{200}{360}\right)$이므로 ㉠$=\dfrac{5}{9}$이고, 두 번째로 큰 진분수는 $\dfrac{5}{6}\left(=\dfrac{300}{360}\right)$이므로 ㉡$=\dfrac{5}{6}$입니다. 따라서 두 분수 ㉠과 ㉡, 즉 $\dfrac{5}{9}$와 $\dfrac{5}{6}$를 분모의 최소공배수인 18을 공통분모로 하여 통분하면 $\dfrac{10}{18}$, $\dfrac{15}{18}$입니다.

11 분수가 나열되어 있는 규칙을 살펴보면 분모와 분자를 더했을 때 합이 2, 3, 4……가 되는 분수로 되어 있으며 그 안에서도 분자가 작은 순서대로 늘어놓았습니다.

$$\dfrac{1}{1}, \dfrac{1}{2}, \dfrac{2}{1}, \dfrac{1}{3}, \dfrac{2}{2}, \dfrac{3}{1}, \dfrac{1}{4}, \dfrac{2}{3}, \dfrac{3}{2}, \dfrac{4}{1}, \dfrac{1}{5}\cdots\cdots$$에서

$\dfrac{1}{1}$(분모와 분자의 합이 2, 1개),

$\dfrac{1}{2}$, $\dfrac{2}{1}$(분모와 분자의 합이 3, 2개),

$\dfrac{1}{3}$, $\dfrac{2}{2}$, $\dfrac{3}{1}$(분모와 분자의 합이 4, 3개),

$\dfrac{1}{4}$, $\dfrac{2}{3}$, $\dfrac{3}{2}$, $\dfrac{4}{1}$(분모와 분자의 합이 5, 4개)……

입니다.

$1+2+\cdots\cdots+9=45$이므로 40번째의 분수는 분모와 분자의 합이 10인 분수로 $\dfrac{4}{6}$이고,

$1+2+\cdots\cdots+9+10=55$,

$1+2+\cdots\cdots+10+11=66$이므로 62번째 분수는 분모와 분자의 합이 12인 분수로 $\dfrac{7}{5}$입니다.

따라서 두 분수 $\dfrac{4}{6}$와 $\dfrac{7}{5}$을 분모의 최소공배수인 30을 공통분모로 하여 통분하면 $\dfrac{20}{30}$, $\dfrac{42}{30}$입니다.

12 $\dfrac{6}{6}(=1)$보다 크고 $\dfrac{60}{6}(=10)$보다 작은 분수는 $\dfrac{7}{6}$, $\dfrac{8}{6}\cdots\cdots\dfrac{59}{6}$로 $59-7+1=53$(개)입니다. 이 분수 중 분자가 6의 약수로 나누어떨어지지 않는 분수를 찾아봅니다.

6의 약수는 1, 2, 3, 6이므로 분자 중 2의 배수와 3의 배수를 제외하면 기약분수만 남습니다.

분자 7부터 59까지의 수 중에서 2의 배수는 $2\times4=8$, $2\times29=58$이므로 $29-4+1=26$(개),

3의 배수는 $3\times3=9$, $3\times19=57$이므로 $19-3+1=17$(개), 2의 배수이면서 3의 배수, 즉 6의 배수는 $6\times2=12$, $6\times9=54$에서 $9-2+1=8$(개)입니다.

따라서 구하는 기약분수의 개수는

(1보다 크고 10보다 작은 분모가 6인 분수의 개수)

$-$(분자가 2의 배수인 분수의 개수)

$-$(분자가 3의 배수인 분수의 개수)

$+$(분자가 6의 배수인 분수의 개수)

$=53-26-17+8=18$(개)입니다.

5 단원 분수의 덧셈과 뺄셈

● 개념알기 **개념 ①** `78쪽`

$1 \ 1\frac{31}{45}, \ \frac{4}{45}$ $2 \ \frac{17}{24}$ kg

1 분자가 분모보다 1만큼 작은 분수끼리의 크기 비교는 분모가 클수록 큰 분수입니다.

➡ $\frac{4}{5} < \frac{5}{6} < \frac{6}{7} < \frac{7}{8} < \frac{8}{9}$

따라서 가장 큰 분수는 $\frac{8}{9}$, 가장 작은 분수는 $\frac{4}{5}$입니다.

합: $\frac{4}{5} + \frac{8}{9} = \frac{4 \times 9}{5 \times 9} + \frac{8 \times 5}{9 \times 5} = \frac{36}{45} + \frac{40}{45} = \frac{76}{45}$
$= 1\frac{31}{45}$

차: $\frac{8}{9} - \frac{4}{5} = \frac{8 \times 5}{9 \times 5} - \frac{4 \times 9}{5 \times 9} = \frac{40}{45} - \frac{36}{45} = \frac{4}{45}$

2 (감자의 무게)
= (감자가 들어 있는 상자의 무게) − (빈 상자의 무게)
$= \frac{5}{6} - \frac{1}{8} = \frac{5 \times 4}{6 \times 4} - \frac{1 \times 3}{8 \times 3}$
$= \frac{20}{24} - \frac{3}{24} = \frac{17}{24}$ (kg)

● 개념 응용하기 **응용 ①** `79쪽`

2, 3, 3, 10, 3, 7 / 6, 3, 3, 12, 3, 15 / 7, 15, 8, 9, 10, 11, 12, 13, 14

$1 \ \frac{5}{36}$ $2 \ 3, 4$ $3 \ \frac{11}{36}$ m

1 학급 문고 전체를 1이라고 할 때 수학책이 학급 문고 전체의 얼마인지 구하려면 과학책과 동화책이 전체의 얼마인지 구한 뒤 전체인 1에서 빼 주면 됩니다.
(과학책) + (동화책)
$= \frac{5}{12} + \frac{4}{9} = \frac{5 \times 3}{12 \times 3} + \frac{4 \times 4}{9 \times 4} = \frac{15}{36} + \frac{16}{36} = \frac{31}{36}$
따라서 수학책은 학급 문고 전체의
$1 - \frac{31}{36} = \frac{36}{36} - \frac{31}{36} = \frac{5}{36}$입니다.

2 $\frac{7}{12}$은 $\frac{\square}{12} + \frac{\square}{12}$로 나타낼 수 있습니다. □ 안에 들어갈 수 있는 자연수는 1과 6, 2와 5, 3과 4입니다.
이 중에서 $\frac{7}{12} = \frac{3}{12} + \frac{4}{12} = \frac{1}{4} + \frac{1}{3}$입니다.
이때 ㉠ < ㉡ < 10이므로 ㉠ = 3, ㉡ = 4입니다.

3 겹쳐진 부분의 길이를 □ m라고 하면
$\frac{3}{4} + \frac{5}{9} - \square = 1$입니다.
$\frac{3}{4} + \frac{5}{9} = \frac{3 \times 9}{4 \times 9} + \frac{5 \times 4}{9 \times 4} = \frac{27}{36} + \frac{20}{36} = \frac{47}{36}$이므로
$\frac{47}{36} - \square = 1$에서
$\square = \frac{47}{36} - 1 = \frac{47}{36} - \frac{36}{36} = \frac{11}{36}$입니다.

따라서 겹쳐진 부분은 $\frac{11}{36}$ m입니다.

● 개념알기 **개념 ②** `80쪽`

$1 \ 3\frac{19}{24}$ $2 \ 7\frac{163}{180}$ $3 \ 2\frac{17}{24}$시간

1 어떤 수를 □라고 하면 $\square - 2\frac{3}{8} = 1\frac{5}{12}$입니다.
$\square = 1\frac{5}{12} + 2\frac{3}{8} = 1\frac{10}{24} + 2\frac{9}{24}$
$= (1+2) + \left(\frac{10}{24} + \frac{9}{24}\right) = 3 + \frac{19}{24}$
$= 3\frac{19}{24}$

2　$\bigcirc$ $1\dfrac{3}{5}+2\dfrac{3}{4}=1\dfrac{12}{20}+2\dfrac{15}{20}$

$$=(1+2)+\left(\dfrac{12}{20}+\dfrac{15}{20}\right)$$

$$=3+\dfrac{27}{20}=3+1\dfrac{7}{20}=4\dfrac{7}{20}$$

$\bigcirc$ $1\dfrac{1}{2}+2\dfrac{4}{5}=1\dfrac{5}{10}+2\dfrac{8}{10}$

$$=(1+2)+\left(\dfrac{5}{10}+\dfrac{8}{10}\right)$$

$$=3+\dfrac{13}{10}=3+1\dfrac{3}{10}$$

$$=4\dfrac{3}{10}\left(=4\dfrac{6}{20}\right)$$

$\bigcirc$ $2\dfrac{1}{3}+1\dfrac{2}{9}=2\dfrac{3}{9}+1\dfrac{2}{9}$

$$=(2+1)+\left(\dfrac{3}{9}+\dfrac{2}{9}\right)$$

$$=3+\dfrac{5}{9}=3\dfrac{5}{9}$$

➡ $4\dfrac{7}{20}>4\dfrac{3}{10}\left(=4\dfrac{6}{20}\right)>3\dfrac{5}{9}$

따라서 계산 결과가 가장 큰 것은 $4\dfrac{7}{20}$이고 가장 작은 것은 $3\dfrac{5}{9}$이므로 합은

$4\dfrac{7}{20}+3\dfrac{5}{9}=4\dfrac{63}{180}+3\dfrac{100}{180}$

$$=(4+3)+\left(\dfrac{63}{180}+\dfrac{100}{180}\right)$$

$$=7+\dfrac{163}{180}=7\dfrac{163}{180}입니다.$$

3　20분은 $\dfrac{20}{60}=\dfrac{1}{3}$(시간)이므로 1시간 20분은 $1\dfrac{1}{3}$시간입니다.

(성재가 보낸 여가 시간)

=(독서한 시간)+(산책한 시간)

$=1\dfrac{1}{3}+1\dfrac{3}{8}=1\dfrac{8}{24}+1\dfrac{9}{24}$

$$=(1+1)+\left(\dfrac{8}{24}+\dfrac{9}{24}\right)$$

$$=2+\dfrac{17}{24}=2\dfrac{17}{24}(시간)$$

개념 응용하기 **응용 2**

$\dfrac{2}{3}$, $7\dfrac{3}{4}$, $\dfrac{2}{3}$, $7\dfrac{3}{4}$, 8, 7, 9, 7, 8, 9, 12, 17, 12, 1, 5,

$13\dfrac{5}{12}$

1 $12\dfrac{19}{56}$　　　**2** $13\dfrac{11}{15}$ m　　　**3** 4, 5, 6

1　만들 수 있는 가장 큰 대분수는 $8\dfrac{5}{7}$이고 가장 작은 대분수는 $3\dfrac{5}{8}$입니다.

따라서 두 분수의 합은

$8\dfrac{5}{7}+3\dfrac{5}{8}=8\dfrac{40}{56}+3\dfrac{35}{56}$

$$=(8+3)+\left(\dfrac{40}{56}+\dfrac{35}{56}\right)$$

$$=11+\dfrac{75}{56}=11+1\dfrac{19}{56}$$

$$=12\dfrac{19}{56}입니다.$$

2　(텃밭의 네 변의 길이의 합)

$$=\left(4\dfrac{1}{5}+4\dfrac{1}{5}\right)+\left(2\dfrac{2}{3}+2\dfrac{2}{3}\right)$$

$$=8\dfrac{2}{5}+4\dfrac{4}{3}=8\dfrac{2}{5}+5\dfrac{1}{3}$$

$$=8\dfrac{6}{15}+5\dfrac{5}{15}$$

$$=(8+5)+\left(\dfrac{6}{15}+\dfrac{5}{15}\right)$$

$$=13+\dfrac{11}{15}=13\dfrac{11}{15}\text{ (m)}$$

3　$\square-3\dfrac{3}{4}=2\dfrac{5}{6}$일 때

$\square=2\dfrac{5}{6}+3\dfrac{3}{4}=2\dfrac{10}{12}+3\dfrac{9}{12}$

$$=(2+3)+\left(\dfrac{10}{12}+\dfrac{9}{12}\right)$$

$$=5+\dfrac{19}{12}=5+1\dfrac{7}{12}=6\dfrac{7}{12}입니다.$$

$\square - 3\frac{3}{4}$이 $2\frac{5}{6}$보다 작아야 하므로 $\square$는 $6\frac{7}{12}$보다

작아야 합니다.

또, $0 < \square - 3\frac{3}{4}$이므로 $\square$는 $3\frac{3}{4}$보다는 커야 합니다.

따라서 $\square$ 안에 들어갈 수 있는 자연수는 4, 5, 6입니다.

82쪽

개념알기 개념 3

1 $6\frac{41}{77}$ 2 $2\frac{2}{15}$ m   3 $\frac{29}{35}$

1 어떤 대분수를 $\square$라고 하면 $\square + 3\frac{2}{11} = 9\frac{5}{7}$이므로

$\square = 9\frac{5}{7} - 3\frac{2}{11} = 9\frac{55}{77} - 3\frac{14}{77}$

$= (9-3) + \left(\frac{55}{77} - \frac{14}{77}\right) = 6 + \frac{41}{77} = 6\frac{41}{77}$

입니다.

2 (사용한 철사의 길이) $= \frac{2}{3} + \frac{2}{3} + \frac{3}{5} + \frac{3}{5}$

$= \frac{4}{3} + \frac{6}{5}$

$= \frac{20}{15} + \frac{18}{15} = \frac{38}{15}$

$= 2\frac{8}{15}$ (m)

(남은 철사의 길이)

$=$ (전체 철사의 길이) $-$ (사용한 철사의 길이)

$= 4\frac{2}{3} - 2\frac{8}{15}$

$= 4\frac{10}{15} - 2\frac{8}{15}$

$= (4-2) + \left(\frac{10}{15} - \frac{8}{15}\right)$

$= 2 + \frac{2}{15}$

$= 2\frac{2}{15}$ (m)

3 $2\frac{3}{5}$과 $2\frac{8}{9}$의 크기를 비교하면

$2\frac{3}{5} = 2\frac{27}{45}$, $2\frac{8}{9} = 2\frac{40}{45}$이므로 $2\frac{3}{5} < 2\frac{8}{9}$입니다.

$3\frac{2}{5}$와 $3\frac{3}{7}$의 크기를 비교하면 $3\frac{2}{5} = 3\frac{14}{35}$,

$3\frac{3}{7} = 3\frac{15}{35}$이므로 $3\frac{2}{5} < 3\frac{3}{7}$입니다.

➡ $2\frac{3}{5} < 2\frac{8}{9} < 3\frac{2}{5} < 3\frac{3}{7}$

따라서 가장 큰 분수는 $3\frac{3}{7}$이고, 가장 작은 분수는

$2\frac{3}{5}$이므로 두 분수의 차는

$3\frac{3}{7} - 2\frac{3}{5} = \frac{24}{7} - \frac{13}{5} = \frac{120}{35} - \frac{91}{35} = \frac{29}{35}$입니다.

83쪽

개념 응용하기 응용 3

9, 19, 9, 1, 1, 19, 9, 10, 5 / $\frac{5}{6}$, 9, 10, 21, 10, $\frac{11}{12}$

1 $6\frac{1}{35}$ m   2 $1\frac{2}{3}$ L   3 1, 2, 3, 4, 5

1 색 테이프 3장을 겹치게 이어 붙였으므로 겹쳐진 부분은 $3-1 = 2$(군데)입니다.

(이어 붙인 색 테이프 전체의 길이)

$=$ (색 테이프 3장의 길이의 합)

    $-$ (겹쳐진 부분의 길이의 합)

$= \left(2\frac{1}{5} + 2\frac{1}{5} + 2\frac{1}{5}\right) - \left(\frac{2}{7} + \frac{2}{7}\right)$

$= 6\frac{3}{5} - \frac{4}{7} = 6\frac{21}{35} - \frac{20}{35}$

$= 6\frac{1}{35}$ (m)

2 처음 팥쥐의 항아리에 담겨 있던 물의 양을 $\square$ L라고

하면 $5\frac{1}{6} - 1\frac{3}{4} = \square + 1\frac{3}{4}$입니다.

$\square=5\dfrac{1}{6}-1\dfrac{3}{4}-1\dfrac{3}{4}=5\dfrac{2}{12}-1\dfrac{9}{12}-1\dfrac{9}{12}$

$\qquad=4\dfrac{14}{12}-1\dfrac{9}{12}-1\dfrac{9}{12}=3\dfrac{5}{12}-1\dfrac{9}{12}$

$\qquad=2\dfrac{17}{12}-1\dfrac{9}{12}=1\dfrac{\overset{2}{8}}{\underset{3}{12}}=1\dfrac{2}{3}$

따라서 처음 팥쥐의 항아리에 담겨 있던 물은 $1\dfrac{2}{3}$ L 입니다.

3 $\square+2\dfrac{3}{4}=7\dfrac{5}{6}$일 때,

$\square=7\dfrac{5}{6}-2\dfrac{3}{4}=7\dfrac{10}{12}-2\dfrac{9}{12}$

$\qquad=(7-2)+\left(\dfrac{10}{12}-\dfrac{9}{12}\right)$

$\qquad=5+\dfrac{1}{12}=5\dfrac{1}{12}$입니다.

$\square+2\dfrac{3}{4}$이 $7\dfrac{5}{6}$보다 작으려면 $\square$는 $5\dfrac{1}{12}$보다 작아야 합니다.

따라서 $\square$ 안에 들어갈 수 있는 자연수는 1, 2, 3, 4, 5입니다.

LEVEL 1

01 $1\dfrac{3}{8}$ kg 02 4일 03 $\dfrac{1}{15}$ cm 04 $\dfrac{7}{80}$ m

05 $3\dfrac{9}{14}$ 06 $1\dfrac{1}{6}$ 07 $1\dfrac{61}{180}$ 08 $18\dfrac{17}{36}$ km

---

01 (아령 2개의 무게)＋(현겸이의 몸무게)
＝(저울의 눈금이 가리키는 무게)
아령 1개의 무게를 $\square$ kg이라고 하면

$\square+\square+39\dfrac{1}{2}=42\dfrac{1}{4}$

$\square+\square=42\dfrac{1}{4}-39\dfrac{1}{2}=42\dfrac{1}{4}-39\dfrac{2}{4}$

$\qquad=41\dfrac{5}{4}-39\dfrac{2}{4}=2\dfrac{3}{4}$

이때 $2\dfrac{3}{4}=2\dfrac{6}{8}=1\dfrac{3}{8}+1\dfrac{3}{8}$이므로

$\square=1\dfrac{3}{8}$입니다.

따라서 아령 1개의 무게는 $1\dfrac{3}{8}$ kg입니다.

02 (도현이와 윤오가 하루에 함께 심을 수 있는 양)

$=\dfrac{1}{10}+\dfrac{3}{20}=\dfrac{2}{20}+\dfrac{3}{20}=\dfrac{\overset{1}{5}}{\underset{4}{20}}=\dfrac{1}{4}$

꽃밭 전체를 1이라고 할 때

$\dfrac{1}{4}+\dfrac{1}{4}+\dfrac{1}{4}+\dfrac{1}{4}=1$이므로 매일 $\dfrac{1}{4}$씩 4일 동안 심으면 꽃밭에 꽃을 모두 심을 수 있습니다.

03 (끈 3개의 길이의 합)－(매듭 지은 길이의 합)
＝(전체 끈의 길이)이므로 매듭 지은 길이의 합을 $\square$ cm라고 하면

$5\dfrac{11}{20}+5\dfrac{11}{20}+5\dfrac{11}{20}-\square=16\dfrac{7}{12}$입니다.

$15\dfrac{33}{20}-\square=16\dfrac{7}{12}$에서

$\square=15\dfrac{33}{20}-16\dfrac{7}{12}=16\dfrac{13}{20}-16\dfrac{7}{12}$

$\qquad=16\dfrac{39}{60}-16\dfrac{35}{60}=(16-16)+\left(\dfrac{39}{60}-\dfrac{35}{60}\right)$

$\qquad=\dfrac{\overset{1}{4}}{\underset{15}{60}}=\dfrac{1}{15}$입니다.

따라서 매듭 지은 부분의 길이는 모두 $\dfrac{1}{15}$ cm입니다.

04 상현: $1\dfrac{3}{5}=1\dfrac{48}{80}$ (m)

윤정: $1\dfrac{13}{20}=1\dfrac{52}{80}$ (m)

일지: $1\dfrac{9}{16}=1\dfrac{45}{80}$ (m)

따라서 기록이 가장 좋은 사람은 윤정이고, 가장 좋지 않은 사람은 일지이므로 두 사람의 기록의 차는

$1\dfrac{52}{80}-1\dfrac{45}{80}=\dfrac{7}{80}$ (m)입니다.

05 어떤 수를 □라고 하면

$$\square - 2\frac{5}{8} + 1\frac{3}{7} = 1\frac{1}{4}$$ 입니다.

$$\square = 1\frac{1}{4} + 2\frac{5}{8} - 1\frac{3}{7} = 1\frac{2}{8} + 2\frac{5}{8} - 1\frac{3}{7}$$

$$= 3\frac{7}{8} - 1\frac{3}{7} = 3\frac{49}{56} - 1\frac{24}{56} = 2\frac{25}{56}$$ 입니다.

따라서 바르게 계산하면

$$2\frac{25}{56} + 2\frac{5}{8} - 1\frac{3}{7} = 2\frac{25}{56} + 2\frac{35}{56} - 1\frac{24}{56}$$

$$= 4\frac{60}{56} - 1\frac{24}{56} = 3\frac{\overset{9}{\cancel{36}}}{\underset{14}{\cancel{56}}} = 3\frac{9}{14}$$

입니다.

06 $5\frac{1}{2} ★ \square = 3\frac{1}{6}$에서 $5\frac{1}{2} - \square - \square = 3\frac{1}{6}$입니다.

$$\square + \square = 5\frac{1}{2} - 3\frac{1}{6} = 5\frac{3}{6} - 3\frac{1}{6} = 2\frac{2}{6}$$ 이고

$$2\frac{2}{6} = 1\frac{1}{6} + 1\frac{1}{6}$$ 이므로 $\square = 1\frac{1}{6}$입니다.

07 분자는 세 번째 분수부터 바로 앞의 두 분수의 분자의 합으로 이루어져 있고, 분모는 2씩, 3씩, 4씩…… 늘어나고 있습니다.

$$\frac{1}{1}, \frac{1}{3}, \frac{2}{6}, \frac{3}{10}, \frac{5}{15}, \frac{8}{21}, \frac{13}{28}, \frac{21}{36}, \frac{34}{45} ……$$ 이므로 8번째 분수는 $\frac{21}{36}$, 9번째 분수는 $\frac{34}{45}$입니다.

➡ $$\frac{21}{36} + \frac{34}{45} = \frac{105}{180} + \frac{136}{180} = \frac{241}{180} = 1\frac{61}{180}$$

08 그저께 달린 거리: $5\frac{5}{12}$ km

$$(어제 달린 거리) = 5\frac{5}{12} + 1\frac{4}{9} = 5\frac{15}{36} + 1\frac{16}{36}$$

$$= 6\frac{31}{36} (km)$$

$$(오늘 달린 거리) = 6\frac{31}{36} - \frac{2}{3} = 6\frac{31}{36} - \frac{24}{36}$$

$$= 6\frac{7}{36} (km)$$

$$(3일 동안 달린 거리) = 5\frac{5}{12} + 6\frac{31}{36} + 6\frac{7}{36}$$

$$= 5\frac{15}{36} + 6\frac{31}{36} + 6\frac{7}{36}$$

$$= 18\frac{17}{36} (km)$$

86~87쪽

LEVEL 2

01 $15\frac{1}{10}$　　**02** 5개　　**03** $1\frac{5}{6}, \frac{3}{4}$　　**04** 21분 39초

05 36개　　**06** $\frac{7}{8}$　　**07** 풀이 참조　　**08** $84\frac{33}{40}$ m

01 두 대분수의 합이 가장 크려면 각 대분수의 자연수는 8과 6이어야 합니다. 따라서 두 대분수는 각각 $8\frac{3}{5}$, $6\frac{1}{2}$ 또는 $8\frac{1}{2}$, $6\frac{3}{5}$일 때 그 합이 가장 큽니다.

$$8\frac{3}{5} + 6\frac{1}{2} = 8\frac{6}{10} + 6\frac{5}{10} = 14\frac{11}{10} = 15\frac{1}{10}$$

$$8\frac{1}{2} + 6\frac{3}{5} = 8\frac{5}{10} + 6\frac{6}{10} = 14\frac{11}{10} = 15\frac{1}{10}$$

따라서 두 대분수의 합이 가장 클 때의 합은 $15\frac{1}{10}$입니다.

02 • $\square - 1\frac{1}{6} = 5\frac{7}{8}$일 때

$$\square = 5\frac{7}{8} + 1\frac{1}{6} = 5\frac{21}{24} + 1\frac{4}{24} = 6\frac{25}{24} = 7\frac{1}{24}$$ 이므로 $\square - 1\frac{1}{6} < 5\frac{7}{8}$을 만족하려면 $\square < 7\frac{1}{24}$입니다.

• $1\frac{1}{3} = \square - 1\frac{1}{6}$일 때

$$\square = 1\frac{1}{3} + 1\frac{1}{6} = 1\frac{2}{6} + 1\frac{1}{6} = 2\frac{\overset{1}{\cancel{3}}}{\underset{2}{\cancel{6}}} = 2\frac{1}{2}$$ 이므로 $1\frac{1}{3} < \square - 1\frac{1}{6}$을 만족하려면 $\square > 2\frac{1}{2}$입니다.

따라서 □ 안에 들어갈 수 있는 자연수는 $2\frac{1}{2}$보다 크고 $7\frac{1}{24}$보다 작아야 하므로 3, 4, 5, 6, 7로 모두 5개입니다.

03 두 분수를 $\frac{\bigcirc}{\bigcirc}$, $\frac{\bigcirc}{\bigcirc}$ $\left(\text{단, } \frac{\bigcirc}{\bigcirc} > \frac{\bigcirc}{\bigcirc}\right)$이라고 하면

$\frac{\bigcirc}{\bigcirc} + \frac{\bigcirc}{\bigcirc} = 2\frac{7}{12}$이고 $\frac{\bigcirc}{\bigcirc} - \frac{\bigcirc}{\bigcirc} = 1\frac{1}{12}$이므로

$\frac{\bigcirc}{\bigcirc} + \frac{\bigcirc}{\bigcirc} = \frac{31}{12}$, $\frac{\bigcirc}{\bigcirc} - \frac{\bigcirc}{\bigcirc} = \frac{13}{12}$입니다.

이때 22와 9의 합은 31이고 22와 9의 차는 13이므로 $\frac{\bigcirc}{\bigcirc}$은 $\frac{22}{12}$, $\frac{\bigcirc}{\bigcirc}$은 $\frac{9}{12}$입니다.

따라서 $\frac{22}{12}$, $\frac{9}{12}$를 기약분수로 나타내면

$\frac{22}{12} = 1\frac{10}{12} = 1\frac{5}{6}$, $\frac{9}{12} = \frac{3}{4}$입니다.

04 (줄넘기를 한 시간) + (쉬는 시간)

$= \left(3\frac{3}{5} + 3\frac{3}{5} + 3\frac{3}{5} + 3\frac{3}{5}\right) + \left(2\frac{5}{12} + 2\frac{5}{12} + 2\frac{5}{12}\right)$

$= 12\frac{12}{5} + 6\frac{15}{12} = 14\frac{2}{5} + 7\frac{3}{12}$

$= 14\frac{24}{60} + 7\frac{15}{60} = 21\frac{39}{60}$(분)

따라서 주연이가 하루에 줄넘기를 하는 데 걸리는 시간은 모두 $21\frac{39}{60}$분, 즉 21분 39초입니다.

05 전체 젤리를 1이라고 할 때 빨간색 젤리 5개, 초록색 젤리 6개, 노란색 젤리 1개를 더한 것은 전체 1에서 $\frac{1}{3} + \frac{1}{12} + \frac{1}{4}$을 뺀 것과 같습니다.

$\frac{1}{3} + \frac{1}{12} + \frac{1}{4} = \frac{4}{12} + \frac{1}{12} + \frac{3}{12} = \frac{8}{12} = \frac{2}{3}$이고

$1 - \frac{2}{3} = \frac{1}{3}$이므로 전체 젤리의 $\frac{1}{3}$은

5 + 6 + 1 = 12(개)와 같습니다.

따라서 통 안에 있는 젤리는 모두 $12 \times 3 = 36$(개)입니다.

06 $\bigstar - \bullet = \frac{3}{8}$에서 $\bullet = \bigstar - \frac{3}{8}$이고, $\bigstar - \blacktriangle = \frac{3}{4}$

에서 $\blacktriangle = \bigstar - \frac{3}{4}$입니다.

$\bigstar + \bullet + \blacktriangle = 1\frac{1}{2}$이므로

$\bigstar + \bullet + \blacktriangle = \bigstar + \left(\bigstar - \frac{3}{8}\right) + \left(\bigstar - \frac{3}{4}\right) = 1\frac{1}{2}$,

$\bigstar + \bigstar + \bigstar = 1\frac{1}{2} + \frac{3}{8} + \frac{3}{4} = \frac{3}{2} + \frac{3}{8} + \frac{3}{4}$

$= \frac{12}{8} + \frac{3}{8} + \frac{6}{8} = \frac{21}{8}$

$= \frac{7}{8} + \frac{7}{8} + \frac{7}{8}$입니다.

따라서 $\bigstar = \frac{7}{8}$입니다.

07 $\frac{1}{12} + \frac{1}{20} + \frac{1}{30} + \frac{1}{42} + \frac{1}{56}$

$= \frac{1}{3 \times 4} + \frac{1}{4 \times 5} + \frac{1}{5 \times 6} + \frac{1}{6 \times 7} + \frac{1}{7 \times 8}$

$= \left(\frac{1}{3} - \frac{1}{4}\right) + \left(\frac{1}{4} - \frac{1}{5}\right) + \left(\frac{1}{5} - \frac{1}{6}\right)$

$\quad + \left(\frac{1}{6} - \frac{1}{7}\right) + \left(\frac{1}{7} - \frac{1}{8}\right)$

$= \frac{1}{3} - \frac{1}{8} = \frac{8}{24} - \frac{3}{24} = \frac{5}{24}$

08

마트에서 은행까지의 거리는

$$80\frac{2}{5}+30\frac{3}{10}-25\frac{7}{8}=110\frac{7}{10}-25\frac{7}{8}$$
$$=110\frac{28}{40}-25\frac{35}{40}$$
$$=109\frac{68}{40}-25\frac{35}{40}$$
$$=84\frac{33}{40}\,(m)$$

입니다.

LEVEL 3

01 $25\frac{8}{21}$	02 27	03 $2\frac{3}{16}$ m	04 8일
05 675명	06 $\frac{27}{256}$	07 4 km	08 10분

01 ㉠, ㉡, ㉢, ㉣, ㉤, ㉥은 15보다 작으면서 1과 자신만 약수로 가지는 수이므로 2, 3, 5, 7, 11, 13 중 하나씩입니다.

이 수로 만든 두 대분수의 합이 가장 크려면 각 대분수의 자연수는 13과 11이어야 합니다.

나머지 네 수 2, 3, 5, 7로 만들 수 있는 두 진분수는 $\frac{5}{7}$와 $\frac{2}{3}$, $\frac{3}{7}$과 $\frac{2}{5}$, $\frac{2}{7}$와 $\frac{3}{5}$이고 합을 구해 보면

$$\frac{5}{7}+\frac{2}{3}=\frac{15}{21}+\frac{14}{21}=\frac{29}{21}=1\frac{8}{21},$$

$$\frac{3}{7}+\frac{2}{5}=\frac{15}{35}+\frac{14}{35}=\frac{29}{35},$$

$$\frac{2}{7}+\frac{3}{5}=\frac{10}{35}+\frac{21}{35}=\frac{31}{35}$$입니다.

두 대분수가 $13\frac{5}{7}$와 $11\frac{2}{3}$ 또는 $13\frac{2}{3}$와 $11\frac{5}{7}$일 때 그 합이 가장 큽니다.

➡ $13\frac{5}{7}+11\frac{2}{3}=13\frac{15}{21}+11\frac{14}{21}=24\frac{29}{21}$
$$=25\frac{8}{21}$$

$13\frac{2}{3}+11\frac{5}{7}=13\frac{14}{21}+11\frac{15}{21}=24\frac{29}{21}$
$$=25\frac{8}{21}$$

따라서 구하는 가장 큰 값은 $25\frac{8}{21}$입니다.

02 $\frac{1}{1}+\frac{1}{2}+\frac{2}{2}+\frac{1}{3}+\frac{2}{3}+\frac{3}{3}+\cdots\cdots+\frac{7}{9}+\frac{8}{9}+\frac{9}{9}$

$$=\frac{1}{1}+\left(\frac{1}{2}+\frac{2}{2}\right)+\left(\frac{1}{3}+\frac{2}{3}+\frac{3}{3}\right)$$
$$+\left(\frac{1}{4}+\frac{2}{4}+\frac{3}{4}+\frac{4}{4}\right)+\cdots\cdots$$
$$+\left(\frac{1}{9}+\frac{2}{9}+\frac{3}{9}+\frac{4}{9}+\frac{5}{9}+\frac{6}{9}+\frac{7}{9}+\frac{8}{9}+\frac{9}{9}\right)$$
$$=1+\frac{3}{2}+\frac{6}{3}+\frac{10}{4}+\cdots\cdots+\frac{45}{9}$$
$$=1+1\frac{1}{2}+2+2\frac{1}{2}+3+3\frac{1}{2}+4+4\frac{1}{2}+5$$
$$=(1+2+3+4+5)+\left(1\frac{1}{2}+2\frac{1}{2}+3\frac{1}{2}+4\frac{1}{2}\right)$$
$$=15+12=27$$

03

$4\frac{3}{4}$ m 연못의 깊이 $\frac{3}{8}$ m 연못의 깊이

$$4\frac{3}{4}-\frac{3}{8}=4\frac{6}{8}-\frac{3}{8}=4\frac{3}{8}$$

연못 깊이의 2배 ➡ $4\frac{3}{8}=4\frac{6}{16}=2\frac{3}{16}+2\frac{3}{16}$

따라서 연못의 깊이는 $2\frac{3}{16}$ m입니다.

04 목도리를 만드는 전체 일의 양을 1이라고 하면

혜림, 수지, 세호가 하루에 하는 일의 양은 각각 $\frac{1}{6}$,

$\frac{1}{8}$, $\frac{1}{16}$이므로 세 사람이 번갈아 가면서 3일 동안 하는 일의 양은

$$\frac{1}{6}+\frac{1}{8}+\frac{1}{16}=\frac{8}{48}+\frac{6}{48}+\frac{3}{48}=\frac{17}{48}$$입니다.

60 만점왕 수학 고난도 5-1

$\dfrac{17}{48}+\dfrac{17}{48}=\dfrac{34}{48}$이므로 세 사람이 번갈아 가면서

3일＋3일, 즉 6일 동안 일을 한 후 혜림$\left(\dfrac{8}{48}\right)$이가

1일, 수지$\left(\dfrac{6}{48}\right)$가 1일 더 일을 하면

$\dfrac{34}{48}+\dfrac{8}{48}+\dfrac{6}{48}=1$이 되어 목도리를 완성할 수 있습니다.

따라서 세 사람이 번갈아 가면서 목도리를 만들면 8일이 걸리므로 세호가 혼자 만들 때보다 16－8=8(일)덜 걸립니다.

05 (축제에 참여한 학생)

　＝(수학 체험 교실에 참여한 학생)

　　＋(수학 상담 교실에 참여한 학생)

　　－(수학 체험 교실과 수학 상담 교실에 모두 참여한 학생)

수학 체험 교실과 수학 상담 교실에 모두 참여한 학생이 전체의 □라고 하면

$\dfrac{3}{5}=\dfrac{5}{12}+\dfrac{1}{4}-□$, $\dfrac{3}{5}=\dfrac{5}{12}+\dfrac{3}{12}-□$,

$\dfrac{3}{5}=\dfrac{8}{12}-□$,

$□=\dfrac{8}{12}-\dfrac{3}{5}=\dfrac{40}{60}-\dfrac{36}{60}=\overset{1}{\underset{15}{\dfrac{4}{60}}}=\dfrac{1}{15}$입니다.

따라서 전체의 $\dfrac{1}{15}$이 45명이므로 전체 학생은

45×15=675(명)입니다.

06 각 단계에서 색칠한 부분은 전체의 얼마인지 알아봅니다.

1단계: 1

2단계: $\dfrac{3}{4}$

3단계: $\dfrac{3\times3}{4\times4}=\dfrac{9}{16}$

4단계: $\dfrac{3\times3\times3}{4\times4\times4}=\dfrac{27}{64}$

5단계: $\dfrac{3\times3\times3\times3}{4\times4\times4\times4}=\dfrac{81}{256}$

따라서 4단계에서 색칠한 부분과 5단계에서 색칠한 부분의 차는 전체의

$\dfrac{27}{64}-\dfrac{81}{256}=\dfrac{108}{256}-\dfrac{81}{256}=\dfrac{27}{256}$입니다.

07 지하철과 버스를 탄 거리는 전체의

$\dfrac{3}{4}+\dfrac{1}{20}=\dfrac{15}{20}+\dfrac{1}{20}=\underset{5}{\overset{4}{\dfrac{16}{20}}}=\dfrac{4}{5}$이므로

걸은 거리는 전체의 $1-\dfrac{4}{5}=\dfrac{1}{5}$입니다.

걸은 거리는 모두 450＋300＋50=800 (m)이고

전체의 $\dfrac{1}{5}$이므로 전체 거리는 800×5=4000 (m),

즉 4 km입니다.

08 ㉮와 ㉯ 바가지로 1분 동안 채우는 물의 양은 각각 전체의 $\dfrac{1}{20}$, $\dfrac{1}{15}$입니다. ㉮와 ㉯ 바가지를 모두 사용하여 1분 동안 채워지는 물의 양은

$\dfrac{1}{20}+\dfrac{1}{15}-\dfrac{1}{60}=\dfrac{1}{10}$이므로 항아리를 채우는 데 걸리는 시간은 10분입니다.

LEVEL 4 90~91쪽

01 4, $1\dfrac{3}{4}$, $3\dfrac{1}{8}$　　　　02 4개

03 84년　　04 100, 99　　05 $\dfrac{61}{84}$　　06 $\dfrac{14}{95}$

07 8　　　　08 $1\dfrac{31}{40}$

01 ・가＋$\dfrac{5}{12}$＋나＋$2\dfrac{3}{8}$＝$2\dfrac{3}{8}$＋나＋$3\dfrac{1}{4}$＋$1\dfrac{1}{6}$이므로 가＋$\dfrac{5}{12}$＝$3\dfrac{1}{4}$＋$1\dfrac{1}{6}$,

가＝$3\dfrac{1}{4}$＋$1\dfrac{1}{6}$－$\dfrac{5}{12}$＝$4\dfrac{5}{12}$－$\dfrac{5}{12}$＝4입니다.

- 가$+\dfrac{5}{12}+$나$+2\dfrac{3}{8}=$가$+1+1\dfrac{1}{6}+2\dfrac{3}{8}$이므로

나$+\dfrac{5}{12}=1+1\dfrac{1}{6}$,

나$=1+1\dfrac{1}{6}-\dfrac{5}{12}=2\dfrac{1}{6}-\dfrac{5}{12}=1\dfrac{\overset{3}{9}}{\underset{4}{12}}=1\dfrac{3}{4}$입

니다.

- 나$+\dfrac{5}{12}+$다$+3\dfrac{1}{4}=$나$+3\dfrac{1}{4}+1\dfrac{1}{6}+2\dfrac{3}{8}$

다$+\dfrac{5}{12}=2\dfrac{3}{8}+1\dfrac{1}{6}$,

다$=2\dfrac{3}{8}+1\dfrac{1}{6}-\dfrac{5}{12}=3\dfrac{13}{24}-\dfrac{5}{12}$

$=3\dfrac{\overset{1}{3}}{\underset{8}{24}}=3\dfrac{1}{8}$입니다.

02 ㉠$>$㉡이고 ㉠과 ㉡의 차는 3보다 커야 하므로 $\dfrac{㉠}{㉡}$은

$\dfrac{6}{2}$, $\dfrac{7}{2}$, $\dfrac{8}{2}$, $\dfrac{7}{3}$, $\dfrac{8}{3}$, $\dfrac{8}{4}$이 될 수 있습니다. 이 중

$\dfrac{6}{2}(=3)$, $\dfrac{7}{2}\left(=3\dfrac{1}{2}\right)$, $\dfrac{8}{2}(=4)$은 3보다 크거나 같

으므로 조건을 만족합니다.

$\dfrac{㉠}{㉡}=\dfrac{7}{3}$일 때, $\dfrac{㉡}{㉠}+\dfrac{㉠}{㉡}=\dfrac{3}{7}+\dfrac{7}{3}=\dfrac{9}{21}+\dfrac{49}{21}$

$\phantom{\dfrac{㉠}{㉡}=\dfrac{7}{3}일 때, \dfrac{㉡}{㉠}+\dfrac{㉠}{㉡}}=\dfrac{58}{21}=2\dfrac{16}{21}\;(\times)$

$\dfrac{㉠}{㉡}=\dfrac{8}{3}$일 때, $\dfrac{㉡}{㉠}+\dfrac{㉠}{㉡}=\dfrac{3}{8}+\dfrac{8}{3}=\dfrac{9}{24}+\dfrac{64}{24}$

$\phantom{\dfrac{㉠}{㉡}=\dfrac{8}{3}일 때, \dfrac{㉡}{㉠}+\dfrac{㉠}{㉡}}=\dfrac{73}{24}=3\dfrac{1}{24}\;(○)$

$\dfrac{㉠}{㉡}=\dfrac{8}{4}$일 때, $\dfrac{㉡}{㉠}+\dfrac{㉠}{㉡}=\dfrac{4}{8}+\dfrac{8}{4}=2\dfrac{\overset{1}{4}}{\underset{2}{8}}$

$\phantom{\dfrac{㉠}{㉡}=\dfrac{8}{4}일 때, \dfrac{㉡}{㉠}+\dfrac{㉠}{㉡}}=2\dfrac{1}{2}\;(\times)$

따라서 $\dfrac{㉠}{㉡}$이 될 수 있는 분수는 $\dfrac{6}{2}$, $\dfrac{7}{2}$, $\dfrac{8}{2}$, $\dfrac{8}{3}$로 모

두 4개입니다.

03

인생 전체를 1이라고 하면

1$-$(소년으로 산 인생$+$청년으로 산 인생$+$성인으로 산 인생$+$아들과 산 인생)

$=1-\left(\dfrac{1}{6}+\dfrac{1}{12}+\dfrac{1}{7}+\dfrac{1}{2}\right)=1-\dfrac{75}{84}=\dfrac{9}{84}$

입니다.

$\dfrac{9}{84}$는 결혼하고 아이를 낳기 전까지의 5년과 아이를

잃고 산 4년이 인생에서 차지하는 크기입니다.

인생의 $\dfrac{9}{84}$는 9년이므로 인생의 $\dfrac{1}{84}$은 1년입니다.

따라서 전체 인생은 84년이므로 디오판토스는 84년

을 살았습니다.

04 $\dfrac{㉠}{㉠+㉡}+\dfrac{㉠}{㉠-㉡}$이 가장 크려면 분자가 가장 커야

하므로 ㉠$=100$이어야 합니다.

㉡은 99이거나 1일 때 계산 결과가 큽니다.

㉡은 ㉠과 서로 다른 수입니다.

만약 ㉡$=1$이라면

$\dfrac{100}{100+1}+\dfrac{100}{100-1}=\dfrac{100}{101}+\dfrac{100}{99}$입니다.

만약 ㉡$=99$라면

$\dfrac{100}{100+99}+\dfrac{100}{100-99}=\dfrac{100}{199}+\dfrac{100}{1}$입니다.

따라서 ㉡이 99일 때 계산 결과가 가장 큽니다.

05 $㉠+㉡=\dfrac{7}{12}=\overbrace{\dfrac{3}{12}+\dfrac{4}{12}}^{\text{12의 약수}}=\dfrac{1}{4}+\dfrac{1}{3}$

$㉡+㉢=\dfrac{10}{21}=\overbrace{\dfrac{7}{21}+\dfrac{3}{21}}^{\text{21의 약수}}=\dfrac{1}{3}+\dfrac{1}{7}$

$㉠+㉢=\dfrac{11}{28}=\overbrace{\dfrac{7}{28}+\dfrac{4}{28}}^{\text{28의 약수}}=\dfrac{1}{4}+\dfrac{1}{7}$

$\bigcirc=\dfrac{1}{4}$, $\bigcirc=\dfrac{1}{3}$, $\bigcirc=\dfrac{1}{7}$

$$\Rightarrow \bigcirc+\bigcirc+\bigcirc=\dfrac{1}{4}+\dfrac{1}{3}+\dfrac{1}{7}$$
$$=\dfrac{21}{84}+\dfrac{28}{84}+\dfrac{12}{84}$$
$$=\dfrac{61}{84}$$

06 $\dfrac{2}{35}+\dfrac{2}{63}+\dfrac{2}{99}+\dfrac{2}{143}+\dfrac{2}{195}+\dfrac{2}{255}+\dfrac{2}{323}$

$=\left(\dfrac{1}{5}-\dfrac{1}{7}\right)+\left(\dfrac{1}{7}-\dfrac{1}{9}\right)+\left(\dfrac{1}{9}-\dfrac{1}{11}\right)+\cdots\cdots$

$\qquad +\left(\dfrac{1}{17}-\dfrac{1}{19}\right)$

$=\dfrac{1}{5}-\dfrac{1}{19}=\dfrac{14}{95}$

07 $\dfrac{1}{3}+\dfrac{1}{4}<\dfrac{13}{\square}<1$, $\dfrac{7}{12}<\dfrac{13}{\square}<1$,

$\dfrac{7\times13}{12\times13}<\dfrac{13\times7}{\square\times7}<\dfrac{1\times13\times7}{1\times13\times7}$,

$\dfrac{91}{156}<\dfrac{91}{7\times\square}<\dfrac{91}{91}$이므로

$91<7\times\square<156$입니다.

따라서 $\square$ 안에 들어갈 수 있는 자연수는 14, 15, 16, 17, 18, 19, 20, 21, 22이므로 이 중 가장 큰 수는 22, 가장 작은 수는 14입니다.

➡ (두 수의 차)$=22-14=8$

08 [1]$=\dfrac{1}{2\times(1+1)}=\dfrac{1}{2\times2}=\dfrac{1}{4}$

[2]$=\dfrac{2}{2\times(2+1)}=\dfrac{2}{2\times3}=\dfrac{1}{3}$

[3]$=\dfrac{3}{2\times(3+1)}=\dfrac{3}{2\times4}=\dfrac{3}{8}$

[4]$=\dfrac{4}{2\times(4+1)}=\dfrac{4}{2\times5}=\dfrac{2}{5}$

[5]$=\dfrac{5}{2\times(5+1)}=\dfrac{5}{2\times6}=\dfrac{5}{12}$

➡ [1]+[2]+[3]+[4]+[5]

$=\dfrac{1}{4}+\dfrac{1}{3}+\dfrac{3}{8}+\dfrac{2}{5}+\dfrac{5}{12}=1\dfrac{93}{120}=1\dfrac{31}{40}$

LEVEL 종합

01 $5\dfrac{7}{8}$, $2\dfrac{1}{4}$, $3\dfrac{5}{8}$ **02** $4\dfrac{1}{3}$ L **03** $\dfrac{8}{15}$

04 3개 **05** 4시간 5분 **06** 1 kg

07 40분 **08** $\dfrac{11}{36}$ **09** $\dfrac{1}{15}$ **10** 408

11 36개 **12** 5

01 두 분수의 차가 가장 크려면 가장 큰 분수에서 가장 작은 분수를 빼야 합니다.

$5\dfrac{7}{8}>5\dfrac{2}{3}>2\dfrac{2}{7}>2\dfrac{1}{4}$이므로 가장 큰 분수는 $5\dfrac{7}{8}$,

가장 작은 분수는 $2\dfrac{1}{4}$입니다.

➡ $5\dfrac{7}{8}-2\dfrac{1}{4}=5\dfrac{7}{8}-2\dfrac{2}{8}=3\dfrac{5}{8}$

02 버린 물의 양을 $\square$ L라고 하면

$8\dfrac{2}{7}-\square+3\dfrac{5}{6}=7\dfrac{11}{14}$,

$\square=8\dfrac{2}{7}+3\dfrac{5}{6}-7\dfrac{11}{14}=12\dfrac{5}{42}-7\dfrac{11}{14}$

$=11\dfrac{47}{42}-7\dfrac{33}{42}=4\dfrac{14}{42}=4\dfrac{1}{3}$입니다.

따라서 버린 물의 양은 $4\dfrac{1}{3}$ L입니다.

03 $\underset{①}{\left(\dfrac{1}{2}\right)}$, $\underset{②}{\left(\dfrac{1}{3}\right.}$, $\underset{③}{\left.\dfrac{2}{3}\right)}$, $\underset{④}{\left(\dfrac{1}{4}\right.}$, $\underset{⑤}{\dfrac{2}{4}}$, $\underset{⑥}{\left.\dfrac{3}{4}\right)}$,

$\underset{⑦}{\left(\dfrac{1}{5}\right.}$, $\underset{⑧}{\dfrac{2}{5}}$, $\underset{⑨}{\dfrac{3}{5}}$, $\underset{⑩}{\left.\dfrac{4}{5}\right)}$, $\underset{⑪}{\left(\dfrac{1}{6}\right.}$, $\underset{⑫}{\dfrac{2}{6}}\cdots\cdots)$

따라서 7번째 분수는 $\dfrac{1}{5}$, 12번째 분수는 $\dfrac{2}{6}$이므로

합은 $\dfrac{1}{5}+\dfrac{2}{6}=\dfrac{6}{30}+\dfrac{10}{30}=\dfrac{16}{30}=\dfrac{8}{15}$입니다.

04 $\dfrac{1}{3}<\dfrac{1}{4}+\dfrac{\square}{6}<\dfrac{7}{8}$에서 분모를 통분하면

$\dfrac{8}{24}<\dfrac{6}{24}+\dfrac{\square\times4}{24}<\dfrac{21}{24}$,

$\dfrac{8}{24}<\dfrac{6+4\times\square}{24}<\dfrac{21}{24}$입니다.

분모가 같으므로 분자를 비교하면

$8<6+4\times\square<21$입니다.

$\square=1$이면 $8<6+4\times1<21$ ($\bigcirc$)

$\square=2$이면 $8<6+4\times2<21$ ($\bigcirc$)

$\square=3$이면 $8<6+4\times3<21$ ($\bigcirc$)

$\square=4$이면 $8<6+4\times4<21$ ($\times$)

따라서 $\square$ 안에 들어갈 수 있는 자연수는 1, 2, 3으로 모두 3개입니다.

05 15분은 $\dfrac{15}{60}$시간$=\dfrac{1}{4}$시간이고, 1시간 10분은

1시간$+\dfrac{10}{60}$시간$=1\dfrac{1}{6}$시간입니다.

(서울에서 통영에 도착하는 데 걸린 시간)

$\quad=$(서울에서 휴게소까지 가는 데 걸린 시간)

$\qquad+$(휴게소에서 쉰 시간)

$\qquad+$(휴게소에서 통영까지 가는 데 걸린 시간)

$\quad=2\dfrac{2}{3}+\dfrac{1}{4}+1\dfrac{1}{6}=2\dfrac{8}{12}+\dfrac{3}{12}+1\dfrac{2}{12}$

$\quad=3\dfrac{13}{12}=4\dfrac{1}{12}$(시간)

$\dfrac{1}{12}=\dfrac{5}{60}$이므로 $\dfrac{1}{12}$시간은 5분입니다. 따라서 서울에서 출발한 지 4시간 5분 만에 통영에 도착했습니다.

06 $\left(\dfrac{1}{3}$만큼 마신 물의 무게$\right)=5\dfrac{3}{4}-4\dfrac{1}{6}=1\dfrac{7}{12}$ (kg)

(전체 물의 무게)$=1\dfrac{7}{12}+1\dfrac{7}{12}+1\dfrac{7}{12}$

$\qquad\qquad\qquad\quad=3\dfrac{21}{12}=4\dfrac{9}{12}=4\dfrac{3}{4}$ (kg)

(빈 물병의 무게)$=$(물이 가득 든 병의 무게)

$\qquad\qquad\qquad\quad-$(전체 물의 무게)

$\qquad\qquad\qquad=5\dfrac{3}{4}-4\dfrac{3}{4}=1$ (kg)

07 ㉠ 호스 ➡ 1시간$=$60분이므로 1분에 $\dfrac{1}{60}$만큼 채울 수 있습니다.

㉡ 호스 ➡ 2시간$=$120분이므로 1분에 $\dfrac{1}{120}$만큼 채울 수 있습니다.

(㉠ 호스$+$㉡ 호스)$=\dfrac{1}{60}+\dfrac{1}{120}$

$\qquad\qquad\qquad\qquad=\dfrac{\overset{1}{3}}{\underset{40}{120}}=\dfrac{1}{40}$

따라서 1분에 $\dfrac{1}{40}$만큼 채울 수 있으므로 수영장에 물을 가득 채우려면 모두 40분이 걸립니다.

08 영어 학원이나 피아노 학원에 다니는 학생은 전체의

$\dfrac{7}{12}+\dfrac{1}{3}-\dfrac{2}{9}=\dfrac{25}{36}$입니다.

따라서 영어 학원과 피아노 학원에 모두 다니지 않는 학생은 전체의 $1-\dfrac{25}{36}=\dfrac{11}{36}$입니다.

09 • ↘ 방향의 세 수의 합: $\dfrac{2}{15}+\dfrac{1}{3}+\dfrac{8}{15}=\dfrac{15}{15}=1$

• ↗ 방향의 세 수의 합도 1이므로

$\dfrac{2}{5}+\dfrac{1}{3}+㉠=1$입니다.

$\dfrac{11}{15}+㉠=1$, $㉠=1-\dfrac{11}{15}=\dfrac{4}{15}$입니다.

• ↓ 방향의 세 수의 합도 1이므로

$\dfrac{4}{15}+㉡+\dfrac{8}{15}=1$입니다.

$\dfrac{12}{15}+㉡=1$, $㉡=1-\dfrac{12}{15}=\dfrac{3}{15}$입니다.

➡ $㉠-㉡=\dfrac{4}{15}-\dfrac{3}{15}=\dfrac{1}{15}$

10 첫 번째 수: $\dfrac{1}{2}+\dfrac{1}{3}=\dfrac{3}{6}+\dfrac{2}{6}=\dfrac{5}{6}$이므로

$\left[\dfrac{1}{2}+\dfrac{1}{3}\right]=\left[\dfrac{5}{6}\right]=5$

두 번째 수: $\dfrac{1}{3}+\dfrac{1}{4}=\dfrac{4}{12}+\dfrac{3}{12}=\dfrac{7}{12}$이므로

$\left[\dfrac{1}{3}+\dfrac{1}{4}\right]=\left[\dfrac{7}{12}\right]=7$

세 번째 수: $\frac{1}{4}+\frac{1}{5}=\frac{5}{20}+\frac{4}{20}=\frac{9}{20}$이므로

$$\left[\frac{1}{4}+\frac{1}{5}\right]=\left[\frac{9}{20}\right]=9$$

$\vdots$

따라서 수 배열의 규칙에 따라 [ ]의 값은 [ ] 안의 두 분수의 분모의 합과 같으므로

100번째 수는 $\left[\frac{1}{101}+\frac{1}{102}\right]=101+102=203$,

101번째 수는 $\left[\frac{1}{102}+\frac{1}{103}\right]=102+103=205$ 입니다.

➡ (100번째 수)+(101번째 수)=203+205=408

11 $\frac{1}{12}+\frac{1}{4}+\frac{1}{9}=\frac{1}{12}+\frac{3}{12}+\frac{1}{9}=\frac{1}{3}+\frac{1}{9}=\frac{4}{9}$

이므로 전체를 1이라고 할 때 남은 복숭아 20개는 전체의 $1-\frac{4}{9}=\frac{5}{9}$입니다.

즉, 전체의 $\frac{5}{9}=\frac{20}{36}$이 20개이므로 전체 복숭아는 36개입니다.

12 $\left[\square+\frac{11}{3}\right]-\frac{87}{15}=\frac{11}{5}$에서

$\left[\square+\frac{11}{3}\right]=\frac{11}{5}+\frac{87}{15}=\frac{120}{15}=8$입니다.

$\left[\square+\frac{11}{3}\right]=8$이므로 $\square+\frac{11}{3}$은 8보다 크거나 같고, 9보다는 작아야 합니다.

$\frac{11}{3}=3\frac{2}{3}$이므로 $\square$ 안에 들어갈 수 있는 자연수는 5 입니다.

• 개념알기 개념 1 96쪽

1 5, 3, 15 / 6, 4, 24 / 2, 10, 20   2 12 cm

1 (정다각형의 둘레)=(한 변의 길이)×(변의 수)로 구할 수 있습니다.

2 (평행사변형의 둘레)=$(9+15)\times2=48$ (cm)
마름모의 둘레는 평행사변형의 둘레와 같으므로 48 cm입니다.
(마름모의 한 변의 길이)=$48\div4=12$ (cm)

• 개념 응용하기 응용 1 97쪽

16, 16, 3, 18, 3, 18, 54

1 20 cm, 34 cm   2 42 cm

3 36 cm

1 처음 직사각형의 가로를 $\square$ cm라고 하면
$(\square+5)\times2=44$, $\square+5=44\div2$, $\square+5=22$, $\square=17$입니다.
새로 만든 정사각형의 한 변의 길이는 5 cm이므로 둘레는 $5\times4=20$ (cm)입니다.
새로 만든 직사각형의 가로는 $17-5=12$ (cm)이므로 둘레는 $(12+5)\times2=34$ (cm)입니다.

2 도형의 변을 그림과 같이 이동시켜 도형의 둘레를 구합니다.

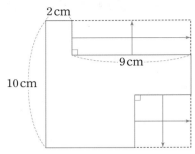

(도형의 둘레)=(직사각형의 둘레)
$$=(11+10)\times2$$
$$=21\times2$$
$$=42\ (\text{cm})$$

3 도형의 변을 그림과 같이 이동시켜 도형의 둘레를 구합니다.

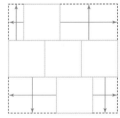

도형의 둘레는 한 변의 길이가 $3\times3=9\ (\text{cm})$인 정사각형의 둘레와 같습니다.
➡ (도형의 둘레)$=9\times4=36\ (\text{cm})$

● 개념알기 **개념 2**   98쪽

1 (1) 120 (2) 80000 (3) 62 (4) 4000000
2 (1) 32 (2) 9

2 (1) 800 cm=8 m
    (직사각형의 넓이)$=8\times4=32\ (\text{m}^2)$
  (2) 3000 m=3 km
    (정사각형의 넓이)$=3\times3=9\ (\text{km}^2)$

● 개념 응용하기 **응용 2**   99쪽

28, 10, 28, 10, 280 / 28, 10

1 252 cm²   **2** 12 cm, 6 cm
3 74 cm²

1 (처음 직사각형의 가로)
   =(직사각형의 넓이)÷(직사각형의 세로)
   $=84\div12=7\ (\text{cm})$
   늘인 직사각형의 가로는 $7\times3=21\ (\text{cm})$입니다.
   ➡ (늘인 직사각형의 넓이)$=21\times12=252\ (\text{cm}^2)$

2 넓이가 72 cm²이고 가로가 세로보다 길므로 가능한 가로와 세로는 72 cm와 1 cm, 36 cm와 2 cm, 24 cm와 3 cm, 18 cm와 4 cm, 12 cm와 6 cm, 9 cm와 8 cm입니다. 이 중 둘레가 36 cm인 경우는 가로가 12 cm, 세로가 6 cm일 때입니다.

3 (색칠한 부분의 넓이)
   =((정사각형 1개의 넓이)-(겹쳐진 부분의 넓이))×2
   $=((7\times7)-(3\times4))\times2$
   $=(49-12)\times2=74\ (\text{cm}^2)$

● 개념알기 **개념 3**   100쪽

1 (1) 144 (2) 42   2 (1) 23 (2) 10

1 (1) (평행사변형의 넓이)
    $=12\times12=144\ (\text{cm}^2)$
  (2) (삼각형의 넓이)
    $=12\times7\div2=42\ (\text{cm}^2)$

2 (1) (평행사변형의 넓이)=(밑변의 길이)×(높이)이므로
$\square$×8=184, $\square$=184÷8=23입니다.

(2) (삼각형의 넓이)=(밑변의 길이)×(높이)÷2이므로
18×$\square$÷2=90, $\square$=90×2÷18=10입니다.

101쪽

개념 응용하기 **응용 3**

8, 8, 2, 312 / 6, 6, 312

1 20 m   **2** 72 cm²   **3** 42 cm

1 평행사변형에서 색칠한 부분을 이어 붙이면 평행사변형이 됩니다.
이어 붙인 평행사변형의 높이는 15−6=9 (m)이고 넓이가 126 m²이므로
이어 붙인 평행사변형의 밑변의 길이는
126÷9=14 (m)입니다.
따라서 선분 ㄴㄷ의 길이는 14+6=20 (m)입니다.

2 평행사변형 ㄱㄴㄹㅅ의 넓이는 72 cm²이고, 삼각형 ㅅㄴㄹ은 평행사변형 ㄱㄴㄹㅅ의 넓이의 $\frac{1}{2}$이므로
(삼각형 ㅅㄴㄹ의 넓이)=72÷2=36 (cm²)입니다.
선분 ㄴㄹ과 선분 ㄹㅂ의 길이는 같고 삼각형 ㅅㄴㄹ과 삼각형 ㅅㄹㅂ의 높이가 같습니다.
➡ (삼각형 ㅅㄴㅂ의 넓이)
=(삼각형 ㅅㄴㄹ의 넓이)×2
=36×2=72 (cm²)

3 (삼각형의 넓이)=12×15÷2=90 (cm²)
평행사변형의 넓이는 삼각형의 넓이와 같으므로 90 cm²입니다.
➡ (평행사변형의 밑변의 길이)=90÷10
=9 (cm)
따라서 평행사변형의 둘레는 (9+12)×2=42 (cm)입니다.

개념알기 **개념 4**

102쪽

1 (1) 35 (2) 54   **2** (1) 8 (2) 11

1 (1) (마름모의 넓이)
=10×7÷2=35 (cm²)

(2) (사다리꼴의 넓이)
=(13+5)×6÷2=54 (cm²)

2 (1) 마름모의 넓이가 48 cm²이므로
$\square$×12÷2=48, $\square$=48×2÷12=8입니다.

(2) 사다리꼴의 넓이가 32 cm²이므로
(5+$\square$)×4÷2=32, 5+$\square$=32×2÷4,
5+$\square$=16, $\square$=16−5=11입니다.

개념 응용하기 **응용 4**

103쪽

8, 8, 5, 160 / 8, 8, 4, 4, 32 / 160, 32, 128

1 180 cm²   **2** 378 cm²   **3** 4 cm

1

삼각형 ㄱㄴㄷ의 넓이에서
20×15÷2=25×$\square$÷2,
150=25×$\square$÷2,
$\square$=150×2÷25=12입니다.
따라서 사다리꼴의 넓이는
(5+25)×12÷2=180 (cm²)입니다.

2

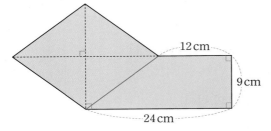

위의 그림과 같이 주어진 도형을 마름모와 사다리꼴로 나눌 수 있습니다.

마름모의 두 대각선의 길이는 각각
$12 \times 2 = 24$ (cm), $9 \times 2 = 18$ (cm)입니다.

➡ (마름모의 넓이)$= 24 \times 18 \div 2$
$= 216$ (cm²)

(사다리꼴의 넓이)$= (12 + 24) \times 9 \div 2$
$= 162$ (cm²)

(도형의 넓이)$=$ (마름모의 넓이)$+$ (사다리꼴의 넓이)
$= 216 + 162$
$= 378$ (cm²)

3 선분 ㄱㅂ의 길이를 □ cm, 사다리꼴 ㄱㄴㄹㅂ의 높이를 △ cm라고 하면 사다리꼴 ㄱㄴㄹㅂ의 넓이는 삼각형 ㅂㄷㅁ의 넓이와 같으므로

$(□ + 20) \times △ \div 2 = 24 \times △ \div 2$,

$□ + 20 = 24$, $□ = 4$입니다.

따라서 선분 ㄱㅂ의 길이는 4 cm입니다.

104~105쪽

LEVEL 1

01 66 cm	**02** 40 m	**03** 156 cm²
04 144 cm²	**05** 23 cm	**06** 32 cm²
07 56 cm²	**08** 132 m²	

01

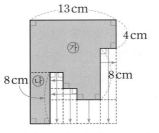

도형을 ㉮와 ㉯의 두 부분으로 나누어 둘레를 알아봅니다.

㉮ 부분의 둘레는 $(13 + (4 + 8)) \times 2 = 50$ (cm)입니다. ㉯ 부분에서 남은 변의 길이의 합은
$8 \times 2 = 16$ (cm)입니다. 따라서 도형의 둘레는
$50 + 16 = 66$ (cm)입니다.

02 $256 = 16 \times 16$이므로 정사각형의 한 변의 길이는 16 m입니다. 직사각형의 긴 변의 길이는 정사각형의 한 변의 길이의 반이고, 작은 변의 길이의 2배이므로 직사각형의 긴 변의 길이는 8 m, 짧은 변의 길이는 4 m입니다.

따라서 색칠한 부분의 가로는 $8 + 4 = 12$ (m), 세로는 8 m이므로 둘레는 $(12 + 8) \times 2 = 40$ (m)입니다.

03 삼각형 ㅁㄴㅂ과 삼각형 ㄱㄴㄷ은 높이가 같습니다. 삼각형 ㄱㄴㄷ의 밑변인 변 ㄱㄷ의 길이는 삼각형 ㅁㄴㅂ의 밑변인 변 ㅁㅂ의 길이의 5배이므로 삼각형 ㄱㄴㄷ의 넓이는 삼각형 ㅁㄴㅂ의 넓이의 5배입니다.
마찬가지로 삼각형 ㄱㄷㄹ과 삼각형 ㄹㅁㅂ의 높이는 같습니다. 삼각형 ㄱㄷㄹ의 밑변인 변 ㄱㄷ의 길이는 삼각형 ㄹㅁㅂ의 밑변인 변 ㅁㅂ의 길이의 5배이므로 삼각형 ㄱㄷㄹ의 넓이는 삼각형 ㄹㅁㅂ의 넓이의 5배입니다.
평행사변형 ㄱㄴㄷㄹ의 넓이는 삼각형 ㄱㄴㄷ과 삼각형 ㄱㄷㄹ의 넓이의 합이므로

(삼각형 ㅁㄴㄹ의 넓이)
$=$ (삼각형 ㅁㄴㅂ의 넓이)$+$ (삼각형 ㄹㅁㅂ의 넓이)
$=$ (평행사변형 ㄱㄴㄷㄹ의 넓이)$\div 5$
$= 13 \times 15 \div 5 = 39$ (cm²)

입니다.

(색칠한 부분의 넓이)

=(평행사변형 ㄱㄴㄷㄹ의 넓이)

  -(삼각형 ㅁㄴㄹ의 넓이))

=13×15-39

=195-39=156 (cm²)

04

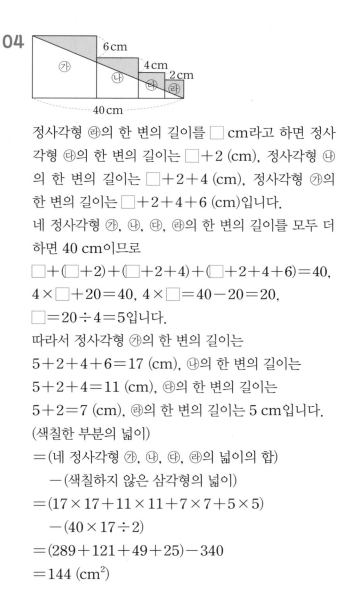

정사각형 ㉣의 한 변의 길이를 □ cm라고 하면 정사각형 ㉢의 한 변의 길이는 □+2 (cm), 정사각형 ㉡의 한 변의 길이는 □+2+4 (cm), 정사각형 ㉠의 한 변의 길이는 □+2+4+6 (cm)입니다.

네 정사각형 ㉠, ㉡, ㉢, ㉣의 한 변의 길이를 모두 더하면 40 cm이므로

□+(□+2)+(□+2+4)+(□+2+4+6)=40,

4×□+20=40, 4×□=40-20=20,

□=20÷4=5입니다.

따라서 정사각형 ㉠의 한 변의 길이는

5+2+4+6=17 (cm), ㉡의 한 변의 길이는

5+2+4=11 (cm), ㉢의 한 변의 길이는

5+2=7 (cm), ㉣의 한 변의 길이는 5 cm입니다.

(색칠한 부분의 넓이)

=(네 정사각형 ㉠, ㉡, ㉢, ㉣의 넓이의 합)

  -(색칠하지 않은 삼각형의 넓이)

=(17×17+11×11+7×7+5×5)

  -(40×17÷2)

=(289+121+49+25)-340

=144 (cm²)

05 사다리꼴 ㄱㄴㄹㅁ의 높이를 △ cm라 하고, 선분 ㄷㄹ의 길이를 □ cm라고 하면

(삼각형 ㅁㄷㄹ의 넓이)=□×△÷2 (cm²)

(사다리꼴 ㄱㄴㄷㅁ의 넓이)

=(22+24-□)×△÷2 (cm²)

이때 삼각형 ㅁㄷㄹ의 넓이와 사다리꼴 ㄱㄴㄷㅁ의 넓이는 같으므로

□×△÷2=(22+24-□)×△÷2에서

□=22+24-□, □=46-□, □+□=46,

□=23입니다.

따라서 선분 ㄷㄹ의 길이는 23 cm입니다.

06 (색칠한 부분의 넓이)

=(평행사변형 ㄱㄴㅅㄹ의 넓이)-(삼각형 ㅁㄴㅇ의 넓이)

이므로 삼각형 ㅁㄴㅇ의 넓이를 □ cm²라고 하면

54=6×11-□, 54=66-□,

□=66-54=12입니다.

삼각형 ㅁㄴㅇ에서 (선분 ㅁㅇ)×4÷2=12,

(선분 ㅁㅇ)=12×2÷4=6 (cm)입니다.

(선분 ㅇㅂ)=(선분 ㅁㅂ)-(선분 ㅁㅇ)

       =11-6=5 (cm)

따라서 사다리꼴 ㄴㄷㅂㅇ의 넓이는

(5+11)×4÷2=32 (cm²)입니다.

07 삼각형 ㄱㄴㅇ과 삼각형 ㅁㅇㄹ은 넓이와 밑변의 길이가 같으므로 높이도 같습니다. 이때 두 삼각형의 높이는 14÷2=7 (cm)입니다.

(삼각형 ㄱㄴㅇ의 넓이)

=(삼각형 ㅁㅇㄹ의 넓이)

=8×7÷2=28 (cm²)

(사각형 ㄴㄷㄹㅇ의 넓이)

=(삼각형 ㄱㄷㄹ의 넓이)-(삼각형 ㄱㄴㅇ의 넓이)

=(8+4)×14÷2-28

=84-28=56 (cm²)

08 직사각형의 세로를 □ m라고 하면 가로는 □+10 (m)입니다.

직사각형의 둘레는 68 m이므로

((□+10)+□)×2=68,

□+10+□=68÷2=34,

□+□=34-10=24, □=12입니다.

따라서 직사각형의 세로는 12 m, 가로는
12+10=22 (m)이므로 마름모의 두 대각선의 길이
는 각각 직사각형의 가로, 세로와 같은 22 m, 12 m
입니다.

➡ (마름모의 넓이)=12×22÷2=132 (m²)

106~107쪽

LEVEL 2

01 390 cm	**02** 110 cm²	**03** 260 cm²
04 216 cm²	**05** 14 cm	**06** 140 cm²
07 63 cm²	**08** 1209 cm²	

01 주어진 도형은 한 변의 길이가 13 cm인 정오각형 모양
의 종이 10장을 이어 붙여서 만든 것입니다. 도형의
바깥쪽은 정오각형의 변 20개로 이루어져 있고, 안쪽
은 정오각형의 변 10개로 이루어져 있습니다.
따라서 도형의 둘레는 13×(20+10)=390 (cm)입
니다.

02 정사각형 ㄱㄴㄷㄹ의 넓이가 242 cm²이므로 정사각
형의 한 대각선의 길이를 □ cm라고 하면
□×□÷2=242, □×□=484, □=22 (cm)입
니다.
따라서 마름모 ㄱㅂㄷㅁ의 두 대각선의 길이가 각각
22 cm, 12 cm이므로 넓이는
12×22÷2=132 (cm²)입니다.
(색칠한 부분의 넓이)
=(정사각형 ㄱㄴㄷㄹ의 넓이)
  −(마름모 ㄱㅂㄷㅁ의 넓이)
=242−132
=110 (cm²)

03 (삼각형 ㄱㄴㅂ의 넓이)=16×15÷2
                        =120 (cm²)
이므로 삼각형 ㄹㅂㄷ의 넓이는 120 cm²입니다.
선분 ㄹㄷ의 길이를 □ cm라고 하면
삼각형 ㄹㅂㄷ에서 □×10÷2=120,
□=120×2÷10=24입니다.

(삼각형 ㄱㅂㄹ의 넓이)
=(사다리꼴 ㄱㄴㄷㄹ의 넓이)−(삼각형 ㄱㄴㅂ의 넓이)
  −(삼각형 ㄹㅂㄷ의 넓이)
=(16+24)×(15+10)÷2−120−120
=500−120−120
=260 (cm²)

04 삼각형 ㉮의 넓이는 대각선의 길이가
24−4=20 (cm)인 정사각형의 넓이의 $\frac{1}{4}$이고, 도
형에서 삼각형 ㉮와 같은 넓이의 삼각형은 모두 4개
입니다.
삼각형 ㉯의 넓이는 대각선
의 길이가 4 cm인 정사각
형의 넓이의 $\frac{1}{2}$이고, 도형
에서 삼각형 ㉯와 같은 넓이
의 삼각형은 모두 4개입니
다.

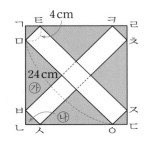

따라서 색칠한 부분의 넓이는
(20×20÷2÷4)×4+(4×4÷2÷2)×4
=200+16
=216 (cm²)

05

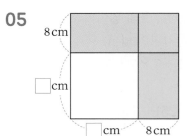

처음 정사각형의 한 변의 길이를 □ cm라고 하면
색칠한 부분의 넓이가 288 cm²이므로
8×□+8×□+8×8=288,
8×□+8×□+64=288, 16×□=224,
□=224÷16=14입니다.
따라서 처음 정사각형의 한 변의 길이는 14 cm입니
다.

06 (삼각형 ㅂㄷㅁ의 넓이)

＝(삼각형 ㅂㄷㄹ의 넓이)－(삼각형 ㅁㄷㄹ의 넓이)

＝$21 \times 12 \div 2 - 12 \times 14 \div 2$

＝$126 - 84 = 42 \ (cm^2)$

삼각형 ㅂㄷㅁ에서 선분 ㅁㄴ의 길이를 $\square$ cm라고

하면 $21 \times \square \div 2 = 42$이므로

$\square = 42 \times 2 \div 21 = 4$입니다.

(선분 ㄱㅁ의 길이)

＝(선분 ㄱㄴ의 길이)－(선분 ㅁㄴ의 길이)

＝$12 - 4 = 8 \ (cm)$

따라서 사다리꼴 ㄱㅁㄷㄹ의 넓이는

$(8 + 12) \times 14 \div 2 = 140 \ (cm^2)$입니다.

07

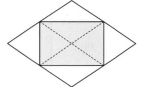

위의 그림과 같이 마름모의 네 변의 한가운데 점을 이어 만든 직사각형은 원래의 마름모의 넓이의 반입니다. 마찬가지로 직사각형의 네 변의 한가운데 점을 이어서 만든 마름모는 원래 직사각형의 넓이의 반입니다.

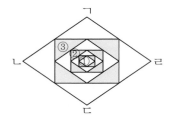

위의 그림과 같이 가장 안쪽의 직사각형을 ①, 그다음 크기의 직사각형을 ②, 가장 큰 직사각형을 ③이라고 할 때 가장 안쪽의 마름모의 넓이가 $3 \ cm^2$이므로 직사각형 ①의 넓이는 $3 \times 2 = 6 \ (cm^2)$이고, 직사각형 ①에서 색칠한 부분의 넓이는

(직사각형 ①의 넓이)－(안쪽 마름모의 넓이)

＝$6 - 3 = 3 \ (cm^2)$입니다.

직사각형 ②의 안쪽의 마름모의 넓이는 직사각형 ① 의 넓이의 2배이고, 직사각형 ②의 넓이는 이 마름모 의 넓이의 2배이므로

(직사각형 ②의 넓이)＝$6 \times 2 \times 2 = 24 \ (cm^2)$입니다. 직사각형 ②에서 색칠한 부분의 넓이는

(직사각형 ②의 넓이)－(바로 안쪽 마름모의 넓이)

＝$24 - 6 \times 2 = 12 \ (cm^2)$입니다.

직사각형 ③의 안쪽의 마름모의 넓이는 직사각형 ② 의 넓이의 2배이고, 직사각형 ③의 넓이는 이 마름모 의 2배이므로

(직사각형 ③의 넓이)＝$24 \times 2 \times 2 = 96 \ (cm^2)$입니다. 직사각형 ③에서 색칠한 부분의 넓이는

(직사각형 ③의 넓이)－(바로 안쪽 마름모의 넓이)

＝$96 - 24 \times 2 = 48 \ (cm^2)$입니다.

따라서 색칠한 부분의 넓이의 합은

$3 + 12 + 48 = 63 \ (cm^2)$입니다.

08 색종이 9장을 겹치게 이어 붙였으므로 겹쳐진 부분은 $9 - 1 = 8$(군데)입니다.

따라서 이어 붙여 만든 직사각형의 가로는

$13 \times 9 - 3 \times 8 = 93 \ (cm)$이고 세로는 13 cm이므 로 이 직사각형의 넓이는 $93 \times 13 = 1209 \ (cm^2)$입니 다.

108~109쪽

LEVEL **3**

01 80 cm²	02 68 cm²	03 12 cm
04 48 m²	05 3가지, 26 cm	06 28 cm
07 30 cm²	08 4 cm²	

01 마름모의 넓이는 $8 \times 16 \div 2 = 64 \ (cm^2)$이므로 겹쳐 진 부분의 넓이는 $64 \div 4 = 16 \ (cm^2)$입니다.

겹쳐진 사다리꼴의 높이를 $\square$ cm라고 하면
$(5+3) \times \square \div 2 = 16$, $8 \times \square \div 2 = 16$,
$\square = 16 \times 2 \div 8 = 4$입니다.
겹쳐진 사다리꼴의 높이가 직사각형 세로의 반이므로
직사각형의 세로는 $4 \times 2 = 8$ (cm), 가로는
$5 \times 2 = 10$ (cm)입니다.
따라서 직사각형의 넓이는 $10 \times 8 = 80$ (cm^2)입니다.

02 삼각형 ㄱㄴㄹ에서 각 ㄱㄹㄴ의 크기는
$180° - 90° - 45° = 45°$이므로 삼각형 ㄱㄴㄹ은 이등
변삼각형입니다.
따라서 (변 ㄱㄹ)＝(변 ㄱㄴ)＝12 (cm),
(선분 ㅁㄹ)＝$12 \div 3 = 4$ (cm)입니다.
삼각형 ㅁㄷㄹ은 한 각이 직각이고, 나머지 두 각이
각각 45°인 이등변삼각형이므로 삼각형 ㅁㄷㄹ은 선
분 ㅁㄹ이 한 변인 정사각형의 넓이의 $\frac{1}{4}$입니다. 즉,
삼각형 ㅁㄷㄹ의 넓이는 $4 \times 4 \div 4 = 4$ (cm^2)입니다.
(사각형 ㄱㄴㄷㅁ의 넓이)
＝(삼각형 ㄱㄴㄹ의 넓이)－(삼각형 ㅁㄷㄹ의 넓이)
＝$12 \times 12 \div 2 - 4$
＝$72 - 4 = 68$ (cm^2)

03 (평행사변형 ㅂㅁㄷㄹ의 넓이)＝$4 \times 16 = 64$ (cm^2)
(사다리꼴 ㄱㄴㅅㄹ의 넓이)
＝(종이띠로 만든 글자 'ㄱ'의 넓이)
　　－(평행사변형 ㅂㅁㄷㄹ의 넓이)
＝$120 - 64 = 56$ (cm^2)
선분 ㄴㅅ의 길이를 $\square$ cm라고 하면
사다리꼴 ㄱㄴㅅㄹ의 넓이가 56 cm^{2}이므로
$(16 + \square) \times 4 \div 2 = 56$에서
$16 + \square = 56 \times 2 \div 4$, $\square + 16 = 28$, $\square = 12$입니다.
따라서 선분 ㄴㅅ의 길이는 12 cm입니다.

04

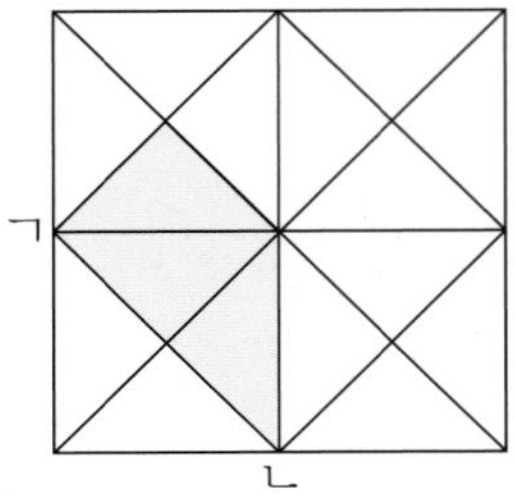

위의 그림과 같이 도형에 보조선을 그으면 색칠한 부
분의 넓이는 전체 넓이의 $\frac{3}{16}$입니다.
따라서 $256 \div 16 \times 3 = 48$ (m^2)입니다.

05 정사각형의 한 변의 길이를 $\square$ cm라고 하면 정사각형
의 넓이가 4 cm^{2}이므로 $\square \times \square = 4$, $\square = 2$입니다.
정사각형 12개로 만들 수 있는 가로보다 세로가 더
긴 직사각형은 아래와 같이 모두 3가지이고, 이때 각
직사각형의 둘레를 구하면 다음과 같습니다.

모양	가로	세로	둘레
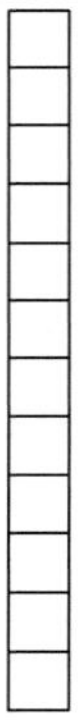	2 cm	2×12 $=24$ (cm)	$(2+24) \times 2$ $=52$ (cm)
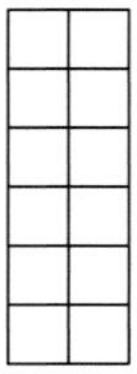	2×2 $=4$ (cm)	2×6 $=12$ (cm)	$(4+12) \times 2$ $=32$ (cm)
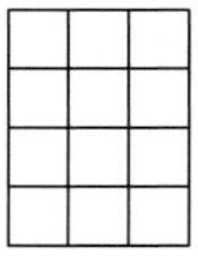	2×3 $=6$ (cm)	2×4 $=8$ (cm)	$(6+8) \times 2$ $=28$ (cm)

따라서 이 중 둘레가 가장 긴 직사각형은 가로가
2 cm, 세로가 24 cm이므로 가로와 세로의 합은
$2 + 24 = 26$ (cm)입니다.

06 똑같이 둘로 나눈 도형과 그때의 나누어진 도형의 둘레는 다음과 같습니다.

모양	이등분한 도형과 직사각형의 둘레
	→ 나누었을 때 직사각형 모양 (×)
나누었을 때 직사각형 모양 (×)	나누었을 때 직사각형 모양 (×)	(둘레) $=2×12$ $=24$ (cm)	(둘레) $=2×14$ $=28$ (cm)
나누었을 때 직사각형 모양 (×)	(둘레) $=2×12$ $=24$ (cm)	(둘레) $=2×12$ $=24$ (cm)	

따라서 나누어진 도형의 둘레가 가장 긴 것은 [도형]와 같이 나눈 것이고 이때의 둘레는 28 cm입니다.

07 선분 ㄱㅂ이 선분 ㅂㅁ의 4배이므로 선분 ㅁㄷ의 길이가 선분 ㄴㅁ의 4배가 되어야 삼각형 ㄱㄴㅂ과 삼각형 ㅂㅁㄷ의 넓이가 같습니다.
따라서 선분 ㄴㅁ의 길이는
(선분 ㄴㄷ의 길이)$÷5=20÷5=4$ (cm)이므로 삼각형 ㄱㄴㅁ의 넓이는
$(12+3)×4÷2=30$ (cm²)입니다.

08 (삼각형 가의 넓이)$=6×6÷2$
$\qquad\qquad\qquad\quad=18$ (cm²)
삼각형 가는 한 각이 직각, 나머지 두 각이 각각 45°, 45°인 이등변삼각형이고, 삼각형 ㄴㄷㅁ과 삼각형 ㅂㄹㅁ도 한 각이 직각, 나머지 두 각이 각각 45°, 45°인 이등변삼각형입니다.
따라서 선분 ㅂㄹ과 선분 ㄹㅁ의 길이가 2 cm로 같고, 선분 ㄴㄷ과 선분 ㄷㅁ의 길이가 같습니다.
(선분 ㄷㄹ의 길이)$=(6-($선분 ㄹㅁ의 길이$))÷2$
$\qquad\qquad\qquad\quad=(6-2)÷2$
$\qquad\qquad\qquad\quad=2$ (cm)
(선분 ㄴㄷ의 길이)
$=($선분 ㄷㅁ의 길이$)$
$=($선분 ㄷㄹ의 길이$)+($선분 ㄹㅁ의 길이$)$
$=2+2$
$=4$ (cm)
(삼각형 ㄱㄴㅂ의 넓이)
$=($삼각형 가의 넓이$)$
$\quad-($사다리꼴 ㄴㄷㄹㅂ의 넓이$)×2$
$\quad-($삼각형 ㅂㄹㅁ의 넓이$)$
$=18-((2+4)×2÷2)×2-2×2÷2$
$=18-12-2$
$=4$ (cm²)

LEVEL 4

110~111쪽

01 104 cm	**02** 130 cm²	**03** 192 m²
04 60 cm²	**05** 15분 후	**06** 1575 cm²
07 36 cm²	**08** 124 cm	

01 처음 직사각형의 넓이가 80 cm²이므로 처음 직사각형의 가로, 세로가 될 수 있는 것은
1 cm와 80 cm, 2 cm와 40 cm, 4 cm와 20 cm, 5 cm와 16 cm, 8 cm와 10 cm의 5가지 경우입니다.

이 중 둘레가 가장 짧은 경우는 8 cm와 10 cm
일 때이고, 이때의 둘레는 $(8+10) \times 2 = 36$ (cm)입
니다.
늘인 직사각형의 넓이는 $80 \times 3 = 240$ (cm²)이고,
이때 직사각형의 가로, 세로가 될 수 있는 것은
1 cm와 240 cm, 2 cm와 120 cm, 3 cm와
80 cm, 4 cm와 60 cm, 5 cm와 48 cm, 6 cm와
40 cm, 8 cm와 30 cm, 10 cm와 24 cm,
12 cm와 20 cm, 15 cm와 16 cm의 10가지 경우
입니다.
가로와 세로를 각각 늘여서 만든 직사각형이므로 처
음 직사각형의 가로와 세로인 8 cm, 10 cm보다는
길어야 합니다.
따라서 가능한 가로와 세로는 10 cm와 24 cm,
12 cm와 20 cm, 15 cm와 16 cm이고, 이 중 둘레
가 가장 긴 경우는 10 cm와 24 cm이며, 이때의 둘
레는 $(10+24) \times 2 = 68$ (cm)입니다.
따라서 처음 직사각형과 늘인 직사각형의 둘레의 합
은 $36+68 = 104$ (cm)입니다.

02

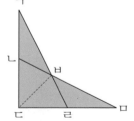

위의 그림과 같이 선분 ㄷㅂ을 그으면 선분 ㄱㄴ과 선
분 ㄴㄷ의 길이가 같으므로 삼각형 ㄱㄴㅂ과 삼각형
ㄴㄷㅂ은 넓이가 같습니다.
또, 선분 ㄷㄹ과 선분 ㄹㅁ의 길이가 같으므로 삼각형
ㄷㄹㅂ과 삼각형 ㅂㄹㅁ은 넓이가 같습니다.
(사각형 ㄴㄷㄹㅂ의 넓이)
＝(삼각형 ㄴㄷㅂ의 넓이)＋(삼각형 ㅂㄷㄹ의 넓이)
＝(삼각형 ㄱㄴㅂ의 넓이)＋(삼각형 ㅂㄹㅁ의 넓이)
＝130 (cm²)

03

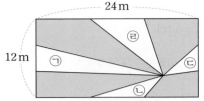

직사각형의 넓이는 $12 \times 24 = 288$ (m²)입니다. 색칠
한 부분의 넓이는 전체 직사각형에서 삼각형 4개의
넓이를 뺀 것과 같습니다. 직사각형에서 만들어진 삼
각형 4개 중 삼각형 ㉠, ㉢은 밑변의 길이가
$12 \div 3 = 4$ (m)로 같고, 높이의 합은 24 m입니다.
삼각형 ㉡, ㉣도 밑변의 길이가 $24 \div 3 = 8$ (m)로 같
고, 높이의 합은 12 m입니다.
(두 삼각형 ㉠과 ㉢의 넓이의 합)
$= 4 \times 24 \div 2 = 48$ (m²)
(두 삼각형 ㉡과 ㉣의 넓이의 합)
$= 8 \times 12 \div 2 = 48$ (m²)
(색칠한 부분의 넓이)
＝(직사각형의 넓이)
　　－(네 삼각형 ㉠, ㉡, ㉢, ㉣의 넓이의 합)
$= 288 - (48+48) = 192$ (m²)

04

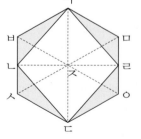

위의 그림과 같이 보조선을 그어 보면 삼각형 ㄱㅂㄴ은
삼각형 ㅂㄴㅈ과 밑변과 높이가 같으므로 넓이가 같
고, 삼각형 ㄴㅅㄷ은 삼각형 ㄴㅅㅈ과 넓이가 같습니
다. 또한, 삼각형 ㄱㄹㅁ은 삼각형 ㅁㅈㄹ과 넓이가
같고, 삼각형 ㄷㅇㄹ은 삼각형 ㅈㅇㄹ과 넓이가 같습
니다.

즉, 정육각형의 넓이는 색칠한 부분의 넓이의 3배이
므로 정육각형의 넓이는 $30 \times 3 = 90$ (cm²)입니다.
따라서 마름모의 넓이는
(정육각형의 넓이)−(색칠한 부분의 넓이)
$= 90 - 30 = 60$ (cm²)입니다.

05 (선분 ㄱㅁ의 길이)＝(선분 ㅁㄴ의 길이)
$= 60 \div 2 = 30$ (cm)
　　(선분 ㄴㅂ의 길이)＝(선분 ㅂㄷ의 길이)
$= 90 \div 2 = 45$ (cm)

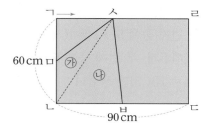

위의 그림과 같이 선분 ㅅㄴ을 그으면 사각형 ㅁㄴㅂㅅ
이 두 개의 삼각형 ㉮, ㉯로 나누어집니다. 이 중 삼각
형 ㉮의 밑변은 선분 ㅁㄴ이므로 30 cm, 높이는 선
분 ㄱㅅ의 길이와 같으므로 계속해서 변합니다.
삼각형 ㉯의 밑변은 선분 ㄴㅂ이므로 45 cm이고, 높이
는 직사각형 ㄱㄴㄷㄹ의 세로인 60 cm와 같습니다.
(삼각형 ㉯의 넓이)＝$45 \times 60 \div 2 = 1350$ (cm²)
(사각형 ㅁㄴㅂㅅ의 넓이)
＝(직사각형 ㄱㄴㄷㄹ의 넓이)÷3
＝$90 \times 60 \div 3 = 1800$ (cm²)
(삼각형 ㉮의 넓이)
＝(사각형 ㅁㄴㅂㅅ의 넓이)−(삼각형 ㉯의 넓이)
＝$1800 - 1350 = 450$ (cm²)
삼각형 ㉮의 넓이가 450 cm²이므로 선분 ㄱㅅ의 길
이를 □ cm라고 하면
$30 \times □ \div 2 = 450$에서 □$= 450 \times 2 \div 30 = 30$입
니다.
따라서 선분 ㄱㅅ의 길이는 30 cm이므로 점 ㅅ이 점
ㄱ을 출발한 지 $30 \div 2 = 15$(분) 후입니다.

06

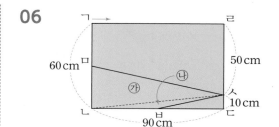

점 ㅅ이 1분에 2 cm씩 이동하므로 70분이 지났을 때
에는 $2 \times 70 = 140$ (cm)를 이동하였으며 선분 ㄹㄷ
위에 점 ㄹ과 50 cm, 점 ㄷ과 10 cm 떨어진 곳에 있
습니다. 위의 그림과 같이 선분 ㄴㅅ을 그으면 사각형
ㅁㄴㅂㅅ이 두 개의 삼각형 ㉮, ㉯로 나누어집니다.
이 중 삼각형 ㉮의 밑변은 선분 ㅁㄴ이므로 30 cm,
높이는 직사각형 ㄱㄴㄷㄹ의 가로인 90 cm와 같습
니다.
삼각형 ㉯의 밑변은 선분 ㄴㅂ이므로 45 cm이고, 높
이는 선분 ㅅㄷ의 길이와 같으므로 10 cm입니다.
(사각형 ㅁㄴㅂㅅ의 넓이)
＝(삼각형 ㉮의 넓이)＋(삼각형 ㉯의 넓이)
＝$30 \times 90 \div 2 + 45 \times 10 \div 2$
＝$1350 + 225$
＝1575 (cm²)

07 (사다리꼴 ㄱㄴㅂㅅ의 넓이)＝$(18 + 10) \times 6 \div 2$
$= 84$ (cm²)
(직사각형 ㄴㄷㄹㅂ의 넓이)＝$10 \times 6 = 60$ (cm²)
(전체 도형의 넓이)＝$84 + 60 = 144$ (cm²)
삼각형 ㄱㅁㅅ과 도형 ㄱㄴㄷㄹㅁ의 넓이가 같으므로
(삼각형 ㄱㅁㅅ의 넓이)＝$144 \div 2 = 72$ (cm²)입니
다.
(삼각형 ㄱㄹㅁ의 넓이)
＝(삼각형 ㄱㄹㅅ의 넓이)−(삼각형 ㄱㅁㅅ의 넓이)
＝$18 \times (6 + 6) \div 2 - 72$
＝$108 - 72$
＝36 (cm²)

08

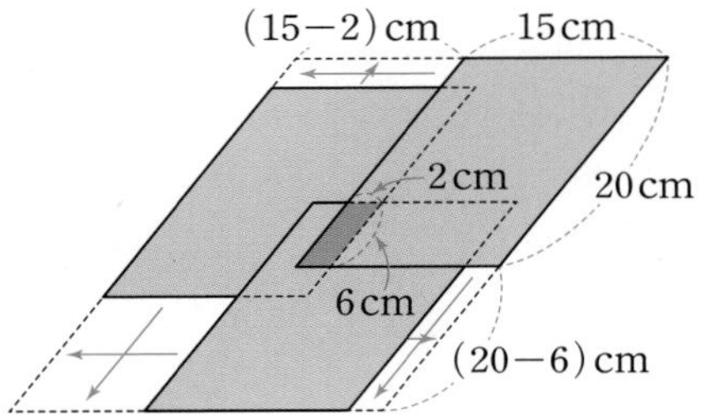

위의 그림과 같이 도형의 변을 각각 평행하게 옮기면 평행사변형 모양이 나오는 것을 알 수 있습니다.
따라서 평행사변형 3개를 겹쳐 놓은 도형의 둘레는 서로 다른 두 변의 길이가 각각
(15−2)+15=28 (cm), 20+(20−6)=34 (cm)
인 평행사변형의 둘레와 같습니다.
➡ (도형의 둘레)=(28+34)×2=124 (cm)

LEVEL 종합 112~114쪽

01 174 cm	02 263 cm^2	03 77 cm^2
04 72 cm	05 2864 mm	06 64배
07 800 m^2	08 122 cm^2	09 9장
10 12 cm^2	11 12분 후	
12 21분 후, 208 cm^2		

01

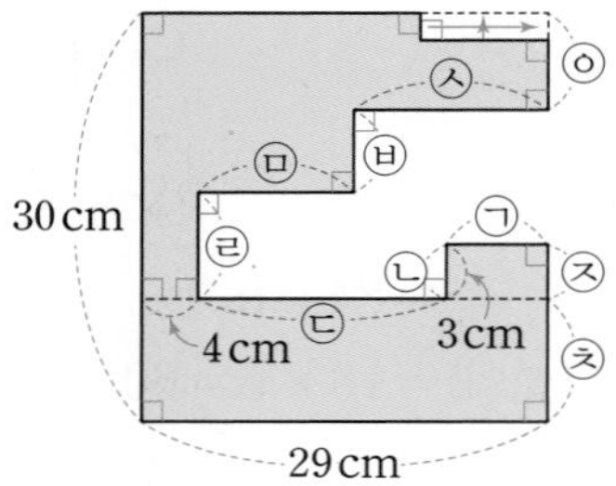

㉠+㉢=㉤+㉦=29−4=25 (cm)
㉧+㉥+㉣+㉩=30 (cm)
㉡=㉨=3 (cm)
(도형의 둘레)
=(㉠+㉢)+(㉤+㉦)+(㉧+㉥+㉣+㉩)+㉡+㉨+30+29+29
=25+25+30+3+3+30+29+29
=174 (cm)

02 겹쳐진 정사각형은 한 변의 길이가 12−7=5 (cm)입니다.
(도형의 넓이)
=(두 정사각형의 넓이의 합)
 −(겹쳐진 정사각형의 넓이)
=(12×12×2)−(5×5)
=288−25
=263 (cm^2)

03 (마름모의 넓이)=6×3÷2=9 (cm^2)
(겹쳐져서 생긴 마름모의 넓이)=2×1÷2
=1 (cm^2)
마름모 10개를 5개씩 2줄로 겹쳐 가며 붙였을 때 생기는 마름모는 첫 번째 줄에 5−1=4(개), 첫 번째 줄과 두 번째 줄 사이에 5개, 두 번째 줄에 5−1=4(개)로 모두 4+5+4=13(개)가 생깁니다.
(도형의 넓이)
=(마름모 10개의 넓이)
 −(겹쳐져서 생긴 마름모의 넓이의 합)
=9×10−1×13
=77 (cm^2)

04

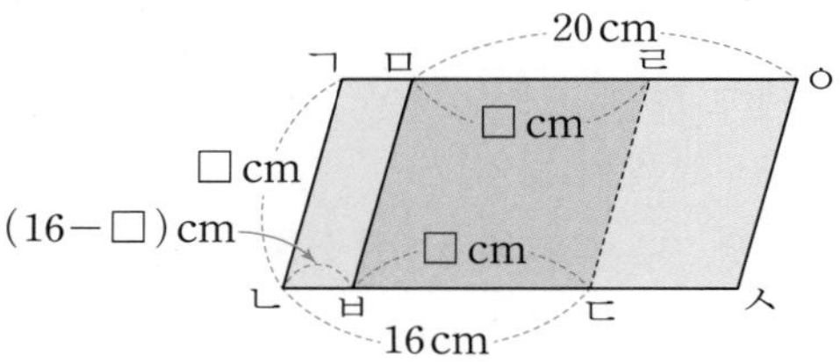

변 ㄱㄴ의 길이를 □ cm라고 하면 변 ㅁㅂ의 길이도 □ cm입니다. 사각형 ㅁㅂㄷㄹ은 마름모이므로
(변 ㅂㄷ)=(변 ㄷㄹ)=(변 ㅁㄹ)=(변 ㅁㅂ)=□ cm입니다.
(변 ㄱㅁ)=(변 ㄴㅂ)=(변 ㄴㄷ)−(변 ㅂㄷ)
=16−□ (cm)
(변 ㄱㅇ)=(변 ㄱㅁ)+(변 ㅁㅇ)
=(16−□)+20
=36−□ (cm)

(평행사변형 ㄱㄴㅅㅇ의 둘레)
$=((변 ㄱㅇ)+(변 ㄱㄴ))\times2$
$=((36-\square)+\square)\times2$
$=36\times2=72\ (cm)$

05 Z 시리즈 용지들은 모두 직사각형 모양이고, Z 뒤에 붙은 숫자가 줄어들 때마다 짧은 변의 길이의 2배가 다음 용지의 긴 변의 길이가 되는 규칙을 가지고 있습니다. 이 규칙에 따라 종이의 변의 길이를 정리하면 다음과 같습니다.

용지	긴 변의 길이(mm)	짧은 변의 길이(mm)
Z6	148	105
Z5	210	148
Z4	296	210
Z3	420	296
Z2	592	420
Z1	840	592

➡ (Z1 용지의 둘레)$=(840+592)\times2$
$\qquad\qquad\qquad\quad=2864\ (mm)$

[다른 풀이]
주어진 그림과 같이 Z1 용지의 가로의 길이는 Z6 용지의 가로의 길이의 4배이고, 세로의 길이는 Z6 용지의 세로의 길이의 8배임을 이용하여 구할 수 있습니다.
(Z1 용지의 가로)$=148\times4=592\ (mm)$
(Z1 용지의 세로)$=105\times8=840\ (mm)$
(Z1 용지의 둘레)$=(592+840)\times2=2864\ (mm)$

06 Z 시리즈 용지는 Z 뒤의 숫자가 1씩 줄어들 때마다 넓이가 2배가 됩니다.
따라서 종이의 넓이는 Z10 → Z9가 될 때
(Z9의 넓이)$=$(Z10의 넓이)$\times2$입니다.
(Z4의 넓이)$=$(Z10의 넓이)$\times2\times2\times2\times2\times2\times2$
$\qquad\qquad\quad=$(Z10의 넓이)$\times64$
입니다. 즉, Z4 용지의 넓이는 Z10 용지의 넓이의 64배입니다.

07 길의 폭이 2 m이므로
(가 밭의 길의 넓이)$=1500-1344=156\ (m^2)$
입니다.
가와 나 밭의 가로를 $\square$ m, 세로를 $\triangle$ m라고 하면
가 밭의 길의 넓이가 156 m^2이므로
$(\square\times2)+(\triangle\times2)-2\times2=156$
$\square\times2+\triangle\times2=156+4=160$입니다.
(나 밭의 길의 넓이)
$=(\square\times2+\triangle\times2)\times5-2\times2\times25$
$=160\times5-2\times2\times25$
$=800-100$
$=700\ (m^2)$
(길을 제외한 나 밭의 넓이)
$=1500-$(나 밭의 길의 넓이)
$=1500-700$
$=800\ (m^2)$

08

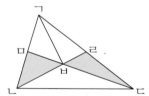

선분 ㄱㅁ과 선분 ㅁㄴ의 길이가 같으므로
(삼각형 ㄱㅁㅂ의 넓이)$=$(삼각형 ㅁㄴㅂ의 넓이),
(삼각형 ㄱㅁㄷ의 넓이)$=$(삼각형 ㅁㄴㄷ의 넓이)입니다.
➡ (삼각형 ㄱㅂㄷ의 넓이)$=$(삼각형 ㅂㄴㄷ의 넓이)
선분 ㄱㄹ과 선분 ㄹㄷ의 길이가 같으므로
(삼각형 ㄱㅂㄹ의 넓이)$=$(삼각형 ㄹㅂㄷ의 넓이),
(삼각형 ㄱㄴㄹ의 넓이)$=$(삼각형 ㄹㄴㄷ의 넓이)입니다.
➡ (삼각형 ㄱㄴㅂ의 넓이)$=$(삼각형 ㅂㄴㄷ의 넓이)
따라서
(삼각형 ㄱㄴㅂ의 넓이)$=$(삼각형 ㅂㄴㄷ의 넓이)
$\qquad\qquad\qquad\qquad=366\div3$
$\qquad\qquad\qquad\qquad=122\ (cm^2)$
입니다.

(삼각형 ㅁㄴㅂ의 넓이)=(삼각형 ㄱㅁㅂ의 넓이)이므로
(삼각형 ㅁㄴㅂ의 넓이)
=(삼각형 ㄱㄴㅂ의 넓이)÷2
=122÷2=61 (cm²)
또, (삼각형 ㄱㅂㄹ의 넓이)=(삼각형 ㄹㅂㄷ의 넓이)이므로
(삼각형 ㄹㅂㄷ의 넓이)
=(삼각형 ㄱㅂㄷ의 넓이)÷2
=122÷2=61 (cm²)
따라서 색칠한 부분의 넓이는
(삼각형 ㅁㄴㅂ의 넓이)+(삼각형 ㄹㅂㄷ의 넓이)
=61+61=122 (cm²)
입니다.

09 둘레가 56 cm인 정사각형의 한 변의 길이는
56÷4=14 (cm)입니다.
이어 붙인 색종이의 둘레가 232 cm이므로 이어 붙여 만든 직사각형의 가로를 □ cm라고 하면
(□+14)×2=232, □+14=232÷2,
□+14=116, □=116−14=102입니다.
색종이를 △장 이어 붙였다고 하면 겹쳐진 부분은 △−1(군데)입니다. 겹쳐진 부분의 가로 길이의 합은 3×(△−1) (cm)이고 이것은 3×△−3 (cm)와 같습니다.
이어 붙여 만든 직사각형의 가로가 102 cm이므로
14×△−3×△+3=102, 11×△+3=102,
11×△=99, △=9입니다.
따라서 색종이를 9장 겹쳐서 이어 붙인 것입니다.

10
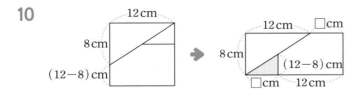

앞의 그림에서
(오른쪽 직사각형의 넓이)=(왼쪽 정사각형의 넓이)
=12×12
=144 (cm²)
(오른쪽 직사각형의 가로)=144÷8=18 (cm)이므로 □=18−12=6입니다.
(색칠한 부분의 넓이)=6×4÷2=12 (cm²)

11 겹치는 부분의 넓이는 두 가지로 나누어 구할 수 있습니다.
① 겹친 모양이 삼각형일 때 (이동한 시간이 16분보다 짧거나 같은 경우)

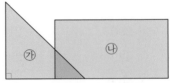

직각삼각형 ㉮는 이등변삼각형이고, 이 삼각형이 움직여서 겹치는 부분이 만들어 내는 삼각형도 이등변삼각형입니다. 그러므로 직각삼각형 ㉮가 □분 동안 □ cm 이동했다면 겹친 부분의 삼각형의 밑변은 □ cm이고 높이도 □ cm입니다.
따라서 겹쳐서 생긴 삼각형의 넓이는
□×□÷2 (cm²)입니다.
② 겹친 모양이 사다리꼴일 때

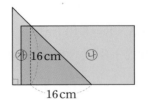

직각삼각형 ㉮가 이동한 지 16분을 넘으면 겹치는 부분은 위의 그림과 같이 사다리꼴이 됩니다.
직각삼각형 ㉮가 □분 동안 □ cm 이동했다면 사다리꼴의 아랫변의 길이는 □ cm, 윗변의 길이는 □−16 (cm)이고 높이는 직사각형의 세로인 16 cm입니다.
➡ (사다리꼴의 넓이)
=(□+□−16)×16÷2 (cm²)

직각삼각형 ㉠가 이동한 지 16분 후에 만들어지는 삼
각형의 넓이가 $16 \times 16 \div 2 = 128 \ (cm^2)$이므로 겹치
는 부분의 넓이가 $72 \ cm^2$인 경우는 $128 \ cm^2$보다 좁
으므로 ①의 경우입니다.

즉, ①에서 만들어진 삼각형의 넓이가 $72 \ cm^2$이므로
$\square \times \square \div 2 = 72$, $\square \times \square = 144$, $\square = 12$입니다.
따라서 이동한 지 12분 후입니다.

12

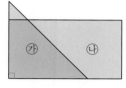

겹치는 부분의 넓이가 가장 넓어지는 경우는 위의 그
림과 같이 직각삼각형 ㉠의 밑변이 완전히 직사각형
㉡와 겹쳐지는 경우이고, 직각삼각형 ㉠가 21 cm 이
동한 이후부터이므로 21분 후부터입니다.

따라서 이때 겹치는 사다리꼴의 아랫변의 길이는
21 cm, 윗변의 길이는 $21 - 16 = 5 \ (cm)$, 높이는
16 cm입니다.

➡ (사다리꼴의 넓이) $= (5 + 21) \times 16 \div 2$
$$= 26 \times 16 \div 2$$
$$= 208 \ (cm^2)$$

MEMO

5-1

정답과 풀이

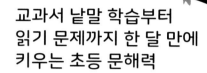

무료 강의와 함께하는 자기주도 학습! – EBS 초등 · 중학 교재 로드맵

		예비 초등	1학년	2학년	3학년	4학년	5학년	6학년
전과목 기본서				**만점왕** 국어/수학/사회/과학 **BEST** 교과서 중심 초등 기본서				
					만점왕 단원평가 **BEST** 한 권으로 단원평가 · 중간/기말 시험 대비			
국어	글쓰기	**참 쉬운 글쓰기** 1–따라 쓰는 글쓰기 맞춤법 · 받아쓰기로 시작하는 기초 글쓰기 연습			**참 쉬운 글쓰기** 2–문법에 맞는 글쓰기 / 3–목적에 맞는 글쓰기 초등학생에게 꼭 필요한 기초 글쓰기 연습			
	한자	**참 쉬운 급수 한자** 8급/7급Ⅱ/7급 한자능력검정시험 대비 급수별 학습						
	독해	**4주 완성 독해력** 1~6단계 **학년별** 학년별 교과서 연계 단기 독해 학습						
					ERI 시스템 국어 독해 1~10단계 **수준별** 진단평가를 통한 수준별 시스템 국어 독해			
			독해가 OO을 만날 때 수학/과학1~2/사회1~2 **주제별** 수학 · 사회 · 과학 주제별 국어 독해					
	문학							
	문법							
	어휘	**어휘가 독해다!** 초등 국어 어휘 입문 한글과 기초 단어로 시작하는 낱말 공부			**어휘가 독해다!** 초등 국어 어휘 기본 3, 4학년 교과서 필수 낱말 + 읽기 학습		**어휘가 독해다!** 초등 국어 어휘 실력 5, 6학년 교과서 필수 낱말 + 읽기 학습	
영어	독해				**EBS랑 홈스쿨 초등 영독해** LEVEL1~3 다양한 부가 자료가 있는 단계별 영독해 학습			
						EBS 기초 영독해 중학 영어 내신 만점을 위한 첫 영독해		
	문법				**EBS랑 홈스쿨 초등 영문법** 1~2 다양한 부가 자료가 있는 단계별 영문법 학습			
						EBS 기초 영문법 1~2 **HOT** 중학 영어 내신 만점을 위한 첫 영문법		
	어휘							
	듣기							
수학	연산	**만점왕 연산** Pre 1~2, 1~12단계 과학적 연산 방법을 통한 계산력 훈련						
			계산왕 1~12권 교과서 진도와 함께하는 연산 연습					
	응용		**만점왕 수학 플러스** 학기별(12책) 교과서 중심 기본 + 응용 문제					
	심화				**만점왕 수학 고난도*** 학기별(6책) 상위권 학생을 위한 초등 고난도 문제집			
	특화							
사회	역사				**매일 쉬운 스토리 한국사** 1~2 하루 한 주제를 이야기로 배우는 한국사			
					스토리 한국사 1~2 **HOT** 고학년 사회 학습 입문서			
기타	창체	**창의체험 탐구생활** 1~4권 창의력을 키우는 창의체험활동 · 탐구						